オーラル・ヒストリーに何ができるか

御厨 貴……編
Mikuriya Takashi

オーラル・ヒストリーに何ができるか

作り方から使い方まで

岩波書店

はしがき

「オーラル・ヒストリー」が世に出て、彼此四半世紀が経つ。その前の準備期間まで含めれば三〇年近くなるわけだ。この間、「オーラル・ヒストリー」は学界のみならず、メディアや読書人たちにもインパクトを与えてきた。そんな今、「オーラル・ヒストリー」研究に必要なことは、一体何であろうか。実はいくつもの課題が生じてきている。しかし「オーラル・ヒストリー」は、作り使う過程の中で、余りにも方法論や事例研究を含めて、まっとうな批判をうけてこなかった。一つ作ったらほらまた次というスピード感と身のこなしの軽さが、この手の研究の特徴でもあったからだ。

先へ先へとどんどん進む。出来たものをどう使うかはあなたまかせ。「オーラル・ヒストリー」が単なる一時的な歴史資料に止まるものではなく、射程距離の長い、それこそ歴史の一部にきちんと組みこまれる面をもつこと、成熟期に至って「オーラル・ヒストリー」そのものが資料を超えた「作品」になることが、最近分かってきた。だとすれば、ここらで立ち止まって考えてみようではないか。「オーラル・ヒストリー」はどうやって作るのか、そしてどのように使うのか。あたりまえのことが、実は自覚化されていない。そこで「オーラル・ヒストリー」の体験者一六人を集めて、研究会を組織したのが三年程前である。東大先端研・御厨研究室ですべてを管轄する体制をとった。大学運営員を用い、事務秘書に連絡を任せ、わがセミナー室を使うという、最も安上がりな試みである。それでも「オーラル・ヒストリー」への情勢のせいか、それとも「ブラック」企業的側面をもつせいか、一六人全員がレジュメをきちんと整理した上で、原稿を出してくれた。ありがたいことである。

一六人は色々な角度から「オーラル・ヒストリー」に迫っているが、多かれ少なかれ、次のような問題意識をもっていたかと思う。
一、学界内から外の世界へと拡大拡散してしまった「オーラル・ヒストリー」の成果をどう位置づけたらよいのか
二、「オーラル・ヒストリー」クリティークをどうやったらよいのか
三、「オーラル・ヒストリー」コンメンタールはどこまで必要なのか
四、商業出版物と研究報告書印刷物との相違は何であろうか
五、資料的価値と作品的価値との按配はどのようなものなのか
六、音声データと文字データをどのように整理していったらよいのか
七、「沈黙は金」の時代はとっくに過ぎ去り、「雄弁は金」いや万人があらゆるツールをもち、口々にしゃべる時代に大きく変化した今、「オーラル・ヒストリー」はどうあるべきなのか
この七つの問いはいずれも重い。そして今私は、かつて自らが作成に関与した「オーラル・ヒストリー」について、ある種のイデオロギー性を排除できなかったことに気づき、考えこんでいる。この点の解明には今少し時を必要とするだろう。
とまれ、「作り方・使い方」をテーマとした「オーラル・ヒストリー」の実践記録を、ここに送る。どしどし批判の矢をあびせて欲しいと、切に願うものである。

二〇一九年二月三日　節分の日に

御厨　貴

目　次

「オーラル・ヒストリー」を「作る」ことと「使う」ことの連鎖構造——「三題噺」風に

御厨 貴

「オーラル・ヒストリー」を「作る」行為と「使う」行為をくり返すうちに、「作ったもの」と「使うもの」との間に、不思議な連鎖構造が芽生えてくる。すなわち次に「作る」時に既に自らが「使った」ものを強く意識して、相手にこの点を聞いておきたいと思ったりするのだ。たとえば、元官房副長官・石原信雄のオーラル・ヒストリーの作業があったからこそ、元官房長官・後藤田正晴に官邸の様子を伺うことが楽になった。またこの後藤田のオーラル・ヒストリーがあったから、元法制局長官・吉国一郎に対しては、官邸のあり方をより詳しく聞けることになった。さらにこれらの積み重ねの上に、元官房副長官・古川貞二郎のオーラル・ヒストリーは一つ一つのシーンが浮かぶように丁寧に描く官邸像に仕上がった。

日本銀行のオーラル・ヒストリーでは、理事経験者のそれをくり返すうちに、彼らの日銀マンとしての思考回路がいかに形成されるかが、手にとるように分かってきた。外交官のオーラル・ヒストリーでも、経済系の外務審議官に登りつめた人の仕事観は、政治系のそれとはかなり違うことが、明確になった。こうして一つの「オーラル・ヒストリー」が次々と連鎖構造を生み出していく醍醐味を味わうことができた。

「使う」行為も一様ではない。同時代を生きた人のオーラル・ヒストリーを重ね合わせながらながめているうちに、あたかも合わせ鏡の如く、その時代にプロとしてその職業を生き抜いた人の人生観がくっきりと浮かび上がってくるものだ。私が比較対照したものとして、警察官僚・後藤田正晴と司法官僚・矢口洪一との対比列伝がある。もう一つ、元総理の宮澤喜一と竹下登との対比列伝も仕上げた。それらには「高度成長の時代とその後」が、問わず語りのうちに一幅《ぷく》の絵画のように描き出されていった。今、その三部作の最後の対比列伝として、セゾンの堤清二＝辻井喬と、ダイエーの中内功とを手がけ、高度成長の時代の消費社会の実相に近づきたいと念じている。これらはいずれも、「使う」行為がそのまま「作る」行為に連動した実例であるが、対比される人物のオーラル・ヒストリーを双方ともに私自らが手がけた点にポイントがある。すなわち二人の「オーラル・ヒストリー」の作品を、自らの体内にその場にいた者としての記憶を再生させながら、新たな対比の文脈を築き上げていくことになった。

さて、オーラル・ヒストリーを「作り」「使う」行為の中で、こうした課題について、私はこれまでいくつかのエセーを書いてきた。問題意識は明確なのだが、いかんせんいずれも小さな雑誌に書いたもので通有性にとぼしかったので、ここに改めて再録しておきたい。「三題」のエセーを並列させることにより、「作り」「使う」ことの連鎖構造が確認できよう。

1「読まないと後悔する本――御厨貴が選ぶオーラル・ヒストリーの名著7作」『ＳＡＰＩＯ』(小学館)二〇一七年一一月一二日号

2「小泉純一郎の語りの波長を見事に捉えた異色のオーラル・ヒストリー」『青春と読書』(集英社)二〇一八年三月号

3「数学者へのオーラル・ヒストリー」『考える人』(新潮社)二〇一六年冬号

1 読まないと後悔する本――御厨貴が選ぶオーラル・ヒストリーの名著7作

オーラル・ヒストリーとは何か。人の記憶を呼びさまし、記録をとり編集して広く一般に読んでもらう作業全般を言う。語る人は公人、芸術家、フツーの人とその幅を次第に広げてきた。ともすれば、政治家や官僚の一度限りの体験談を追い求めるのが、オーラル・ヒストリーの手法と勘違いされてきた。だが、読む人の心に響くのは、個々の体験が普遍性を帯びているかどうかだ。自分自身の三〇年近くの実践の中で、その答えは少しずつ明らかになってきた。今私は「オーラル・ヒストリー・クラッシックス」という分野を確立しつつある。その場限りのはやりでいずれ読み捨てられてしまうものではなく、時がたつに連れて、古典的価値に次第に磨きがかかってくる作品があるのだ。

これには二つのタイプがある。

第一は、版を重ね版を改め、今日に至ってもなお現役の定番として生き残った作品群である。①『岸信介証言録』（原彬久編）は、その筆頭に掲げられる。妖怪と言われた権勢の政治家と堂々と渡りあった雄々しい記録だ。原の問いかけも直球だが、岸の答えもど真ん中でなくともはずれてはいない。戦後政治を考える上で、はずせぬ一冊だ。同じ原による②『戦後政治の証言者たち』もあげておこう。オーラル・ヒストリーを底本として藤山愛一郎、福田赳夫、三木武夫、赤城宗徳らを実にビィビィッドに描いている。

戦後よりももう少し後の時代を扱ったものとして③『首相官邸の決断』（御厨貴、渡邉昭夫インタビュー・構成）がある。内閣官房副長官を竹下内閣から村山内閣まで務めた石原信雄の証言録だ。官を辞してから余りに早くの公表のため、当時首相だった橋本龍太郎をして、「石原、よくここまでしゃべったね。大丈夫かなあ」と官邸詰めの記者に語らしめたというエピソードがある。それほど速報性と迫真性とを備えていた。類書も出たが、文庫化して一五年以上、今やこの作品こそが歴史の検証にもたえうる決定版として残った。石原は早い時期に後難を恐れず、我々のオーラル・ヒストリーに応じてくれた。このことによって、同時代の他の証人たちの語りを次から次へと引き出すのに実に役に立った。今を語ることの意味あいを充分に味わうことができる。今アカデミズムでは「内閣官房」や「官邸主導」の研究が盛んであるが、本書は最初に読むべき作品となった。

④『情と理』（御厨貴監修）は内閣官房長官、警察庁長官で鳴らした後藤田正晴の回顧録だ。自分を語ることにまったく関心のなかった後藤田に二年半、二七回もつき合ってもらうことになったオーラル・ヒストリーのさきがけ的意義をもつ作品。上下巻合わせて単行本として二〇万部売れたという社会現象にまでなった。警察官僚から田中派の政治

家へ。そして中曽根内閣の官房長官と、政と官の主流を歩いた。これは昭和の男の記録だ。二〇〇六年に文庫になって一〇年余りになるが、毎年着実に売れている。二〇一八年で上巻下巻ともに八刷というから、ベストセラー転じて今やロングセラーの趣きだ。

⑤**『渡邉恒雄回顧録』**（御厨貴監修）は、ヒョウタンからコマのごときめぐりあわせで生まれた作品。これは読売新聞「生涯主筆」の夏期集中オーラル・ヒストリーの成果である。さすが記者と感心したのは、ゲラの修正の際、削除した箇所にピタリ同じ字数で補充してあったことだ。これも二〇〇七年に文庫化して爾来《じらい》一〇年、何と二〇一七年に増刷となった。無論本書は、オーラル・ヒストリーを終えて二〇年今なお現役たる渡邉の生涯のすべてを語った作品ではない。彼自身、あの後も時折、回顧本を出している。しかし夏の暑い日、二週間で一挙に仕上げたオーラル・ヒストリーの迫力に勝るものは出ていない。

成熟化の契機をもち、クラッシックスとしての輝きを放つ第二のタイプは、歳月を待つことなく作品としての価値が当初からあるものだ。⑥堤清二＝辻井喬の**『わが記憶、わが記録』**（御厨貴他編）と⑦山崎正和の**『舞台をまわす、舞台がまわる』**（御厨貴他編）がそれだ。いずれも政治への関わりを持った経営者にして文化人、そして劇作家にして文化人である。昭和から平成にかけて息長く各方面で活躍しただけに、まるごと同時代史の雰囲気を味わうことができる。世ともにオーラル・ヒストリーを試みてから公刊までに一〇年以上かかっているが、そのことの意味は確かにある。世に出すまでの彼らの逡巡が手にとるように分かる。同時に二作品とも刊行後まもなく、新聞・雑誌に多くの書評が出された。注目度がきわめて高い人物であったことの証明だ。「オーラル・ヒストリーでなければ出来なかった独特の作品」との評価がなされたことで、「オーラル・ヒストリー」は何かのための手段ではなく、それ自体が古典的作品として確立された。その意味で記念すべき二作品である。

2 小泉純一郎の語りの波長を見事に捉えた異色のオーラル・ヒストリー
――『決断のとき――トモダチ作戦と涙の基金』小泉純一郎著／常井健一取材・構成

一気に読んだ。小泉純一郎という類い稀な政治家が、首相退陣後十余年を経て、今一度「原発ゼロ」を掲げる国民運動を推進するという、これまた驚くべき晩年を過ごしつつある姿を、真正面から捉えようとする試みである。序章と終章を除き全体が小泉の語りおろしという形になっている。ただし、いわゆる生い立ちからライフヒストリーを個人年譜に即して淡々と語ってもらう、「オーラル・ヒストリー」ではない。

視点は常に「原発ゼロ運動」を主導する今現在の小泉の姿にある。そこから、小泉の生涯のあるトピックに焦点をあて、エピソードをつなぐ形になっている。クロノロジカルに記憶をたどるのではなく、今の小泉が折々のトピックに促されて、記憶をよみがえらせ、エピソードを生き生きと語る、異色の「オーラル・ヒストリー」なのだ。かつての小泉が、ワンフレーズ・ポリティクスが得意だったように、記憶の世界に遊ぶ小泉の一挙手一投足が、小泉の語りを通じて、くっきりと映像の世界のように浮かび上がる。

小泉は意外なほど饒舌《じょうぜつ》に、祖父や父や姉や子供のことを楽しそうにしゃべる。また彼が政界の中で出会った政治家についても、実によく観察していて、彼の人間観の深まりや政治決定におけるブレの無さが理解できる。しかもそこに少しも嫌味がない。各章の構成も、その中での項目別整理も、すべてが、彼の政治的人生を常に往還する形をとっているので、印象深く読者に迫ってくる。

取材をしたライターは試行錯誤の連続で、大変な苦労だったと思われるが、小泉の語りの波長を見事に捉えたことに脱帽する。突然何かを思い出し、次第に熱情がこもり手ぶり身ぶりをまじえて語り続けている小泉の姿を、自然体の中によくぞ描き出した。小泉にふさわしい「オーラル・ヒストリー」の型を生み出したわけで、続編を期待したい。

かくも小泉のオーラ満載の本書を手にして、かつて小泉を「ニヒリズムの宰相」と名付けたことを、懐かしく思い出している。

3 数学者へのオーラル・ヒストリー

二〇一五年半ば、得難い体験をした。六四歳でバリバリの文系・政治学専攻の私が、およそ分野的には程遠い理系・数学専攻の研究現場に迷い込んだのだ。おっと迷い込んだは正確な言い方ではない。「ジャーナリスト・イン・レジデンス」というプログラムに、手をあげて参加したのである。一〇年度から、数学と社会とのコミュニケーションを深める目的で、日本数学会がバックについて、全国の大学の数学科・研究室のどこかに木戸御免のはからいを受け、数学に興味のある〝ジャーナリスト〟が自由気ままに歩き回って取材するという、ユニークな仕組みだ。これまでは、新聞記者、編集者、ライター、テレビディレクターなど文字通りジャーナリズムの世界に身を置く人が延べ三十人以上この機会を利用したと聞く。

そんなプログラムの案内が私の元に届いたのは一四年秋のこと。京都大学大学院理学研究科教授の藤原耕二先生からのお誘いであった。パンフレットに添えられた藤原先生の手紙には、「先生にご連絡いたしましたのは、『知の格闘』(ちくま新書)を拝読しまして、オーラル・ヒストリーという学問分野があることをはじめて知り、サイエンスの分野でも大きな可能性があるのではと感じたからです」と、連帯のメッセージが書かれていた。これを受けずに何としよう。私はすぐに藤原先生にメールをして準備を始めた。

でも数学だ、大丈夫かしらと思う。そもそも数学は理系の中でも、最も苦手な分野だ。還暦に至るまでは時折、あてられて黒板の前に引き出され数学の問題を解こうとするのだが、まったく出来ないまま茫然と立ちつくす夢を見た。冷汗ものである。いや実は、高校時代の数学の教師は、授業中に私の解法に目を留め、「およそ数学的センスのない答案!」と宣うたのだった。そんなトラウマがありながらも蛮勇を振るったのには訳がある。数学ではなく〝数学者〟の生態に興味があったからだ。数学の学者としての実存的意味を、藤原先生の言う我がオーラル・ヒストリー(パーソナル・ヒストリーの口頭取材)を通して明らかにできたら、それこそ面白い結果が得られるのではないか、好奇心のなせるワザである。

かくて六月八日から一一日までの四日間朝から夕方まで私は藤原先生を案内人に、京大の数学教室と数理解析研究所の、一二名のシニアの先生方を始め、助教、院生、学部生とも話をするチャンスを得た。時間に換算して二〇時間強、数学漬けならぬ数学者漬けとなった。オーラル・ヒストリーの王道を行く取材方法で、各先生方の研究室を訪れ、数学者としての人生について様々な角度から質問をし、ノートに筆記した。それは四〇頁に及ぶ詳細な記録になった。数学のコンテンツには一切踏み込まぬわけだから、周辺取材に止まるのはやむを得ない。しかし、私も四〇年間大学人としてすごして来たから、各数学者の話を違和感なくむしろ共感をもって聞くことができた。

何よりうれしくも頼もしくもあったのは、若い世代の代表格たる助教たちの生意気さと元気の良さであった。二〇代から三〇代にかけての若い彼らが、年長世代は数学の世界ではもう先が見えており、自分たちこそがこれから数学研究の沃土《よくど》を開くのだと自信に満ちた顔つきを見せ、目をかがやかせた時、これぞ今の大学に稀有な存在だと感心した。もっとも、出来る奴は出来る、ソコソコはソコソコといった数学者たちの他者を見る眼は、世代をこえていっしょだ。能力差があってあたりまえで、そこから数年に一度出るか出ないかのエリートが養成されていく。だから大学大衆化、大学院定員増加の波は、否応もなく京大数学科に苦悩と苦労を生ぜしめる。

すなわち数学はもはや学者としての将来へ向けての一本道ではすまず、複数の選択肢を持たせねばならぬということ。上澄みだけを相手に、いわゆる伸び盛りだけを伸ばす教育ではとても学内コンセンサスが得られぬのだ。これはシビアな現実だ。しかもポストドクターでテニュア(終身在職権)付きの就職が決まるまでの年齢がどんどん上がり、四〇代になっても大変というのだ。たとえよいポストに早くつけたとしても事務や雑務に忙殺され、研究の時間がなかなかとれぬという。本末転倒であるが、これは私の専門領域においても今や深刻な事態である。

数学者は一般に若いうちが花かという質問に対しては、多くの数学者が肯定し、皆その栄光の波がもう一回来るかどうか、日夜研究に勤しんでいるという。数学は自分一人で考え抜く学問かと思ったら、意外にも数学者同士のコミュニケーションが必要かつ重要である。紙にエンピツ、黒板に白ボクをもって一人で立ち向かう姿は数学の一面に過ぎない。最初に問題のヒントを得る時、そして数年間とり組んでなおモヤモヤしている時、思考のプロセスを見せる他の数学者の講義を聴くのは効果があるのだ。それは日本人もさることながら外国人の発想に刺激を受けることが多い。数学専攻者が若いうちから短期留学、短期海外滞在をくり返すのは、そのためなのだ。完成された論文には論理の展開はあっても、人の発想のヒントに連なるものはない。それこそ板書やエンピツ書きを媒介としたフェイス・トゥ・フェイス・コミュニケーションが大事なのだ。

こんな話を聞いているうちに数学者の世界がとても身近に感じられるようになった。元より数学は大学という研究機関を離れては存在しえぬ。そうであるが故に、今はほかの学問分野との共同研究、一般社会への啓蒙教育と、なかなか大変な事態を迎えている。しかし私はこの四日間の数学者との体験を、今度は「大学論」というより広い視野に位置づけていきたいと願っている。

I

理論的考察

オーラル・ヒストリーは何を目指すのか

飯尾　潤

オーラル・ヒストリー(口述史)は、この二〇年で、政治史を含む日本の政治学において、すっかり定着した。また出版の世界でも、ジャーナリストによるものなども含め数多くの書籍がオーラル・ヒストリーを名乗っている。ただ、オーラル・ヒストリーが備えるべき要件や、その品質について全く無自覚なものもあり、またオーラル・ヒストリーが提供する情報についても、誤解が少なくない。そこで、本稿では、オーラル・ヒストリーが備えるべき要件を検討するなかで、質の向上と課題について考えてみたい。

オーラル・ヒストリーは、何らかの証言者が、聞き手の問いに答えて話したことを記録した口述記録である。論者によって証言者の種類を限定する場合もあるが、当事者の証言によって、過去の出来事や日常を再現するための記録を作るという点では、異論はないものと思われる。筆者は政治学者として、広い意味での政治現象の解明のためのオーラル・ヒストリーを作成し、利用してきた。その意味で、ここで主として念頭に置くのは、政治家や行政官といったエリートを対象とするオーラル・ヒストリーであるが、ここで議論している事柄の本質は、一般人を対象とするものでも同様だと考えている。

オーラル・ヒストリーに関して、よくある誤解は、時間が経ってから本人が語ったことなので、都合のよいことばかり記録したものであって、あまり頼りにならないというものである。確かに記憶が曖昧であることもあるし、都合の悪いことは語られない傾向にあり、また意識・無意識による逸話の創作もある。ただし、その特性を把握しておけば、その長所を活かし、短所を補う使い方ができる。逆に、オーラル・ヒストリーの長所や短所に配慮して、利用者が使い分けられるように作られたのが、質の高いオーラル・ヒストリーなのだといえよう。

一　口述記録と文書資料

本や論文を読むのを主たる仕事にしている研究者にとって、文書記録こそ確かな資料であると考えるのは自然で、オーラル・ヒストリーのような口述記録は信頼度の落ちる資料だとされがちである。もちろん、文書記録が存在しない分野、たとえば非エリートの一般人について考えるときや、歴史資料の少ない民族の歴史や社会を理解するために、オーラル・ヒストリーは極めて重要な資料とされているが、それしかないのだから、やむを得ないという感覚もある。しかし、文書記録が残している情報がどれほど確実かは、その資料の性格により大きな差がある。同様に、オーラル・ヒストリーなどの口述記録については、価値の高いものと、そうでないものがあるのが当然であり、文書記録とオーラル・ヒストリーの信頼度には重なりあうところも大きい。

最も確実な文書資料に書簡がある。これは、当事者がそれを用いて意思疎通しているのであって、出来事における事実そのものを構成する。ただ、書簡を読み手が確実に読んでいるのかどうかなどの問題がないわけではないし、そもそも書簡のやり取りに至る状況が明らかでないと、書簡の意味がわからないことも多い。こう考えれば、アメリカ大統領執務室でのやり取りを記録したケネディ・テープのような実況録音は、こうした書簡類と同様の意義を持つのであって、口述記録であっても多くの文書記録に勝る確実性を持っている。類似の記録として、現代では電子メールのログなども記録の候補になるのであるが、それを包括的に記録・保存して、公開する仕組みは十分ではない。

同様に、議会の議事録なども、記録の正確性では高い評価を受けるが、よく知られているように議事録削除などの手続きもあり、議場でのやり取りがあるのに文字化されていない要素もある。また、国により議会の記録に関する考え方は異なっており、日本のように、指名された発言者の発言など、公式の発言のみを記録する議会もあれば、イタリアのように、ヤジなどを含めて議場で飛び交った発言をできるだけ包括的に記録しようとする議会もある。映像や音声記録がとられるようになった現代においては、議事録と映像・音声記録を比べてみることもできる。

さらに、日本の政治史においては当事者の日記が活用されてきた。平安時代以来、宮中の出来事を記録し、子孫のために行事の意味や作法を伝えようとした公家の伝統は、政府高官をはじめとする多様な人々に、詳細な日記を付ける習慣を広く普及させることにつながった。日記は出来事が起こってすぐに書かれるので、思い違いや記憶の曖昧さを逃れている点で、高い評価がなされる。これとともに、同時代的な覚え書きなど当事者による記録も重要な意味を持つ。ただ、人に読まれることを前提とする日記には、あえて記録されない出来事などが存在するのは当然であるし、内面の記録を重視する日記には、事柄の正確性への配慮が少ない場合もある。これと対比できるのが、同時並行オーラル・ヒストリーであり、出来事が進展しているさなかに、将来の公開を予定しながらも密かに行われる聞き取りの記録は、日記と同様の価値を持っており、両者の距離は極めて近い。

もちろん、公文書は、それをもとに政府業務が遂行されるので、事実を構成する第一級の史料であることは間違いない。ただ、現実には公文書だけで政府の活動が規定されるわけではなく、当事者の暗黙の了解を前提として、具体的な行動が起こされる。また、公文書にはさまざまな配慮から、修辞的な文言が延々と述べられたり、肝心の部分が曖昧化されていることも多い。それを補完する解説的な準公文書(関係官僚による法令解説書など)や制度を紹介するパンフレット類で公文書を補う情報を得るのは、同時代の学習者にとっても普通のことである。それゆえ、公文書の理解には当事者の解説・証言が重要な意味を持つ。そう考えれば、事後的にオーラル・ヒストリーで公文書の意味を確認するのも、有益な作業だと考えるべきである。そうでなければ、確実であるはずの公文書も、誤った解釈にさらされるからである。

新聞記事など同時代の報道資料は、関心のある事象をめぐる状況を知るための基本的な材料である。同時代の関心に基づき、関係方面からの取材をもとに、出来事や現象についてまとめた新聞記事は、大手新聞社などの場合には、通常それなりの水準で書かれており、ウラ取りもされているので、とりあえず信頼できる情報であることが多い。もっとも、記者に当該問題に関する知識が十分にない場合や、内幕暴露的色彩が強すぎる場合には、かなり現実をゆがめた形のまとめ方がされていることもある。そのうえ、他者による取材であるから、当事者からすれば、違和感のあるまとめ方になることも少なくない。当事者が新聞記事に批判的になりがちなのは、自分の言い分が通っていないという場合だけではなく、報道には現場感覚からのズレが大きいという面もある。そのほか新聞の検証記事や雑誌などに掲載される調査レポートは、研究者が実態を知るための大きな手がかりとして有用である。逆に、ウラ取りのない週刊誌の暴露記事などについては、その内容をよく吟味する必要があり、むしろ現実に対してインパクトを与えた文書としてみるべき場合(その雑誌は出来事の当事者となる)も存在する。

また、当事者や関係者が自分の気持ちや主張を述べたインタビュー記事、雑誌などに関係者が公表した手記や論文などが存在する。なかには良質の記録となり得るものも含まれているが、インタビュー記事は、もともと口述されたものを文字化した記録である。

これに対して、オーラル・ヒストリーは、同時並行型でない場合には、一定期間が経過してから聞き取りが行われるのが普通である。思い立ったときには研究者が関心を持つ事件から時間が経ってしまったという偶発的な要素よりも、時間が経つことで、証言者が外部に対して出来事の真相や詳細について語ることができるようになるという事情が大きい。物事が流動的であるときには、証言が外に漏れることによって、現実の過程が影響を受けることがあるのに対して、事態が収束してからであれば、そうした問題が生じないので、一定の時間が経てば外部に対して真相を語ることが可能となる。

もちろん、時間が経てば記憶が曖昧になることが避けられない。記憶の確かさは人によっていろいろであり、当時の手帳や日記を見て日時などを確認しながら話してくださる方もあるものの、忘却や記憶違いへの配慮は必要である。また、時代が変わることで、事件への世間の評価が固まったり、話者の立場が変わることが、語られる内容に影響を与えることもある。しかしながら、当事者が出来事や経験、思考内容を語るということには、他では得られない重要な情報が含まれていると考えるべきであり、聞き取りの状況から、隠蔽や忘却・記憶違いの程度を推測しながら、記録を残していくということになる。それゆえ、そうした証言の確からしさを推測できるような情報を含むのが、よいオーラル・ヒストリーの条件になる。

このように、社会や出来事を理解するために使われる記録には、それぞれ作成意図があり、また作成される際の状況による制約があるのであり、どれが信用できて、どれが信用できないのかということを一律に議論することができるようなものではない。オーラル・ヒストリーの長所は、まず記録が残りにくい事柄についての情報が得られるということにある。そこで、可能であれば、オーラル・ヒストリーを実施して、記録を残すことに一定の意味があることは、誰しも否定できないであろう。

二　聞き取りとオーラル・ヒストリー

オーラル・ヒストリーとは何かという問題を考えるときに、次に問題になるのは、聞き取り（インタビュー）との関係である。オーラル・ヒストリーといえば、要するにインタビューを文字に起こしたものだという考え方もあり得るが、それは広すぎるのではないか。オーラル・ヒストリーには聞き取りが不可欠であるが、全ての聞き取りや聞き取り記録が、ただちにオーラル・ヒストリーと呼ばれるべきではない。

オーラル・ヒストリーは、ヒストリー（歴史、履歴、物語）という言葉が含意する一定の条件を満たすことが求められる。それは断片ではなく一定の物語としてのまとまりを備え、あるいは情報の内容にある程度の全体性があり、そして話者と聞き手との関係から来る一定の対象化作用を経ていることである。

なぜ、全体性あるいは物語性が必要かといえば、特定の発言の確からしさを検証するためには、それがどのような文脈で語られたのかが明らかになる必要があるからである。一定のつながりのなかで発言がなされるとき、その発言が出てきた理由が明らかになり、また、話し方によって、そのニュアンスが残されるからである。インタビューによっては、聞き手が限定されたトピックをいくつか聞くだけで完結するものもあるし、一つのことについて証言を得ようとするようなものもある。それはそれで意味があるが、文脈を持たない部分的な証言だけでは、オーラル・ヒストリーではないように思われる。これに関連して、オーラル・ヒストリーには、過去の状況を再現しようという指向を持つヒストリーという語を含むように、関係の出来事や関係者を含む全体的構成があることが求められる。

また、話者が一人で話すことを録音して文字にすれば、オーラル・ヒストリーになるかといえば、それは口述による自伝の一種であり、それも違うように思われる。なによりもオーラル・ヒストリーは、聞き手との関係で、出来事を一定の対象として切り出し、語りを記録へと昇華させる手順を踏む。つまり、当事者の立場を記録として対象化していくことが必要になってくるのである。このため、一人よりも複数の聞き手がいた方が、相手との人間関係が濃密になりすぎず、対象化した語りを可能とする面がある。オーラル・ヒストリーにおいては、記録を残すことを目的に聞き取りが行われ、それにふさわしい手順を踏んだうえで、テキストが作成されるのである。

オーラル・ヒストリーのための聞き取りは、まず証言者の選択から始まる。このとき、重要なのは、相手が話をする環境・心理状況にあるかどうかである。関心のある出来事からあまりに近い時期であれば、まだ早いとか、話せないことが多いということになり、話をしてもらえないとか、話を聞いてもはっきりしたことが聞き出せないということもある。逆に、証言者が高齢になり、心身が弱って、しっかりした話ができなくなったり、記憶が曖昧すぎてまとまらないということもある。また特定のテーマについて聞くときには、他の関係者がどうしているのかということを気にする方もある。一般的には、ある仕事に関わった関係者のうち、高位の関係者から話を聞くと、他の関係者が心理的に話をしやすくなるということも多い。あるいは、実際に会っているうちに、こちらの意図や熱意が相手に伝わって、熱心に過去のことを思い出してもらえるようになるということもある。このように、話を聞く側の都合だけではなく、話す側がその気になるようにして進めた方が、実りのある聞き取りになるのは当然であるが、この点は、ニュース性を重視するジャーナリストの取材とは違うところがある。

聞き取りに応じてもらえることになれば、事前に聞きたい項目などを記した質問状を届けることが多い。こうしたものがないと、相手も何を聞かれるのか不安になるし、いくらか記憶をたどっておいてもらった方が、当日の聞き取りが容易になるからである。ただ、これは厳密な一問一答を前提とするような質問でない方がよい。オーラル・ヒストリーを作る目的のひとつに記録に残らないような情報を得ることがあるとすると、他の記録をもとにしている質問の枠組みが適切でないこともあるし、一問一答方式には、相手方の答えを枠にはめることで、記憶を戻りにくくする作用があるからである。大まかな項目についての質問状をもとに、相手が自由に話ができるようにしないと、予想外の答えは得られないものである。

そうした質問状づくりにも関わるが、聞き手の側で基礎知識がないと、聞くべきことを聞き落としたり、相手が重要なことを話しているのに、それを無視したりということが起こりがちである。聞くべき事件や出来事の概要はもとより、当時の組織・人事配置や同時代の出来事もある程度知っておく必要がある。そうした準備があれば、たとえば相手が他人の名前を思い出せないとき助け船を出して、思い出す手助けをすることもできる。そうすれば、語り手はさらに奥深い話を思い出してくれる。

記憶のあり方は人によってさまざまであるし、思い出し方もいろいろだが、当時一緒に仕事をした仲間や、交渉相手などの関係者、執務場所の様子などを思い出すことで、出来事の記憶がよみがえるというのは、よくあることである。できるだけ、当時の状況に沿った正確な聞き取りをするためには、周辺状況を聞くことによって、話し手の記憶をよみがえらせ、さらに深い実情について話をしてもらうように仕向けることが有効である。

もちろん記憶違いということもある。年代が混同されたり、関係者を間違って記憶していることもある。こちらが事前準備で知った事実と明らかな矛盾があることを指摘すれば、その場で、すぐに訂正してもらえることもあるし、証言者が言ったことに固執することもある。このとき、細かく訂正していくと、話が細切れになって続かなくなる恐れもある。ただ、記憶違いには理由があることも多く、そうした理由が明らかになるような聞き取りを行って、その理由が分かることが、オーラル・ヒストリーの成果だという場合もあろう。この記憶違いは、文字化したテキストの本人確認の際に改めて確認することもできる。

こうした聞き取りを終えて重要なのが、テープ起こしである。プロの速記者が同席して、テープを起こしてくれる場合もあろうし、聞き手が自分で文章化する場合もある。このとき、しばしばある誤解が、テープにとってある音声記録が原本で、文字化した情報は二次的な資料だという考え方である。確かに、聞き取りの現場で作られる記録は音声なのであるが、やり取りがあるから当事者は具体的な意味をとっていくことができるので、言い間違いの訂正や、合いの手などの削除をしながら、文字化してゆく過程で情報が正確になっていく面がある。そもそも、音声そのものを純粋に文字化することはできないので、そこに意味をくみ取る解釈が入るのは必然であるが、そのことは、むしろ他人が音声を聞いて誤解するよりは、聞き手の側がきちんと意味を確定して文字化した情報を使った方が正確だということを意味する。もちろん聞き手が誤解することもあるものの、それも含めて、やり取りをもとに成立するのがオーラル・ヒストリーなのであって、その共同作業性を正面から認めるべきである。

そして、文字化したテキストを本人に確認してもらい、加筆・修正してもらうという手順がある。加筆・修正があまりに大規模だと、まるで執筆原稿のようになってしまうこともあり、それは用心すべき点ではあるが、一般には、聞き手の誤解を含め、本人が確認することにより情報の正確性が向上する利点が大きい。もちろん、本人が公表を望まないために、その段階で削除されてしまう情報もあるが、相手の意思が固ければ、やむを得ないことである。しかし、一般には丁寧な聞き取りをすれば、相手方もその努力を尊重して、片端から削除ということはしないものである。

三　オーラル・ヒストリーによって得られる情報

このようにして作成されるオーラル・ヒストリーによって、どのような情報が得られるのだろうか。

(1) 事件や事実関係の発見・確認

オーラル・ヒストリーの中心的な目的は、これまで伝えられていなかった事実関係を、当事者の証言により明らかにすることである。あるいは、他の資料で推測されているが、明確に確定していない事柄を確認することである。興味のあるテーマに関して、聞き取りを実施する場合には、何を聞きたいという疑問が当然あり、事前の調査が行き届いていれば、どの点がそれまで分かっていないのかが明確なので、それを聞き出すというのは当然のことである。もっとも、確認的に聞いているうち、予想しなかった事件や事実関係が明らかになるということもある。

何を聞きたいのかがはっきりしていても、それを直接質問するのかどうかは、別の問題である。焦点が絞られていれば、とかく誘導質問的なことになりがちであり、それを避けるためには、やや遠回しに質問をすることが重要になる。証言としての価値を高めるには、当人が自然に、当時の状況を思い出し、それをそのまま話すのがよいからである。

その点では、最初に当時の執務環境などを聞くなかで、出来事への出会いや、当時の認識、具体的な行動へと、できるだけ時系列に沿って聞いてゆくのがよい。時系列に沿うことは作為が少なく、話者も出来事を順に思い出せるという利点がある。そうして、答えを聞きながら、気になることを確認的に質問していけば、それについての話者の記憶・認識が示されるので、それを記録するのである。要するに記憶をいかに自然に引き出すかということが大切になる。その意味で、既存の研究を示して、これについてどう思うかとか、当時の新聞記事を示して、これは正しいかな

ど と聞くのは、記憶を呼び戻すよりも、賛成・反対という感情を喚起してしまい、自然な記憶の再生にとって障害となることが多い。

自然に聞くと、本人が勝手なことばかりしゃべって、とりとめがなくなるという心配もあるが、こちらが話を聞きたいと思うような人は、それなりの見識を持って事実関係を押さえている人であり、横道にそれたように思っても本筋に戻る努力をしたり、余談だと見えたことが、実は重要な役割を果たす事実を示すということもある。相手の状況によって、語りの一貫性や、記憶の強さは違うとしても、自然な語りに持ち込むことが、よいオーラル・ヒストリーには不可欠である。

ただ、難しいのは、本人がいろいろな人に話をするうちに、次第に事実関係を離れて、立派な筋書きができあがってしまい、それが肥大化して、事実とは異なることをとうとうと述べるというような場合である。こうした場合には、本人の気持ちを害さず、それを突き崩して、素材としての出来事や記憶を呼び覚まし、それを語ってもらうということも必要になる。そうしたときには、その点はよく理解しているのだが、その背景にあった出来事や考え方の方を聞きたいといった切り出し方が必要になってくる。これは意外と難しいことで、話をしない人よりも、流暢に語る人への聞き取りの方が苦労するというのは、こうした側面があるからである。

(2) 思考特性の把握

ただ、事実関係の確認だけが、オーラル・ヒストリーの成果なのではない。たとえば、出来事の当事者の思考特性を記録することは、もう一つの重要な目的である。

思考特性は、それ自体を問いただして明らかになるものではないが、語りには、本人の考え方が自ずと表れるところがあるので、表現ぶりも含めて、きちんと記録に残していけば、思考特性が記録できるという面がある。語りのクセから思考特性が分かることもあるから、それを引き出すことも大切である。たとえば、特定の話題になると感情的になってしまう話者の場合、それは、こちらが聞いている出来事の当時からのものなのか、その後の出来事によって、そうした感情が生まれているのかも、うまく確かめておく必要がある。

相手の思考特性がよく出てくるのが、こちらが事前に準備した質問に対する答えや反応がずれている場合である。こちらが考えている枠組みへの違和感があるということなので、代わりにどのような枠組みで、証言者がものを考えているのかを探っていくことが必要になる。そうすると、場合によっては、かなり大きな認識図式の違いがあって、それを確認するうちに、思わぬ事情が浮かび上がるということもある。あるいは、そうした考え方で事に当たったからこそ、現実の過程が実際に起こったように運んだということが分かって、驚くことも出てくる。これこそが、オーラル・ヒストリーの大きな効用である。

あるいは、何か特定のことにこだわって、こちらが聞いていないのに、その話ばかりされる方もある。最初は何のことか分からなくても、質問の方法を変えたり、相づちを打ちつつも、違った側面の話を引き出そうとするうちに、それがなぜなのか分かってくるということもある。こうした場合、聞き取り時点では分からなくなっている事件当時の関心を掘り起こすことで、出来事の解釈が変わってくるということもある。

そのうえ、話者の記憶におけるクセについても、関心を向けておく必要がある。たとえば、何でも自分の都合のよいように再解釈して記憶している人、逆に謙遜しているうちに、自分の関わりが薄かったように記憶している人などもある。あるいは、どう聞いても、特定の出来事についての記憶が抜けているというのは、どういう意味があるのかを考えていくことも必要になる。重要でないから記憶がないという場合もあるかもしれないが、あまりにもこだわりが強いために、記憶がいわば上書きされてしまい、当時の出来事と現在考えていることが混ざり合って、当時のことが思い出せないという場合もある。このように記憶方法には違った傾向性があるから、そうした傾向が分かるような記録を作っていくことも大切である。

このように、人柄や思考特性が把握できるようになれば、事柄の原因を考える場合にも有益な情報が提供できるので、オーラル・ヒストリーを作成するときには、そうした面にも気を配るべきであろう。

(3) 前提情報の収集(聞かなければ言わないことの記録)

また、オーラル・ヒストリーの役割には、前提情報の収集という点がある。つまり、話者が当たり前だと思っていても、時代や立場を共有しない聞き手の側で、よく認識していない情報を、記録に残すことである。たとえば、公式の職務と実際に遂行している仕事とのズレがあるとか、特定の組織に固有の人事慣行から、特定の地位の人にはある能力が必ず備わっているとか、仕事の慣習として暗黙の進め方のルールが存在していたなどのことは、わざわざ聞かなければ、本人も当たり前だと思って話をせず、当時の記録にも残っていないという例が多いのである。

とりわけ、歴史的に大きな役割を果たした組織あるいは制度の約束事については、しっかり聞き出して記録に残すことが重要になってくる。そうした前提を忘れて、事柄を解釈しても、的外れな理解にとどまるからである。紙に書いてある制度を見ても分からないことが、実際に聞いてみてよく分かるというのは、日常頻繁に起こることだが、その情報をきちんと記録して公開するのに、オーラル・ヒストリーは有益である。

また、具体的な執務環境や人間関係について、確かめていけるのもオーラル・ヒストリーの利点の一つである。たとえば、官庁の建物が移転することで、職員が執務する部屋の様子が変わり、それが意思決定に影響することもある。あるいは、関係者のあいだで、仲がよいとか、仲が悪いという人間関係が成立していれば、それが物事の進行に影響を与えることも多い。特に表面上は分からない人と人とのつながり、たとえば趣味が同じでしばしば会っているとか、親戚にあたるために幼少時から知っていたとか、家族間の婚姻関係ができているといったことは、すぐには分からないことも多いので、話を聞くうちに、そうしたことが出てきたら、確かめておくことも大切である。

これに関連して、オーラル・ヒストリーをやっているうちに、話し手が保管していた資料を提供してくれることもあるし、そうした資料の所在を教えてくれることもある。また、この話は誰が詳しいといって、話を聞くべき人物を教えてくれることもある。あるいは、当時は某新聞の某記者と親しかったので、その新聞の記事は正確だという話が出たら、特定の新聞記事のニュース・ソースが推定できるということにもなって、新聞記事の読み方が変わってくる。そうして、当事者が常識的だと考えていた思考パターンについても、それを明らかにしておくことは大切である。今は違うが、当時はこう思っていたというたぐいの話である。特定の思考パターンがあったために、現在の感覚からは当然選択肢になり得たことが、早々に選択肢でなくなったということも少なくない。

そして、そうした前提条件を意識することで、話者の記憶がさらに鮮明になるということも起こってくる。たとえば、同じ部署のメンバーの名前を思い出し、その席の様子を思い浮かべているうちに、そこでの執務の様子が思い出され、それにつれて自らの行動や置かれた立場が思い起こされるというのはよくあることである。こうして、話者が当時の状況を次第に鮮明に思い出す過程につきあうことは、聞き手がそうした情景を共有することにつながり、知りたい出来事について、より深い理解へと進んでいくのである。

四　オーラル・ヒストリー体験とシティズン・サイエンス

さまざまな工夫と配慮を経てできたオーラル・ヒストリーは、読むだけでも、探求したい事柄に関する関係情報を豊富に与えてくれるが、オーラル・ヒストリーを作成する側に立つことは、さらに深い経験と知識を与えてくれる。

聞き取りの現場に立ち会うことで、その場の息づかいを含めて、臨場感が得られる。やり取りのペースや間の取り方に接し、話し手の表情や手振り・身振りを実見し、臨機応変のやり取りに接することで、文字になりにくい分厚い情報に身をさらすことができる。そうすると、実際に聞き取った内容を文字化したものを読むときの読み方も変わってくる。自分が出席していた聞き取り記録を整理し、本人確認において相手の反応を知ることは、対象となっているその記録に関する無形の知識を与えてくれるだけではなく、他のオーラル・ヒストリーを読む土地勘というものが養われるのである。つまり、こうした発言があるときには、本人はしゃべりたくないのだとか、これは本当に忘れているのだという区別や、話し手の思考様式を推測するための手がかりが分かってくるようになる。

また、オーラル・ヒストリーの聞き手になることは、とりわけ若い研究者にとって、普段は接することのできないような政府高官や著名人に会う機会となる。出来事の当事者が、どんな話し方をするのか、どんな態度をとるのかを知ることは、たとえば政策決定の現場における関係者の行動を推測する助けになるし、聞き取りのなかで当事者とやり取りをすることは、出来事の現場を疑似体験するという側面もある。

もっとも、良質のオーラル・ヒストリーを作るには、たとえ、テープ起こしを専門家にゆだねたとしても、事前準備や事後整理に大変な手間がかかる。プロジェクトとしてオーラル・ヒストリーを実施するときには、こうした役割は、しばしば若い研究者の仕事になりがちである。しかし、オーラル・ヒストリーの準備をしたとか聞き手になったとかいっても、それが研究業績になるわけでもなく、こうした作業にあまりに手間をかけても、本来の研究ができなくなるという悩みを持つ若い研究者もいるようだ。また、自分の研究をするために、聞き取りをしても、それを質の高いオーラル・ヒストリーにまで高める手間をかけられないということもあろう。そこで、若い研究者は、いくつかのオーラル・ヒストリーの作成に関わるのはよいとして、そればかりはやっていられないということになる。

そのように考えると、オーラル・ヒストリーの発展において、いわばシティズン・サイエンス（市民科学）のように、研究者として大学などの職を持たない人が、そうした事柄に関心を持ち、一定のトレーニングを受けたうえで、余暇を使って行う活動に大きな期待がかかる。歴史や政治が好きな人が退職後に、専門の研究者が進めるオーラル・ヒストリーに関わり、次第に重要な役割を果たしていくというのは、オーラル・ヒストリーの担い手の有望なリクルート経路のように思われる。星の発見や動植物の生態観察などは、多くのアマチュア科学者によって支えられている。そうした研究活動は重要ではあるが、学界で評価されにくいがために、アマチュアの活動が重要になるのである。良質なオーラル・ヒストリーが数多く蓄積されることは、関連の学界において大きな資産が形成されることを意味する。

その蓄積が学界内だけではできないとすれば、学界外で関心のある人々を巻き込んでゆくこともまた必要なのではないか。

オーラル・ヒストリーは学界のみならず社会にすっかり定着した。しかし、それを育てていくためには、まだまだ課題も残っている。まず、質の向上という課題については、その際に留意すべき点を、実際にオーラル・ヒストリーを作る手順に即しながら考えてきた。そして作成のための留意点を知ることは、オーラル・ヒストリーを読み解くうえでも、有益であることを論じてみた。オーラル・ヒストリーやそれに類する活動は、出版などで知られている以上に広がりを持っているはずである。しかし、そうしたオーラル・ヒストリーの成果を共有するための仕組みはまだ十分ではない。どこでどんなオーラル・ヒストリーが作られ、どのようにしてそれが入手できるのか、そうした成果をつなぐ仕組みが、しっかりした組織的背景のある活動として成立することが望ましい。オーラル・ヒストリーの創始期には、それらを作成する活動自体に研究上の意味が見いだされていたが、それが定着してしまえば、その意義も薄れる。そうなると研究者にとってオーラル・ヒストリーの作成に手間をかけるインセンティブが減っていく恐れもある。しかしながら、優れたオーラル・ヒストリーを蓄積し続ける学術的、社会的意義は減るわけではない。その落差を埋めるためにも、オーラル・ヒストリーの担い手を増やしていく方策が必要であり、アマチュアの活動に期待がかかってくる。しかし、質の高いオーラル・ヒストリーを実現するためには、それなりの学問的背景も必要であるし、ノウハウの蓄積も必要である。その意味で、専門的な研究者と、アマチュア研究者が協働してオーラル・ヒストリーを作成していくのが好ましい。そして、そうした活動領域に若手の研究者が関与していくことも、研究活動全体にとって有益なことである。質量ともに充実し、担い手が広がっていくことが、これからのオーラル・ヒストリーにとっての課題なのではないか。

オーラル・ヒストリーからの／への逃走

金井利之

はじめに――オーラル・ヒストリーの負の側面

オーラル・ヒストリーには大きな魅力があるが、それが持つ、あるいは、持ちうる負の側面についても踏まえて、バランスの取れた対応をすることが肝要である。

第一は使い方の負の側面であり、「自白偏重主義」である。かつて、ある先達と聴取[1]に同席したときに、同氏は聞き手に対して「ガサ入れをさせてください」とも言っていた。つまり、聴取と並行して文書資料の探索も怠らない。オーラル・ヒストリーの記録は、文書化はされるものの、「事情聴取」における「供述調書」「弁解録取書・身上調査書」「面前調書」に過ぎない。やはり、「ブツに聞け」という「物証」も必要なのである。口述記録に頼りすぎた使い方は、「自白偏重主義」であり「冤罪」の温床となりうる。

(1) 使い方の負の側面

実際、ある簡易オーラル（後述）では、その聴取・供述内容が相当に「事実」と異なることは、経験済みである。これは、他の聞き手による、物的証拠（この場合には話し手から任意提出を受けた手帳）との突合《とつごう》による綿密な「取調べ」によって判明した。逆に言えば、証言と異なる物証が出てこなければ、自白は一人歩きすることを意味する。もちろん、物証に示された「事実」が、真実である保証もないのであるが、この点は他の物証との突合などの史料批判が必要であるし、オーラルもそれに役立つかもしれない。

また、同じ事象について知っている他の関係者に聴取記録を読んでもらった結果、自白内容に「偏り」あるいは「異論」があることが判明した。この点は、あくまで自白内容はある当事者の証言であって、複数の証言と突合する必要があることを、改めて確認させる。したがって、あるオーラル（口舌）は、ある話し手の「ヒズ・ストーリー[2]（彼の物語）」に過ぎないという了解が、使い手たちの間に不可欠である。

(2) 作り方の負の側面

(a) 話し手側

第二は、作り方の負の側面である。そのうち一つは話し手側に生じる。また別のある簡易オーラルでは、話し手より「取調べ」と言われた。これは、宮本常一の「訊問（尋問）科学」論にも通じるものであり、聞く行為あるいは調査の権力性・負担性の問題である（宮本一九八六）。作り方において、話し手側に大きな負担を与えるものであり、逆に言えば、その負担を乗り越えるだけのアメまたはムチがつきまとう。

アメとは、話し手側に便宜供与をして正当化・弁明または歴史の改竄の機会を提供することもあれば、心情的なオーバー・ラポールもある。ムチとは、話すことに応じさせるような、様々な権力を背景とする聴取である[3]。こうした作り方の問題は、いわば「自白の任意性」を疑わせるものであり、使い方に大きな制約を課すことになる。

(b) 聞き手側

作り方の負の側面のもう一つは、聞き手側にある。オーラル・ヒストリーは聞き手側、特に、青壮老の聞き手側チームのうち下準備をする青年層に、大きな負担を課す。青年の聞き手は、しばしば博士論文を執筆している博士課程大学院生であり、学業本務に割ける時間を奪いかねない。博士論文に直結する聴取であるとは限らない場合には、純然たる負担となる。もちろん、聴取に参加すること自体は、長期的には非常に勉強になるとしても、短期的に費用対効果が高いとは言えない。その意味で、「ブラック」労働的側面を持ち、さらに、オーラルが魅力的であればあるほど、「やりがい搾取」的になる危険を持つ。

しかも、上記のように、「口から出任せの口舌による彼の物語」に過ぎない偏りや誤りを持ちやすいとすれば、聞き手側は何らかの突合または検証・確認作業が必要になってくる。例えば、聴取に際して、事前に情報を収集し、物証を固め、その上で「自白」を迫る。警察の取調でも、「ネタは上がっている」「ウソをつくな」と言えるには、そのための準備が必要である。あるいは、話し手には自由に話させたとしても、事後的に物証で却下される証言は削除していかなければならない。

ところが、物証が既に固まっていれば、そもそも、事実確認には聴取するまでもない。オーラルに付加価値の意味があるのは、物証のないところで証言を蒐集することにある。しかも、物証で裏付けられない証言でしかない。その際にも、物証がないことを聴取前に確定しておかなければ、重複する無駄な作業となる。

また、事後的に証言を確認しようと思えば、他の証言と突合する必要がある。こうなれば、聴取は単独では存在し得ず、一連の話し手群に対する連続聴取にならざるを得ない。いずれにせよ、オーラルは次から次へと作業を増やす性質を持っている[4]。

一　オーラル・ヒストリーからの逃走

(1) 契　機

もともと、金井がオーラル・ヒストリーに関わるようになったのは、御厨貴氏(当時、東京都立大学)からの声掛けがきっかけである。その後、御厨氏は、その活動を政策研究大学院大学「オーラルヒストリー・シリーズ」に発展させ、さらに、東京大学先端科学技術研究センター(先端研)に移籍して続けて行く。本論文で指すオーラル・ヒストリーとは、御厨氏を中心とする公人聴取の総称である。

たまたま、声掛け時機が、一九九二年三月に金井が助手論文を仕上げた直後という学業業務上のエアポケットに当たったことが大きい。また、結果的には、同年一〇月に東京都立大学法学部に赴任することになったので、ある意味で六カ月の相対的な暇な時間があったのである。なお、同時に参加することになった牧原出氏（現、東大先端研）は、助手三年目にさしかかり、助手論文作成の最も忙しい時期に当たるので、なぜ躊躇しなかったのか不思議である。しかし、助手論文の執筆途上の時期からオーラルに接していたことは、同氏の研究者キャリアにとって、大きな意味をもたらしたのは、周知の通りである。

ともあれ、このときに行われたのが、総合研究開発機構（ＮＩＲＡ）・国土庁の研究会との相乗りの下河辺淳氏関連オーラルである（総合研究開発機構一九九六）。[5] 新全総など国土計画を中心とするものであり、学業的に勉強になる魅力的なものであった。例えば、ある話者である某氏は、オーラルにおいて、ある人が接待相手に、女性の性的接待を供与しようとしたところ、接待相手側から「もう女はやらないんだよ」と断られたとき、その人が自分自身の肛門の提供を申し出た胆（肛?）力によって相手側に要望を呑ませた、などの伝聞回想（当然、真偽不明）によって、われわれ聞き手側を驚かせようとしたことなどが、オーラル・ヒストリーではなくアナル・ヒズ・ストーリーの思い出としてある。[6] また、話し手一人当たりの回数もそれほど多くはなく、ＮＩＲＡから出席謝金も出たので、ホワイト事業であったと言える。

(2) 転　進

こうしてオーラル・ヒストリーのプロジェクトは徐々に増えることになった。例えば、竹内良夫氏オーラル（竹内二〇〇二）、奥野誠亮氏オーラル（奥野二〇〇二）などである。竹内氏オーラルは大変に勉強になったが、奥野氏オーラルは、途中から壊れたレコードを聴くように同じ話が繰り返され退屈であった。また、聴取の回数が多くなり、ワーク・ライフ・バランス上の深刻な問題を生じさせた。加えてその関連で、地方財政関係という、最も重要な回に出席できなかった。さらに、下河辺氏オーラルと違って謝金も出なかった。当初は、奥野氏の事務所で、上質の昼飯付きだったのが、こうした饗応を受けることを問題だと考えた御厨貴氏が断ったので、途中からは秘書の出す飲物・果物のみになってしまった。自らの貢献不足で、戦後地方財政について大したことを聞けなかったという悔いが残った。数少ない収穫は、「戦後自治庁には追い風が吹いていた」、という感触を奥野氏が証言したことである。

続く工藤敦夫氏オーラルは、内容は非常に面白かったが、回数が多いので、話者の方がより深刻だったと思われるが、疲弊した(工藤二〇〇五)。話者の高齢化と聴取の長期化には問題も孕む。また、作業に疲弊したために、単行本にする作業を進めなかったことにより、他のオーラルと異なり広く社会一般に還元できていない。また、小林与三次氏オーラルは、同氏が逝去したため二回程度で中断した。もっとも、初回の雰囲気で、仮に続けたとしても、既に高齢で大した話がなさそうだった。なお、このとき、「高齢者介護・終末ケア」サービスとしてのオーラルの可能性を感じ、「自分史」ブームが妥当であることを予感した。

このように、御厨氏が主導するオーラル・ヒストリー自体は極めて面白いが、話し手側ももちろんであるが、聞き手側の費用負担が大きすぎることを痛感した。この高コスト体質のままでは、負担が大きく持続可能性がない。

(3) 変　質

(a) 費用便益の向上

聞き手側の費用便益の向上のためには、費用削減または便益向上が必要である。費用省力化のためには、オーラル・ヒストリー的だが、作業工程を大幅に省力化する方策がある(以下、「簡易オーラル」とする)。すなわち、一件につき精々一回ないし二回の聴取で、合計四ないし八時間程度をイメージする。自治総研で行った「自治に人あり」シリーズ(7)は、基本的には簡易オーラルである。

また、便益向上のためには、オーラルとは別個に行われている母体研究の副産物とすることが考えられる。すなわち、ある研究を進める過程で、関係者ヒアリングをすることは普通であるが、その聴取記録をも独立した成果物とすることで、一石二鳥を狙う。この場合には、聴きたい人に聴きたい人が聴くことになり、作り手＝使い手である。なお、母体研究への尽力を阻害しないためにも、母体研究の副産物であっても簡易オーラルの形態を採ることになる。

（b）母体研究型

母体研究型の実例は、室山貴義氏簡易オーラルである（室山他二〇〇八）。聴取は一回四時間のみである。自治総研「まちづくり検証研究会」という共同研究の過程での倉敷市政研究（今村他二〇〇七）のヒアリングのなかで、副産物（聴取記録）として発生したものである。

安武憲明氏簡易オーラル（安武他二〇〇九）も上記共同研究における夕張市政研究の一環である（光本二〇一二）。聴取は二回合計五時間程度である。夕張市政研究にもかかわらず、福岡県旧赤池町関係者のヒアリングをしているのは奇異な印象を与えるかもしれないが、夕張市の前に準用財政再建団体となった赤池町との対比のためである。なお、夕張市助役電話インタビューは差し障りが多すぎて公表できず、その代替物でもある。また、それ以外にも夕張市政関係者への現地ヒアリング調査は多数・長時間を行っているが、いずれも聴取記録としても公表していない。

宮田正馗氏オーラル（宮田他二〇一二）も上記研究会の大潟村政研究の副産物である。二回合計六時間程度の聴取である。本件でも同様に、現地ヒアリング調査は別にも多数行っているが、いずれも聴取記録として公表していない。

（c）単独型

母体研究があると、オーラル・ヒストリー作業の便益を増大することができる。恐らく、御厨氏主導の一連のオーラル・ヒストリーは、御厨貴氏の戦後史研究という母体研究構想が存在するはずであるが、それを聞き手が共有しない場合には、便益が小さく感じられるだろう。それゆえに、母体となる共同研究から独立して単独にオーラルを実施するためには、簡易オーラルでなければならない。もっとも、聞き手集団として参画する数名の研究者には、それぞれに、自身の研究構想はあろう。各自の研究構想と何らかの関連性がなければ、オーラル作業に参画する便益を感じられず、参画は見込みにくくなるだろう。

児玉更太郎氏簡易オーラルは、それ自体では二回合計六時間程度である（児玉他二〇一一）。もともと、聞き手の一人である小田切徳美氏は、高宮町地域振興協議会の研究や児玉氏への聴取など現地調査はこれまでも行っているので、同氏には母体研究がある（小田切二〇〇九）。また、櫛部武俊氏簡易オーラルも、二回（合計四日間）合計一〇時間程度である（櫛部他二〇一四）。聞き手である沼尾波子氏および正木浩司氏には、それぞれの母体研究がある。母体となる共同研究がないと、簡易オーラルであろうとも、その対象者が出てこない。単独型というのは、筆者自身に母体研究がなく、これらの研究者と自治総研「自治に人あり」シリーズを架橋する役割のみだったということに過ぎない。逆に言えば、同じ聞き手メンバーとはいいながら、金井の関与は中立的・第三者的立ち位置となっている。

二　オーラル・ヒストリーへの逃走

（1）共同研究プロジェクト

（a）思　惑

近年、競争的資金などを契機に、共同研究プロジェクトが増えている。その場合には、共同研究に参画する便益は内在的にはあまり大きくない。もし、便益が内在的にあるならば、同研究プロジェクトは自然に生じるはずである。自然に生じない共同研究をカネの力で人為的に作造するのが、競争的資金（補助金）の誘導力である。もちろん、内在的に便益を感じないならば共同研究に参画しない「自由」はあるかもしれないが、現実には個人研究費が乏しければ、共同研究に参画して研究費のこぼれ落ち《トリクルダウン》を期待するしかない。さらには、組織の要請や人間関係の柵《しがらみ》・貸借・義理人情など、様々な要因が作用して、共同研究に参画する。しかし、動機や思惑は何であれ、一旦、共同研究への参画を決定した以上、共同研究に貢献して、論文を執筆することが求められる。

しかし、共同研究のテーマに対する関心が必ずしも大きくないと、便益を発見することが困難なことがある。そのときに、簡易オーラルを実現することで、当面、何とか共同研究への務めを果たすことになる。永井學氏オーラルは、当初はこうしたオーラルへの逃走の思惑から始まった（永井他二〇一五）。母体となる共同研究は、東京大学社会科学研究所全所的プロジェクト「ガバナンスを問い直す」（二〇一〇―一三年度）である（宇野・五百旗頭二〇一五）。さらに、同所希望学（「希望の社会科学」）プロジェクト（二〇〇五―〇八年度）の福井・釜石研究の流れもあるようであるが（玄田二〇〇六）、詳細は複雑でよく分からない。(8) ともかく、当初の金井は「ガバナンス」も「希望」もあまりテーマとして関心は高くなかった。

(b) 蹉　跌

共同研究プロジェクトからオーラル・ヒストリーへの逃走は、簡単には実現しなかった。第一に、省力化の失敗である。上記永井氏オーラルは五回合計二〇時間程度となり、簡易オーラルとはならず、限りなく御厨氏的オーラル・ヒストリーになってしまった。聞き手に五百旗頭薫氏がいたため、日本政治史学の厳格な規律が作用し、省力化・簡易化に失敗したのかもしれない。まとまった分量も多くなったので、「自治に人あり」シリーズのブックレット方式にもできなかった。

第二に、本オーラルだけでは共同研究への貢献とは見なされず、結局、通常の主産物としての論文執筆の義務から逃走することはできなかった（金井二〇一五）。プロジェクトを主導した宇野重規・五百旗頭薫両氏の優れた管理能力および人徳の賜物であろう。もっとも、この論文（金井二〇一五）には、永井氏オーラルはほとんど役に立っていない。

なお、金井の内在的な永井氏オーラルの母体研究構想は、原子力発電所立地・所在自治体の研究である（金井二〇一二a）。より広く言えば、夕張市政研究（光本二〇一一）などのエネルギーと自治体の関係に関する研究である。また、上記共同研究においては、成果物の寄稿論文（宮﨑二〇一五、五百旗頭他二〇一五）からも明らかなように、原子力発電所ないしエネルギーと自治体との関心も存在する。希望学プロジェクトとしても、橘川武郎氏は原子力発電（電力産

業）には造詣が深く（橘川二〇〇四、二〇一二）、共同研究との内在的な連関はないわけではない。(9)

(2) 専門職大学院

(a) 思　惑

二〇〇四年に東京大学に専門職学位課程＝公共政策大学院が開設された。専門職大学院は、これまでの研究中心の大学教員に対して、研究・教育・実務のバランスの再構築を求めるものであった。学生からは実務・職業人に役立つ大学院教育が期待されるので、従来型の研究教育の一体性というだけでも済まない。大学院の開設は授業負担の拡大を、それゆえに研究時間の削減を意味しうる。

こうした隘路を打開する方法として、大学院生＝素人による簡易オーラルを「自治体行政聴査」として授業の一環で行うことを進めた。第一に、実務家志望学生は実務家の話を聞くことによって、実務に直結する教育効果を得る。第二に、研究者志望学生には、聴取作業の経験により論文化への修練とする。第三に、金井自身の母体研究に伴うヒアリング調査を、授業と一体で行う。こうして、研究・教育・実務の一石三鳥を目指した。授業の一環であるから、聴取一回あたり三時間程度である。

ただし、通常のオーラル・ヒストリーのように、学生が「口述テープ起こし」を作成することは、作業負荷の点から極めて困難である。そのため、学生が作成する「聴査報告書」は、学生が実務家＝話者から聞き取った内容を、話者のネイティブ・チェックを受けることを前提に、学生自身を記録者＝一人称としてとりまとめたものとした。いわば、筆記ノートを文章化・報告書形態化したものである。

(b) 自治体行政聴査

第一は、「自治体法務管理」（二〇〇四年度事例研究）である。成果物は上記の「聴査報告書」スタイルであり、簡易オーラルでもない。さらに、授業でのとりまとめを超えて、「働く人たち」シリーズとして公刊した（喜多見二〇〇五a、喜多見二〇〇五ｂ、白取二〇〇六ａ、白取二〇〇六ｂなど）。背景となる母体研究は、金井が続けていた自治体法務管理研究であり、研究に必要な情報収集を教育と一体的に進めたものでもある（金井二〇〇四ａ、二〇〇五—一四、二〇一二ｂ）。しかし、多数の自治体を法務管理という統一テーマで横断したので、話者の選定・交渉・連絡調整などの実現費用は小さくない。

第二は、特定自治体との共同研修・研究・教育である。自治体側の職員研修と大学側の学生教育を一体的に行う企画である。川崎市政研究（二〇〇五—〇九年度事例研究）は、市政幹部、溝の口再開発、経済政策、景観政策、イメージ戦略を素材に、川崎市職員研修所研修と協働事業で進めた。横須賀市政策形成（二〇〇七年度演習）・人材形成（二〇〇八年度演習）も、横須賀市都市政策研究所の研修と協働事業であった。しかし、自治体での研修事業がリストラ対象となる情勢により、継続することはできなかった。

第三は、特定自治体の協力を得た研究教育である。川崎市行政管理（二〇〇五年度演習）、立川市行政管理（二〇〇六年度演習）など、職員研修と結合させないで、自治体現職職員を話者として、自治体行政の実態の聴取調査を行うものである。

(c)聴査とインターンシップ

第四に、さらにそれを学生インターンシップと結合させた川口市政研究（二〇〇九—一八年度演習）である。総合計画、行政管理、合併、国民健康保険、介護保険、障害者福祉、生活保護、子ども政策を採り上げて、大学において聴取調査をするだけでなく、夏休み中のインターンシップ派遣と結合させた。インターンシップを一種の参与観察と位置づけ、業務日誌の提出を求めている。ただし、業務日誌に関しては、自治体側のネイティブ・チェックを求めていないので、研究資料として使用することは困難な状態である。

(d)聴査と簡易オーラル

第五に、特別区協議会との協同である特別区政研究（二〇一〇—一八年度事例研究）は、簡易オーラルを兼ねている。

学生には、上記のような「聴査報告書」をとりまとめさせている。それと同時に、特別区協議会側では録音をし、テープ起こしから簡易オーラル記録を作成している。つまり、同一話者からの聴取に対して、異なる二タイプの記録が作成されている。一回二時間半合計一〇回程度で、実務家＝話者は通常一人一回、例外的に一人二回または複数人を同時に一回である。

当初は、著名なＯＢ職員に対して人材育成と仕事のあり方を全般的に聴取していたが、二年度目からは、特別区協議会側の母体研究の関心を反映して、一九七四年改革(保健所移管・配属職員制度廃止)、一九六〇年改革(福祉事務所移管)、特別区人事委員会設置、清掃事業移管問題協議会、区長準公選運動、長期計画、路上生活者対策、六一都区合意が対象となっている。特別区協議会側の背景にある研究構想は、特別区の自治権拡充運動という「公式正史」にあるといえる。その意味では、本丸は二〇〇〇年都区制度改革ともいえるし、現在進行形ともいえる都区検討といえよう。金井側の母体研究構想も都区制度研究にある(金井二〇〇四b、二〇一二c、二〇一二d、二〇一三、二〇一六、大森他二〇一七)。

話者の選定は母体研究の関心の所在に大きく規定され、かつ、話者選定の主導権を持つにはリストアップや連絡先探しから依頼交渉まで、実務負担を免れることはできない。研究時間の捻出のために研究・教育の一体化を図るが、それが同時に実現業務を増やしかねない問題があり、それを回避して自治体側に実現業務を負担してもらえばもらうほど、テーマは自治体側の関心を反映せざるを得ない。こうしたトリレンマ状況のなか適切な均衡点を探る必要がある。川口市政研究や特別区政研究は、トリレンマ状況とならなかったがゆえに持続できた。

(3) 審議会の業務

(a) 自治基本条例と市政史ヒアリング

行政にとって有用性のあまりない誤用学者の金井の場合には、それほど機会は多くはないが、審議会などの業務に関わることは、研究時間を削減する。それゆえ、審議会業務で公益に資することはもちろんであるが、審議会業務の経験によって研究に裨益する要素がなければならない。例えば、実務の感触、人脈の形成、資料入手、資料の読み方の補助線などである。とはいえ、業務で得た秘密を守ることを求められれば、審議会業務での知見を研究に活用することも制約される。秘密を共有すれば情報を使えず、秘密を守らなければ情報を得られない。

このなかで、川口市自治基本条例策定委員会は、業務を研究に活用した実例である。同委員会は、いわゆる自治基本条例の策定のための市民参加の会議体であり、その委員は市民参加のファシリテーター役である。しかし、自治基本条例には、比較的にデファクト・スタンダードがあるので、議論自体に研究上の新味は乏しい（金井二〇〇四c）。また、自治基本条例を社会実装すること自体に価値を見いだす工学的指向も金井にはない。そこで、委員会活動自体が知的成果物を生産して、市政・市民・社会にも研究にも貢献することを目指した。川口市政という固有な内容を調査研究することを提案した。幸い関係者の理解が得られ、金井が部会長を務めた第一検討部会では、川口市政関係者のインタビューを実施した。一回一時間程度で計一四名からの簡易オーラルであり、口述起こしの形態で市政資（史）料を作成した。将来的には、市史編纂にも役立つであろう(10)。

(b)　審議会の限界

しかしながら、審議会業務が、独自の研究成果を生み出すような研究活動と両立する機会は滅多にはない。なぜならば、審議会業務には比較的に定型化された業務（会議出席と発言）と成果物（例えば「答申」）が存在し、それとは別個の成果物の余地は、附属調査資料くらいだからである。むしろ、自治体から審議会の前提準備として、シンクタンクなどに発注するいわゆる調査モノに関与するしかない。上記の事例は、自治基本条例のように、審議会業務の定型がなかったがゆえに行えた例外的な取り組みであっただろう。

なお、川口市総合計画審議会の業務に携わったときに、時期的に(2)(c)のインターンシップと組み合わせることはできた。夏休みのインターンシップ中に、市役所内部で行われた主要事業計画策定のためのヒアリング会議に学生ともども陪席し、その業務日誌を作成することにより、内部の政策調整過程の記録化を行った。しかし、これは審議会業務と研究の両立と言うより、インターンシップという研究・教育の両立の効果であった。

おわりに

オーラル・ヒストリーの作り方とは、できるだけ負担をかけずに作成することである。それは、主語が聞き手と語り手の双方である口述問答形式であれ、主語は記録者である聴査報告書（聞き書き）形式であれ、主語が話者である自伝・回想録形式（ただし、ゴーストの支援があることが普通）であれ、同じことである。

オーラル・ヒストリーの使い方は、作り手自身としては、あまり考えても意味がないことである。それは独立した刊行物であり、読者が自由に使うべきものである。それゆえに、それ自体が作品として面白ければよい。また、母体研究の副産物という意味では、オーラル・ヒストリーの刊行時には、すでに母体研究において使い終わっている。むしろ、他者がどのように使うかは不明だが、「自白」に過ぎないという了解こそが肝要と思われる。

参考文献

五百旗頭薫・佐藤健太郎・稲吉晃（二〇一五）「港から原発へ――〝ロカロカ〟敦賀のガバナンス」（宇野・五百旗頭二〇一五）

今村都南雄・金井利之・嶋田暁文・光本伸江（二〇〇七）「倉敷市「美観地区」の文化と伝承」『自治総研』二〇〇七年四月号

ヴォーン、S、J・シナグブ、J・S・シューム（一九九九）『グループ・インタビューの技法』慶應義塾大学出版会

宇野重規・五百旗頭薫（編）（二〇一五）『ローカルからの再出発――日本と福井のガバナンス』有斐閣

大森彌・金井利之・中原正淳（座談会）（二〇一七）『特別区が歩んだ自治のみちのり　特別区自治情報・情報交流センターブックレット⑤』学陽書房

奥野誠亮（二〇〇二）『派に頼らず、義を忘れず』PHP研究所

小田切徳美（二〇〇九）『農山村再生』岩波ブックレット

金井利之（二〇〇四ａ）「東京都庁における法務管理――東京都庁総務局法務部」『都市問題』二〇〇四年五月号
金井利之（二〇〇四ｂ）「東京都制度／都区制度の側面と性格」『都政研究』二〇〇四年五月号
金井利之（二〇〇四ｃ）「広がりを見せ始めた「自治基本条例」」『月刊自治研』二〇〇四年一月号
金井利之（監）（二〇〇五―一四）「連載　分権時代の自治体における法務管理　第一回〜第五二回」『自治体法務ＮＡＶＩ』第六巻―第五七巻
金井利之（二〇一二ａ）『原発と自治体　「核害」とどう向き合うか』岩波ブックレット
金井利之（編）（二〇一二ｂ）『シリーズ自治体政策法務講座第④巻　組織・人材育成』ぎょうせい
金井利之（二〇一二ｃ）「大都市地域特別区設置法の諸性格」『地方議会人』二〇一二年一二月号
金井利之（二〇一二ｄ）「東京都性論」苅部直・牧原出（編）『政治を生きる』中央公論新社
金井利之（二〇一三）「都区制度と総合計画制度」せたがや自治政策研究所『都市社会研究　二〇一三』ＮＯ五、一―二六頁
金井利之（二〇一五）「地方治態の三要素――住民・区域・自治体」（宇野・五百旗頭二〇一五）
金井利之（二〇一六）「未完の「大阪都構想」の経過観察」特別区協議会『「大都市地域特別区設置法」にもとづく特別区制度設計の記録』学陽書房
喜多見富太郎（著）・金井利之（監）（二〇〇五ａ）「分権時代の自治体における法務管理　京都市」『自治体法務ＮＡＶＩ』第五巻
喜多見富太郎（著）・金井利之（監）（二〇〇五ｂ）「分権時代の自治体における法務管理　尼崎市」『自治体法務ＮＡＶＩ』第六巻
橘川武郎（二〇〇四）『日本電力業発展のダイナミズム』名古屋大学出版会
橘川武郎（二〇一二）『電力改革』講談社現代新書
櫛部武俊（話し手）・沼尾波子・金井利之・上林陽治・正木浩司（聞き手）（二〇一四）『釧路市の生活保護行政と福祉職・櫛部武俊　自治に人あり⑤』公人社
玄田有史（編）（二〇〇六）『希望学』中公新書ラクレ
工藤敦夫（二〇〇五）『工藤敦夫（元内閣法制局長官）オーラル・ヒストリー』政策研究大学院大学ＣＯＥオーラル・政策研究プロジェクト
児玉更太郎（話し手）・小田切徳美・沼尾波子・金井利之（聞き手）（二〇一一）『高宮町・地域振興会方式と町長・児玉更太郎　自治に人あり③』公人社
下河辺淳（一九九四）『戦後国土計画への証言』日本経済評論社
白取耕一郎（著）・金井利之（監）（二〇〇六ａ）「分権時代の自治体における法務管理　横須賀市」『自治体法務ＮＡＶＩ』第一〇巻
白取耕一郎（著）・金井利之（監）（二〇〇六ｂ）「分権時代の自治体における法務管理　川口市」『自治体法務ＮＡＶＩ』第一一巻

総合研究開発機構(一九九六)『戦後国土政策の検証(上)(下)』
竹内良夫(二〇〇二)『土木学を求めて』都市計画通信社
永井學(話し手)・五百旗頭薫・金井利之・荒見玲子(聞き手)(二〇一五)『大飯原子力発電所はこうしてできた』公人社
光本伸江(編)(二〇一一)『自治の重さ――夕張市政の検証』敬文堂
宮﨑雅人(二〇一五)「原発立地自治体の財政比較――福井県敦賀市・美浜町・高浜町・おおい町を事例に」(宇野・五百旗頭二〇一五)
宮田正馗(話し手)・今村都南雄・金井利之・嶋田暁文(聞き手)(二〇一二)『ゼロからの自治　大潟村の軌跡と村長・宮田正馗　自治に人あり④』公人社
宮本常一(一九八六)『旅に学ぶ(宮本常一著作集三一)』未来社
室山貴義・金井利之(二〇〇八)『倉敷の町並み保存と助役・室山貴義　自治に人あり①』公人社
安武憲明(話し手)・光本伸江・金井利之・飛田博史(聞き手)(二〇〇九)『赤池町の財政再建と財政課長・安武憲明　自治に人あり②』公人社

(1)「聴き取り」「聞き取り」「聞きとり」など色々な表記が有り得るが、本論文では「聴取」と書いて、「キキトリ」と訓読するか「チョウシュ」と音読するかは読者に委ねる。
(2)「彼」というジェンダー・バイアスは、公人オーラルそのものに内在するバイアスというよりは、公人が男性中心だったという近代日本の政治行政のジェンダー・バイアスの反映である。
(3) もちろん、公人オーラルの場合には話し手は権力者・為政者であるから、一般民衆に対するオーラルとは異なる。聞き手側が権力を行使して権力者に対して話させること自体は、説明責任の要求という問責行為として正当化され、聞き手側が民主的統制＝問責を行使する代表者となることである。もっとも、この場合には、聞き手側は聴取行為に対して一般民衆から問責されることになる。これは、公人オーラルは学術調査だけではなく、民主的政治(問責答責)過程を実践することになる。
(4) 話し手を集団として、グループ・インタビューする手法もある(ヴォーン他一九九九)。この場合には、多人数の聴取を「効率的」に一回で済ますことができるかもしれない。しかし、公人オーラルでも「座談会」形式の聴取は、官庁関係者などの資料作成において、ないわけではない。
(5) なお、このオーラル・ヒストリーは、下河辺淳氏をキーマンとしながら、同氏が話し手とはなっていないのは興味深い。下河辺氏自身の聞き書きのようなものは別にある(下河辺一九九四)。なお、のちに、下河辺氏自身も阪神淡路大震災復興・在沖縄米軍基地移設で、同時並行オーラルの話し手として登場することになる。

（6）　公人聴取は、本来権力のない聞き手側に尋問・取調という権力性を持たせることを意味しうるので、本来権力者である話し手側は権力バランスを反転させて優位を占めるために、パワハラ・セクハラ的な言動をするのかもしれない。
（7）　地方自治総合研究所から刊行されている「自治総研ブックレット」のなかの一種である。
（8）　ちなみに、社会科学研究所（社研）のホームページでは、永井氏オーラルは、「ガバナンスを問い直す」ではなく、「希望の社会科学」（希望学）の一環として位置づけられている。http://project.iss.u-tokyo.ac.jp/hope/res
（9）　なお、二〇一五年七月二二日に社研（赤門総合研究棟）で開催された永井氏オーラルの書評会・合評会では、橘川氏が討論者を務めた。
（10）　川口市ホームページには、自治基本条例策定委員会第一検討部会の「日程・会議録」という形式の一部で、ヒアリング口述記録が掲載されている。https://www.city.kawaguchi.lg.jp/soshiki/01020/010/11/1/2676.html

オーラル・ヒストリーの方法論——仮説検証から仮説発見へ

清水唯一朗

はじめに——日本における政策オーラル・ヒストリーの二五年から考える

オーラル・ヒストリーが政策研究の分野で用いられるようになってから二五年が経つ。今日では、内政、外交を問わず、さまざまな政策分野において、オーラル・ヒストリーなしでは研究できないという認識が広がっているように思われる。事実、科学研究費助成事業データベースを参照すると、実に六六六件もの研究課題がオーラル・ヒストリーに言及するまでとなった（二〇一八年五月現在）。

もっとも、二五年の歩みを経て、政策研究におけるオーラル・ヒストリーは、その目的も質も大きく変化しつつある。政策研究大学院大学オーラル・政策情報プロジェクトで行われていたオーラル・ヒストリーは、記録を残すことそのものを目的としていた。そのため、聞き手はその分野の専門家と非専門家を組み合わせる方法を採っていた（政策研究院政策情報プロジェクト編『政策とオーラルヒストリー』中央公論社、一九九八年）。

他方、現在行われている各分野でのオーラル・ヒストリーは、その分野に特化した研究者のグループが自らの立てた問いや仮説を検証するために行っているように見受けられる。より実践的な、いわば「仮説検証型」のオーラル・ヒストリーが普及していると言ってよいだろう。アーカイブスにも図書館にもない情報が、「聞く」という手近な行為によって大量に得られるのだから、その普及は当然ともいえる。東日本大震災後の時代状況も、今を生きる一人一人への接近という手法の意味を理解するうえで大きな力となっている（大門正克『語る歴史、聞く歴史』岩波書店、二〇一七年)。

効率のよい方法には落とし穴がつきまとう。目下、オーラル・ヒストリーにとってきわめて危険な、留意を必要とする事態が現れている。オーラル・ヒストリーが手法として立ち上がったのは、研究者が行うインタビューが恣意的である、自説補強のために誘導的になっているという批判に対して、より客観的な方法論が必要とされたことによる。しかし、近年、一般に公刊されているオーラル・ヒストリーを見ると「仮説検証型」の誘導質問が多いことに驚かされる。普及にともなって、改めてオーラル・ヒストリーのあり方を考える時期が来ている。

文献資料から着想を得た仮説を実証するだけなら、オーラル・ヒストリーの魅力は限定的だ。インタビューということばが端的に示すように、「聞く」「語る」という作業は、双方向的に、聞き手と語り手それぞれの見方を交換するものだ。それによって、それぞれが思いも寄らなかった構造が立ち上がってくる。そうしたダイアローグの生み出す面白さなしにこれからのオーラル・ヒストリーは存在しえないだろう。

そうした見地に立ち、本稿では、厳格にオーラル・ヒストリーのルールを守るべきだという主張はしない。ひとたび、政策研究分野のまわりを見れば、そこにはライフ・ストーリー、ライフ・ヒストリーといった伝統的な手法だけでなく、アクティブ・インタビュー、インタラクティブ・インタビューといった新たな聞き方が展開されている。以下、二〇〇八年から足かけ一〇年にわたって取り組んできた慶應義塾大学湘南藤沢キャンパス(SFC)オーラル・ヒストリーワークショップ、オーラル・ヒストリーゼミ(https://shimizulab.wordpress.com/)での知見を踏まえながら、仮説検証型を越えた「仮説発見型」のオーラル・ヒストリーの方法論を検討していきたい。

一　聴き方を選ぶ

まず、軸となる聴き方を選ぶ必要がある。ひとくちに「聞く」と言っても、そこには実に多様な方法がある。それは質問の自由度と公開の有無を尺度に取ると、おおむね次のようにまとめることができるだろう。

もっとも厳格なのは構造化インタビューである。決められた質問を忠実に、多くのサンプルに対して行うことで計量的な分析データを獲得する際に用いられる。これに対して、質的データを獲得する方法として用いられてきたのが半構造化インタビューである。あらかじめ作成された質問表に基づいて聞き取りが進められるものの、話の進み具合や広がり、聞き手の関心に応じて一定の自由度を確保することが認められている。汎用性の高さから、大学院の研究発表では、「半構造化インタビューを行った」とするものが多く見られる。

しかし、半構造化インタビューは幅が広く、研究手法とするには、やや不誠実なようにも感じられる。それはストリクトな構造化インタビューに対置される方法に過ぎず、方法として明確な目的を持っていないからだ。

そこで、より目的を明確にした半構造化インタビューの方法として挙げられるのがオーラル・ヒストリーであり、ライフ・ヒストリーであり、ライフ・ストーリーである。まず、オーラル・ヒストリーについてその目的と特徴を明確にしていこう。

オーラル・ヒストリーが大規模なプロジェクトとして始まったのは第二次世界大戦後、コロンビア大学でのこととされる。第一次世界大戦の教訓がありながら、なぜ再度の世界大戦を避けることができなかったのか。そうした課題を持った研究者たちは、政策決定の当事者たちの判断に迫る必要があった。それは文書だけでは難しく、インタビュー調査を伴うものとなった。ただ、インタビュー調査には調査者、質問者の主観が強く影響するという方法論上の批判があった。これに対して、できうる限り質問の客観性を追求して構築されたのがオーラル・ヒストリーである。

すなわち、オーラル・ヒストリーは分析の題材を得ることを目的とし、口述資料が文書資料と同じように扱えることを意識して開発された手法といえる。それだけに客観性へのこだわりが強く、質問はYes or Noで答えられる閉ざされた質問（Closed Question）ではなく、５Ｗ１Ｈに代表される開かれた質問（Open Question）によることが原則とされた。この場合、半構造化インタビューのように質問表を用意したとしても、語りは話し手の意思により大きく変化していくことととなる。聞き手の主観を抑制し、話し手自身の認識を引き出す手続きを定めていることがオーラル・ヒストリーの特徴といえよう。

この話し手の認識をよりトータルに、長いタイムスパンで理解しようとするのがライフ・ヒストリーとライフ・ストーリーであろう。いずれもその人の人生をゆっくり時間をかけて聞き、経験だけでなく認識のありようを重視するところに目的がある。両者の違いは研究者のあいだでもあまり意識されていないが、ライフ・ヒストリーは人生全般を聞くことを目的とし、ライフ・ストーリーはその人の経験を描き出すという見解は的を射ているだろう（亀崎美沙子「ライフヒストリーとライフストーリーの相違」『東京家政大学博物館紀要』第一五集、二〇一〇年）。

政策研究大学院大学、東京大学先端科学技術センターで行われてきた政策研究オーラル・ヒストリーは、基本的にライフ・ヒストリーのかたちを取って進められてきた。聞き取りの対象となる人物が生まれたときから、小学校、中学校、高校、大学、就職、その後のポジションから現在に至るまでを時系列に沿って丹念に聞くかたちである。多くの場合、月一回の聞き取りで一年間、一〇－一二回実施されるが、後藤田正晴氏のように三〇回近くに及ぶケースもある。

ライフ・ヒストリーの形態で聞くことは、とても時間のかかるものであり、修士論文など早期に成果を挙げたいプロジェクトの場合は敬遠されることが多い。しかし、ライフ・ストーリー型にはそうした負担に見合う大きな意義がある。家族構成を聞き、幼少時の体験を聞くことは、その人物の基本的な認識を理解する糸口を聞き手に与えてくれる。また、仕事以外の話を聞くことは、話し手と聞き手の関係性を一歩深める効果をもたらす。

ライフ・ストーリー型が個人に焦点を当てて長い時間をかけて聞くのに対して、特定の事象に焦点を当てて構造の析出を図る方法としてプロジェクト・インタビューがある。この方法では、通常、一人あたり一－三回程度の聞き取りを複数名に行い、多面的な検証を行う。まずパイロット・リサーチによりその事象に関わった人物をリスト化する。保城広至は歴史から理論を構築する際には限定された範囲で事例をすべて参照する必要を説いているが（保城『歴史から理論を創造する方法』勁草書房、二〇一五年)、プロジェクト・インタビューにおける聞き手の選定にもこれと同じ論理がある。ただ、大きく異なるのは、誰から聞いていくかという順番がきわめて重要であり、慎重な考慮を要する点だ。

仮説検証型の聞き手の場合は、自らの仮説において最も重要と考えられる相手に最初にアプローチし、その結果、自説を補強して満足してしまうことがよくある。これでは聞くことの意味は皆無だ。他方、仮説発見型の聞き手の場合でも、最初に強い主張を持った話し手から聞いた場合、どうしてもその「生の証言」に引きずられてしまい、その後のインタビューで聞く話を最初の話し手の構図のなかで理解してしまう恐れがある。

この恐れは、アポイントの際に紹介を依頼する場合により強く表れる。永江朗の指摘するとおり、人はメールより電話、電話より手紙、手紙より知人からの紹介の方が相手を信頼できるものだろう(永江『インタビュー術!』講談社、二〇〇二年)。アポイントの成立を期すなら紹介は手堅い。

しかし、依頼を受ける相手の側に立ってみると、話し手は紹介者のことを意識しながらインタビューに臨むことがすぐに理解できるだろう。社長の紹介で来た学生に社長の悪口を言う社員はいない。これはそれぞれの認識を聞くためにインタビューを行うという目的に照らした場合、大きな問題となる。プロジェクトのなかに、関係者に顔が利くメンバーがあると一見好都合のように思われるが、それも危険を孕む。関係性を通じた語りには、単なるセレクション・バイアスを超えて権力性が反映することを理解する必要がある。

もっとも、誰がこうした支配的な語りをするかは容易に推し量ることはできない。そのためにはパイロット・リサーチがきわめて重要となる。たとえば政策決定であれば、まず実際に担当していた課長補佐に話を聞き、ついで課長、局長、次官、大臣、関係団体へと聞き取りの対象を広げながら、それぞれの語りのクロスチェックを行っていくのが常道であろう。

同時に、支配的な語りは、多くの場合、すでに話の構造が固まっている「定型の語り」でもある。聞き取りを行っているとよく直面するのが、これだ。著名であり、多くのインタビューを受けている話し手ほど、その傾向は避けられなくなる。何度も話をさせられているのだから当たり前だ。そうした話し手から別の話を聞くためには、それに応じた聞き方が必要となる。この点は第三節で述べることとする。

権力性も含めて構造を理解するべきだという議論もあるだろう。その場合には、グループ・インタビューが有効となる。関係者を一堂に集め、一つの質問に対して全員に語ってもらう形式である。

この形式には三つの力学が働く。一つは語り手たちの権力性である。どの語り手が強い指導力を持ち、誰が従順であり、誰が批判的であったかが明瞭に示される。検討する際には、これまで研究蓄積の多い会話分析の方法を用いることもできる。

二つ目は相互監視である。一人だけの語りでは大言壮語することがあったとしても、複数の関係者があるところでは、それは難しい。お互いが抑制しながら、メンバー全員が納得できる議論が展開され、異論があれば、それを明示的に確認することができる。さまざまな立場から見た「事実」が多角的に組み上げられていくさまを目の当たりにすることができる。ロバート・マクナマラ元米国防長官が行った座談会（マクナマラ『果てしなき論争』共同通信社、二〇〇三年）は、その好例だろう。かつて保苅実が歴史の相対性について意欲的な問題提起を行ったが（保苅『ラディカル・オーラルヒストリー』御茶の水書房、二〇〇四年）、それはある問題の当事者間においても生起される重要な問いである。

三つ目として、語り手がそれぞれの記憶や認識を話すことによって、他の語り手の記憶を引き出す相互刺激の効果がある。過去に対する人の認識はある程度固まっているものであり、とりわけ言語化したことのあるテーマは、その回数が多いほど固定しやすいという問題があることは先述したとおりである。

この「定型の語り」を尊重しながら新たな展開を探っていくのが聞き取りの醍醐味でもあるわけだが、当事者たちによるグループ・インタビューではそれが自然発生する。自分の経験のなかにあっても思い出すことのなかった古い記憶が、他者の語りによって引き出されるのだ。

筆者自身、研究仲間とともに取り組んだ旧華族女性たちへのオーラル・ヒストリーでその効果を強く実感した(華族史料研究会編『華族令嬢たちの大正・昭和』吉川弘文館、二〇一一年)。四人の旧華族「令嬢」たちの話がもっとも豊かなものとなったのは、彼女たちがともに学んだ女子学習院時代の暮らしであった。先生、友人、修学旅行……ありとあらゆる記憶が、それを強く印象に残している方の話をきっかけに四人の口から溢れ出していった。

もちろん、グループ・インタビューは一度に得られる語りが豊富な分、必要となる準備も多く、聞き取りの際には聞き手にとても大きな負担を与え、分析には相応の慎重さが必要とされる。とはいえ、語りの豊かさを求めるのであれば、この方法はきわめて有効であろう。

グループ・インタビューでは一人一人の話をじっくり聞くことができないといわれることがあるが、それは愚問である。そうした問いを発する方は、聞き取りというのは一度きりで、その場で関係性が終わると理解しているのだろうか。一人の聞き手に話を聞くときでも聞き切れないことは多い。いや、聞き切れるわけがない。聞けなかったこと、あとから重要であると気づいたことは、もう一度お願いして聞くしかない。同様に、グループ・インタビューであれば、興味深い語りをされた方に、後日、個別の聞き取りを依頼すればよい。石炭政策を事例に「政策の終了」を研究した佐脇紀代志は、関係者の集まるパーティーに行き、そこで目を付けた方に悉皆的にアポイントを取っていったという(佐脇『政策の長期継続に関する要因分析』東京大学先端科学技術研究センター先端公共政策研究会、二〇〇七年)。

ひとたび一対一で行われる聞き取りを離れて論じてみると、かえって一対一インタビューの可能性が見えてくる。グループ・インタビューで行うような、主観と主観のぶつかりあいで語りを深めていくことを個別の聞き取りで行えないだろうか。

そうした望みがある場合、アクティブ・インタビューが有効となる。オーラル・ヒストリーが研究手法として確立していくなかで聞き手の主観を排除した技法を追求していったのに対して、アクティブ・インタビューは、聞き手の主観が影響を及ぼすことを前提としつつ、創発型の聞き取りを目指した(ジェイムズ・ホルスタインほか『アクティヴ・インタビュー』せりか書房、二〇〇四年)。近年では、話し手さえまだ認識できていない感性的な部分を共に言語化しようとするインタラクティブ・インタビューも提案されている(忽滑谷春佳・諏訪正樹「創造思考のナラティブを創出するインタラクティブ・インタビュー」『人工知能学会全国大会論文集』二六号、二〇一二年)。

その対極にあるのが、聞き書きや傾聴ということになる。聞き書きはテーマを設定しつつも話し手の赴くままに任せて進んでいき、傾聴はテーマも設定せず本人の語りたいことにひたすら耳と心を向かわせる。こう書いてしまうと、聞き書きや傾聴はどんな聞き手でもよいように思えてしまうが、そうではない。むしろ、質問を通じた関係性が築けない分、あいづちや頷き、心持ちといったノン・バーバルなコミュニケーションが重要となる。

以上、伝統的なオーラル・ヒストリーの方法論を扱いながら、それ以外の方法を多く取り上げてきた。実際、今年で一〇年目となるSFCオーラル・ヒストリー・ゼミでは、学生たちは伝統的なオーラル・ヒストリーの手法にこだわっていない。自分のプロジェクトに合う手法を選び、場合によってはプロジェクトの途中や聞き取りの途中でそれを切り替える。聞き手がそれぞれの手法の長所と短所に自覚的であることこそが、最も重要なのではないだろうか。

二　話し手と聞き手の関係性

次に論じるべきは、聞き取りの現場に屹立する、話し手と聞き手の関係性である。オーラル・ヒストリーは話し手の記憶を基盤とする口述記録であるため(武田知己「政治史研究からみたオーラルヒストリー(一)」『大東法学』四八号、二〇〇六年)、しばしば記憶違いや聞き手による誘導などの問題点があるとする批判に晒されてきた。しかし、それは文書記録の場合も同じであろう。日記や手紙といった文書記録に対して批判的距離を保つことが必要とされるように、話し手と聞き手の関係にも適切な距離が必要となる。

大きく異なるのは相手が生身の人間であることだ。批判的距離を意識するだけでは、より本質的な語りに迫ることができない。オーラル・ヒストリーは質問から主観を排することで批判的距離を持つことを強調してきたが、それだけでは限界があろう。前節で伝統的なオーラル・ヒストリーの手法に厳密にこだわるだけでなく、アクティブ・インタビューなど、主観同士の対話が持つ可能性に言及したのはこのためであった。

話し手と聞き手は、元来、きわめて歪な関係性の上に立っている。話し手は一方的に情報を提供し、聞き手はそれを受け取る。聞き手は一方的に調査して相手を聞き取りの場に引きずり出し、次々と質問を浴びせかける。話し手はそれに必死に答えていく。これでは聞き取りの際に重要とされる信頼関係（ラポール）は構築されまい。このような関係性で相手が嬉々として話してくれるなら、それは誇張された自慢話であることを恐れなければならない。その意味において、対等な関係性を求めた試みがなされるのは頷ける（アレッサンドロ・ポルテッリ『オーラルヒストリーとは何か』水声社、二〇一六年）。

では、聞き書きや傾聴のように話し手に寄り添うわけでもなく、参与観察のように長期にわたって寝食を共にするわけでもないオーラル・ヒストリー・インタビューにおいて、どのように関係性を構築したらよいのだろうか。

鍵を握るのは事前のすり合わせ、打ち合わせであろう。まず、明確にプロジェクトの目的を伝え、それを理解してもらうことが欠かせない。それには依頼文書だけでは不十分であり、直接会って打ち合わせを行う必要がある。私たちはこれを第〇回と呼んで特に重視する。

第〇回では、プロジェクトの全体像を示して目的を共有するほか、こちらですでに読んでいる資料（書籍、新聞・雑誌記事など）を示し、概略の年表・年譜を手渡す。この時に重要なのは、私たちが知りたいのは一般に理解されている説明ではなく、話し手本人の認識や見解であり、そうした独自の語りにこそ意味を感じていることを理解してもらうことだ。

聞き取りの初期において話し手がしばしば口にするのは「こんな話でいいのでしょうか」というフレーズである。私たちにとってきわめて重要な語りも、彼ら彼女らにとってはよく知る自分の、ごく限られた経験に過ぎない。それを不安に感じ、書籍などで勉強されてしまうこともある。一般的な理解を聞き続けることは聞き手にとっても苦痛を感じることであり、そうした感覚は話し手にも伝わる。こうした関係は、すり合わせの段階で回避しておくべきだろう。このため、学生には、たとえ一回限りのインタビューであったとしても事前に打ち合わせをするよう強く勧めている。

複数回にわたって聞き取りを行う場合、毎回の事前のやり取りも重要となる。前回の速記を早めに完成させて、質問項目とともに一週間前までには話し手の手元に届くようにする。届いたころに電話をかけ、質問の趣旨について誤解のないようやり取りをしておく。こうすると、話し手はあらかじめ前回の記録に目を通し、当日は前回語り漏らしたことから話を始めてくれる。話し手と聞き手が相互に理解しあい、尊重しあう関係が生まれる。

もっとも、馴れ合いは無用である。緊張感を持った聞き取りとするためには、聞き手が十分に事前準備を行っておく必要がある。話し手は自らの立場から見えた理解で話すため、聞き手が公開情報を体系的に理解して質問を行うと、自らの理解と照らし合わせながら話すこととなり、深く推敲された語りが引き出される。逆に、しっかりとした準備がなく臨んだ場合は、話し手からすれば与《くみ》しやすく、放談は避けられない（わざとそうすることもあるだろうが）。なにより、事前準備をまったくしていない聞き手に対して、話し手は自らの深い認識構造を提示したいとは思わない。

この際、聞き手が最も気を付けるべきことは仮説の押し付けである。公開情報を網羅的に把握すれば、聞き手のなかには必然的に仮説が生まれる。前節で論じたとおり、それはインタビューを仮説検証型の陥穽へと導く。インタビューの方法論ではしばしば入念な事前調査を行ったうえで、その知識を「捨てて」インタビューに臨むことが勧められているが（例えば、ポール・トンプソン『記憶から歴史へ』青木書店、二〇〇二年、前掲、永江二〇〇二）、それは先入観を脇に置いて端然と話し手の認識に向き合うことを意味していると考えるべきだろう。

こうした議論には、ジャーナリズムからの批判が予想される。仮説を提示して、それに対して相手の反応を得ていくことで相手の本音を引き出すことができる、仮説を持たずにインタビューを行ったとしても有益な情報は得られないといった批判である。

それは現在進行形の問題について、さまざまな情報を提示しようとするジャーナリズムにおいては有効な手法だろう。しかし、そこで注意しなければならないのは、公開情報は限定され偏りがあること、大量の情報を持つ聞き手が認識構造を提示した場合、話し手は自らの構図は「偏ったもの」や「誤ったもの」であると感じて、聞き手の認識に沿った答えをする恐れがあることだ。

精神科医は医学的な知見から病状を考察し、患者に質問を続ける。他方、臨床心理士によるカウンセリングは、患者に主体的に話すことを促し続ける。ジャーナリスティックなインタビューは前者、オーラル・ヒストリー・インタビューは後者に近いといえるだろう。前者は聞き出したい「事実」を短い時間で得やすいが、全体像の理解にはなかなかたどり着かない。後者は患者による主体的な解決に向かっていくが、長い時間を要する。

この点について、近年、精神病の治療法として注目を浴びているオープン・ダイアローグの手法は、オーラル・ヒストリー・インタビューに示唆的な知見を提供してくれる。オープン・ダイアローグでは、精神科医、看護師、カウンセラーといった専門家が、それぞれの立場を離れて、当事者はもちろん、その家族も交えて平場で話し合いを重ねる。そのフラットな議論から問題の全体像が把握され、解決に向かう変化がはじまっていく(ヤーコ・セイックラほか『オープンダイアローグ』日本評論社、二〇一六年)。

オープン・ダイアローグの手法は、まず聞き手と話し手の関係性を考えるうえで示唆に富んでいる。聞き手が自らの専門性にこだわって問い続けても、話し手は本音を語ることができないことを象徴しているからだ。相手とフラットに向き合えるだけの情報を理解し、自らの認識を押し付けるのではない対応が求められる。すなわち、聞き手には、相手の語りを理解しうるだけの前提知識を持ちつつ、相手の認識構造を尊重した向き合い方が求められるのだ。

加えて、オープン・ダイアローグはグループ・インタビューによって創発志向の議論が展開される期待と、複雑な構造を解明する可能性を感じさせてくれる。もちろん、そのためには参加者全員が如上のマインド・セットを持って臨む必要がある。

ラポールが構築される過程と方法については以上のとおりであるが、それに必要となる時間についても考えておく必要があるだろう。政策研究大学院大学の政策オーラル・ヒストリープロジェクトでは、体感的に「三回目」ということが言われていた。初回は双方が「うまく進めよう」と積極的に歩み寄り、二回目は一回目の反動から緊張関係が生じる。それが三回目になると、インタビューの目的が双方に共有され、円滑に聞き取りが進むという理解である。

これについては、筆者が認知科学者との共同研究によってパイロット的な分析を行ったことがある（清水唯一朗・諏訪正樹「オーラル・ヒストリーメソッドの再検討」『KEIO SFC JOURNAL』一四－一、二〇一四年）。これは全三回のインタビューのなかで、話し手がどの段階から主観的な事項を積極的に語りだすかを分析したものであるが、第一回では二時間の聞き取りの中盤、第二回ではごく終盤であったのに対して、第三回では冒頭から主観的な意見が語られていった。これは一事例のパイロット分析に過ぎないが、これまでの経験的知見を客観的分析によって傍証するものとなっている。

三　客観的応答と主観的応答

なぜ伝統的なオーラル・ヒストリーは聞き手の客観的立場にこだわり、主観的質問を控えてきたのだろうか。それは学術的手法として聞き取りの必要性が主張される一方で、インタビューの持つ恣意性、とりわけ誘導的質問が行われる問題点が指摘されたためである。オーラル・ヒストリーの方法論的洗練は、インタビューによる調査への批判に応えるために行われてきたといっても過言ではない。

しかし、それによって聞き手が過度に消極的になっていないだろうか。「事実」を確定するのであれば構造化インタビューを行えばよい。オーラル・ヒストリーが話し手の認識構造を描き出す可能性を持っているのであれば、より踏み込んだ質問が行われるべきであろう。

この点について、先学は「多様な質問を繰り広げる」といった言辞を用いて説明してきた。これが長老クラスの経験を基にした伝統的なオーラル・ヒストリー・テキストブックの大きな限界である。当該分野に関する多くの知見を有し、さまざまな経験を持つ長老クラスであれば、多様でありながら客観的な質問を繰り出し続けることで、相手が自らの認識を語るように導くこともできるだろう。しかし、それは初学者には無理である。そして何より、これらのテキストは経験則に依拠したものであり、科学的な検証を受けていない。

それであるなら、意識的に客観的質問と主観的質問を切り替えてみてはどうか。先述した清水・諏訪論文において、筆者たちは聞き手の質問と話し手の応答をそれぞれ機能によって分類し、それらがどのような連続性を持って現れるのかという分析を行った（発話シークエンス分析）。そこで明確に表れたのは、聞き手が客観的な質問を行えば話し手も客観的な応答を行い、聞き手が主観を交えた意見を提示すれば話し手も自らの主観を語るという返報性の構造であった（前掲、清水・諏訪二〇一四）。なお、質疑応答の分類と関係性については、オフェル・フェルドマンがブルの提起したオルタナティブな質問を加えて順序ロジット分析を行っており、参考となる（フェルドマン『政治家はなぜ質問に答えないか』ミネルヴァ書房、二〇一八年）。

以上の考察を踏まえて、本稿は、伝統的な手法、すなわち客観的質問により「定型の語り」を抽出したのちに、主観的質問を用いて話し手の認識を導き出す二段階構造の「アクティブ・オーラル・ヒストリー」を提案する。

伝統的なオーラル・ヒストリーは本人の経験を語ってもらうことに長所を持つ。どのように生きてきたか、政策であれば、誰と会い、誰と論じ、どのように作り上げたかといった「事実」を明らかにするために、聞き手の存在を極小化して、本人の経験をフラットに語ってもらう。まず、この手法により基本的な「事実」を把握する。

ただし、それらの「事実」は本人がすでに言語化してきた部分でしかないことは留意が必要だ。著名な政治家、官僚の場合、こうした語りはすでに何度か行われたことがあり、言葉のセットがすでに出来上がっていることが多い。

「定型の語り」である。

「定型の語り」には難点がある。何度も話すなかで誇張がされたり、都合の悪い部分が忘れられたりして美化される傾向があることだ。この問題はオーラル・ヒストリーそのものの存立意義にもかかわってくる由々しき問題である。

ここで必要となるのが、本人がまだ言語化したことのない感覚を紡ぐことである。そのためには、話し手が違和感を覚える投げかけが意味を持つ。聞き手が自らの主観であることを断ったうえで、自らの認識を語り、対話、すわなちアクティブ・インタビューの手法に切り替える。話し手は聞き手が提示した認識に対する違和感を述べることで、これまで明瞭でなかった認識を言語化していくことができる。聞き手は、話し手が言語化するプロセスをサポートするかたちで質問を続けていく。

その時に重視したいのは、相手が思いを持ちながらまだ言語化できていない認識である。人は自分の語りたいこと、大事だと考えることばを強調する。それは人によって、時によって、音が高くなる、大きくなる、ゆっくり話す、ことばの間が短くなるなど、見せる特徴が異なる。これを私のゼミでは「温度のあることば」と呼んでいる。聞き手はそのことばを丹念に拾って、繰り返す。もっとも優れたインタビューは、オウム返しだけで成り立つのではないかとすら考えている。岸政彦の表現を借りれば、「ピントを合わせない集中」が必要ということだろう(岸ほか『質的社会調査の方法』有斐閣、二〇一六年)。

オーラル・ヒストリーでは、しばしば「何が語られなかったか」も重要な意味を持つ。本人の判断として応答を回避したケース(前掲、フェルドマン二〇一八)、もしくは本人の認識構図として顧慮されていなかったことを示すと考えられるからだ。しかし、多くのインタビューはかなり古い話を聞くものである。人間が忘却する生き物である以上、現在語ることだけを受け取るのではなく、語られていないことを描き出す工夫もされるべきだろう。

記憶を引き出す方法は、質問だけではない。空間認識はそのひとつだ。インタビューの場所を現場やそれに近いところで行うことは記憶の喚起に効果がある。また、省内の部屋の配置、室内の机の配置などを話し手自身に書いてもらうことも思いもよらぬ語りを呼び起こす。元内閣法制局長官へのオーラル・ヒストリーでは法制審査室の見取り図を書いたところから劇的に具体的な話が引き出されていった(『工藤敦夫オーラル・ヒストリー』政策研究大学院大学、二〇〇五年)。

モノを用いた記憶の引き出しは回想法として知られている。回想法では古民具などが用いられるが、オーラル・ヒストリーの場合は、文書資料や写真のほか、当時の新聞一面を見ながら話すことで、「定型の語り」を破る効果・入口となりうる。元厚生次官のオーラル・ヒストリーでは業界紙の目次が有効であった(幸田正孝ほか『国民皆保険オーラル・ヒストリー』I、医療経済研究・社会保険福祉協会 医療経済研究機構、二〇一一年)。

記憶が時間や周辺人物と明確な関係性を持つことは言うまでもない。この意味からすれば、年表、月表、日表を作成し、そこに周辺関係者の異動を記すことは有効であろう。幸い、省庁の場合は定期的に異動が行われるため、周辺人物が誰であったかを確定することが時期の確定にもつながり、それが詳細な記憶を喚起することが期待できる。

おわりに——仮説検証型から仮説発見型オーラル・ヒストリーへ

以上、この二〇年における政策研究オーラル・ヒストリーの歩みを振り返りながら、その新たな展開を提案してきた。問題意識の背後にあるのは、なにより情報化の進展である。公文書をはじめとする文書をどう残すかという問題がクローズアップされる一方で、もはや一人の研究者では相手にすることのできないほど、大量の政策情報が私たちの前に溢れるようになった。情報公開法しかり、電子政府しかり、オーラル・ヒストリーの出版ラッシュしかりである。

そうしたなかで、あまりに仮説検証型のオーラル・ヒストリーが多くなっていることには危機感を抱かざるを得ない。文字資料に対しては資料批判の方法論を重視する研究者であっても、オーラル・エビデンツを作る際にはそのことを忘却する研究者もある。なにより、人間を相手にするオーラル・ヒストリーで、あたかも相手を自らの仮説を証明するデータのごとく扱う様子を見るとさまざまな思いに苛まれる。「聞く」ことから「聴く」ことへの転換が必要とされている。

もっとも、そうした行為は無自覚に行われているようにも思われる。最大の課題は、オーラル・ヒストリーの原則的なメソッドをさらに追究し普及させることであろう。そのためには個別のオーラル・ヒストリーの内容を精査するための場が必要であろう。

そのうえで、せっかく人間を相手にするインタビューの可能性をより模索していくことなくして進化はありえないだろう。本稿が提案した「アクティブ・オーラル・ヒストリー」は、そうした積極的な手法改革の試みである。仮説検証型から仮説発見型へ。多くの批判を受けながら、より意義のある手法にすべく取り組んでいきたい。

II

応用的考察

おしまいから読んでみよう――さかのぼりオーラル・ヒストリー

牧原　出

一　さかのぼりオーラル・ヒストリー

オーラル・ヒストリーに向かう時は、どこかわくわくするものだ。今日はどのような面白い話を聞けるだろうか。いくつかのポイントの部分では、思わず膝を打つような話が出てくるのではないか……そんな期待感とともに聞き取りの部屋に入る。

聞き取りが始まれば、語り手の話に集中する。どこで質問をするか。他の出席者はどのように聞いているか。見渡しながら質問をしたり、反応を見たり、他の出席者の質問に耳を傾けたり。一つの人間ドラマをその場で体験しているような場面である。

しばらく経ってでき上がったテープ起こしを読んでみる。聞き取りの場面がよみがえる。一問一答を積み上げて読むと、一人の人物のそのときどきの振る舞い、問題のとらえ方、認知の構造などが少しずつ浮かび上がってくる。そこでまた次回の聞き取りへ……という作業を繰り返す。

そうして聞き取りが終了すると、その再検討のため、さらには公刊のために何度も読み返すこととなる。やはり最初から。生誕、問題の発端から問題の終了、引退までが一連の出来事をなしている。人生のステージ、問題の終息までの各段階を一つ一つなぞるように読み進めるのである。

ところが、そうした営みにふと疑問を感じたのが、民主党政権で財務大臣を務めた藤井裕久氏へのオーラル・ヒストリーであった。どうにもうまく質疑が進まない時期があるように感じられたし、過去の聞き取りの記録を読み進めても、なかなかステージが広がるように感じ取れない。どうも濃淡の繰り返しを進むようなのである。それは藤井氏に限らず政治家のオーラル・ヒストリーにまま見受けられる現象であった。出世の階段をのぼることで次第に視野が開けていく官僚や企業人との差異でもあった。政治家への聞き取りは難しいと漠然と受け止めていた。

ところが、あるときふと思い立って、最初から読むのをやめて、最後の方、とりわけ財務大臣時代を読んだ後、一章ずつさかのぼるように最初へと読み進めてみた。すると雲をつかむように見えていた記録が、かなり明確な輪郭を帯びてきた。がぜん面白くなってきた。どうやら、過去の局面一つ一つを記憶の中で呼び覚ます以上に、藤井氏は現在から過去を投影していたのではないか。だとすれば、現在から過去を見通す眼差しなしには読めない。最初から読むよりも最後から読む方がよく分かるのではないかと思い至ったのである。

この〝さかのぼる〟オーラル・ヒストリーの記録へのアプローチは、特に記録を編集するときに効果を発揮した。その後、筆者は、元内閣法制局長官の大森政輔氏のオーラル・ヒストリーを編集する機会を得た。一度は報告書の形式で、二度目は書籍の形式で公刊したが、そのいずれの場合も編集に携わった（後者は牧原出編『法の番人として生きる――大森政輔元内閣法制局長官回顧録』岩波書店、二〇一八年）。筆者にとって初めての経験であったのは、自分の参加していないオーラル・ヒストリー記録の編集であったことである。もっとも、大森氏の経歴である裁判所・内閣法制局での執務については、すでに入手可能な代表的な資料はほぼ読み尽くしていたため、特に編集にあたって困ることはなかった。だが、ここでもやはり「さかのぼり」は威力を発揮した。内閣法制局長官時代を丁寧に読んでから、章をさかのぼって読み、記録をチェックしていくと、問題となりうる箇所への目配りが的確に効くのである。大森氏は、長官として法制執務の全般を広く見渡し、細部にも入念に思考を働かせる。そうでないと、国会で的確な答弁ができないからである。そのような仕事ぶりがどのように形成されたか――そういう視線で読むと裁判官・法務省時代から内閣法制局へと転任した時代のそれぞれで、何が問題であったかがはっきりと見えてくる。それはおそらくは大森氏自身がそのような発想で過去を眺めていた面も多分にあったからである。

こうした読み方は、逆方向から本を読み進めることになるため、本の体裁からはやや不自然である。また次に何が起こるかというワクワクする感覚はない。むしろそうしたワクワク感を消し去ったときに、ある人物像が厳然と立ち現れる。ライフ・ヒストリーを第三者が描けば、山あり谷ありの冒険譚になりそうであるが、オーラル・ヒストリーの場合は、語るのは当人である。その当人の姿が、最後の章ですべてを語り尽くしたときに初めて全身像として見えてくる。「さかのぼり」で読むならば、その当人の全身像を真っ先に脳裏に焼き付けつつ読むことになる。幼年時代から徐々に成長する過程として冒頭から読むときには、必ずしも注意しない情報に目配りすることができるのである。

二　その先への発話の言葉

そして重要なことは、このような全体としての当人の姿は、オーラル・ヒストリーのプロジェクトを実施している聞き手にも最後まで見えていないことである。むしろ聞き手は、一体何が出てくるかを待ち構えつつ、漠然としか見えない当人の過去に向けて質問という矢を放つ。それが当たるかどうか確信があるとは限らずに次へ次へと向かうのが、オーラル・ヒストリーの現場である。

したがって、こうした現場のやりとりから生まれる印象は、「さかのぼり」で記録を読むときの印象とは全く異なる。その違いは現場の臨場感と、アームチェアでゆっくりと読む体験との差異だけではない。話し言葉と書き言葉の決定的な差異にもとづくものでもある。東京大学先端科学技術研究センターのオーラル・ヒストリー・プロジェクトでは、御厨貴研究室でも牧原研究室でも聞き取りには、オト研というテープ起こしのグループに記録作成を依頼している。丹羽清隆氏を中心に、浅羽ふみえ氏、置塩文氏、若林作絵氏の諸氏からなるグループでは、記録を相互に読み抜いて批判的検討をした後に完成品を納入する。そこでは、専門用語、関係人物について周到な調査がなされ、発言の趣旨も丁寧に読み解いて記録が作成されているのである。

二〇一七年四月に東大先端研では、このオト研の各氏を招いたシンポジウムを開いた。そこでの記録をオト研に依頼したところ、オト研の側の提案で、あえて語りの発言をそのまま起こした「0次稿」とオーラル・ヒストリーの記録として一定の編集を経た「1次稿」とを比較対照できる記録を作成した。一例を挙げると、次のような対比の記録となったのである。表現が簡潔になったこともさることながら、0次稿は読みあげたものとして聞くならば分かりやすいが、読むとなるとつっかえてしまうことに気づくだろう。

【0次稿】

ちょっと今の点について今改めて思い出したので、ちょっとテクニカルなことでお聞きしたいんですけど、たぶん丹羽さんと一緒にオーラル・ヒストリーをやられた方は、あれをご存じだと思うんですけど、丹羽さんはたしかいっつも何かですね、キーワードをこうずうっとメモっていたんですよね。あの、ああいうスキルみたいなことは、例えば何かそういうサジェスチョンが丹羽さんからあったりしたのか。つまり、そこに同席すると何かそこでたぶんメモを取ったりすることはあると思うんですが、そういうことは何かあったのか、あるいは、それはもうご自分でスタイルでそこは同席した場合はおやりになるのか、そのあたりいかがでしょうか。

【1次稿】

今の点について今改めて思い出したので、ちょっとテクニカルなことをお聞きします。丹羽さんと一緒にオーラル・ヒストリーをやられた方はたぶんご存じだと思いますが、丹羽さんはたしかいつもキーワードをずっとメモっていたんですよね。〔お二人も〕同席するとそこでたぶんメモを取ったりすることはあると思うんですが、ああいうスキルみたいなものについて丹羽さんから何かサジェスチョンがあったりしたのか、あるいは、それはご自分のスタイルでおやりになるのか。そのあたりはいかがでしょうか。

オト研のメンバーと意見交換をした際に言われたのは、次のような話し言葉と書き言葉との差異である——話し言葉は常に次の言葉へつなぐように発せられるが、書き言葉は前後を見渡しつつ読まれるように構成される。つまり話を理解するとは、言葉のつながりから意味のつながりを先へ先へと理解していくことを指す。文章の場合は、先を読みながらも、視線はさらにその先にも行くし、戻る場合もある。話し言葉とは大きく異なるというのである。

オーラル・ヒストリーの現場では、先へ先へと言葉のつながりに意識が集中しがちである。その中で、いくつかの瞬間、ふと何かに気づくことがある。それはたまらないほど知的刺激のある瞬間であり、そうした気づきを求めてオーラル・ヒストリーを続けているとも言えるであろう。だが、聞き手の側で徐々に浮かび上がる語り手のイメージは、語っているときの語り手の心象風景とはそもそも異なる。すべての語りが終了するその最後の到達点から語り手は語っているからである。

三　語り手の自己内対話をどう読み解くか?

(1) オーラル・ヒストリーのコミュニケーション

そこで、もう一度オーラル・ヒストリーの現場について考えてみたい。筆者は、現場が、聞き手と語り手との中で閉じた場ではないことをかつて次のように論じたことがある(牧原出「政治談話とオーラル・ヒストリー記録」御厨貴編『オーラル・ヒストリー入門』岩波書店、二〇〇七年、一五一頁)。

そこでの整理では、オーラル・ヒストリーには、

①話者の内面での現在と過去との往復

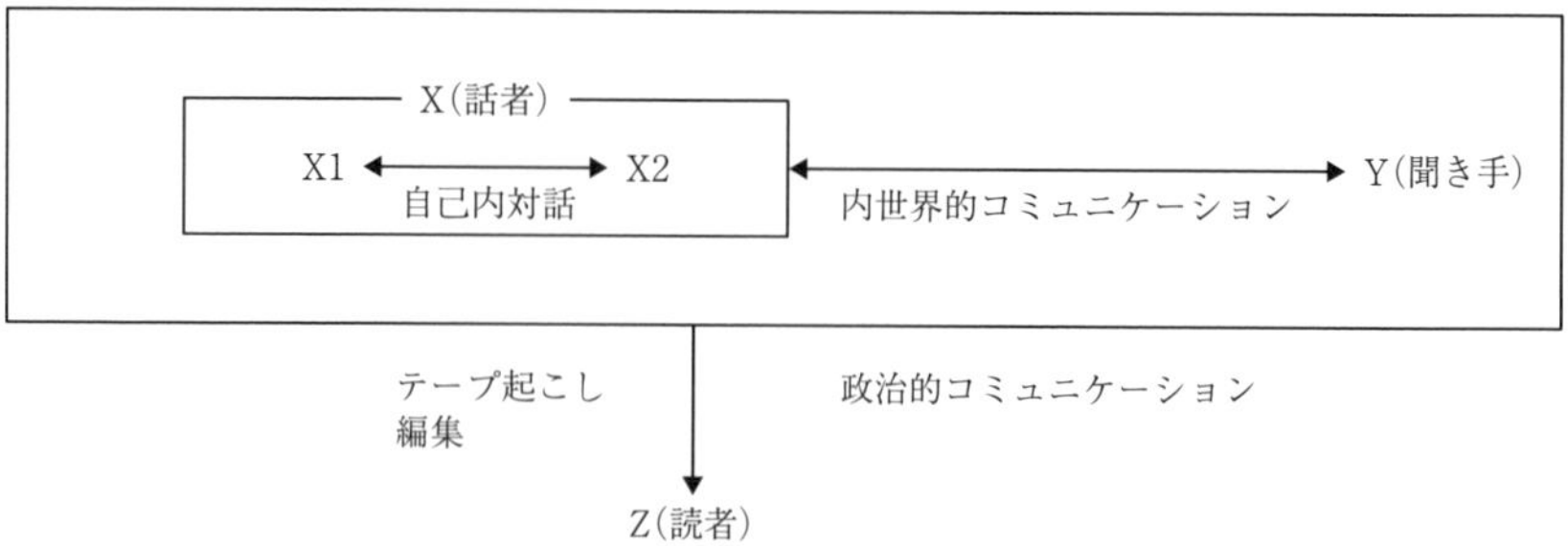

図1　オーラル・ヒストリーのコミュニケーション

②　①を想像しつつ聞き手が行う質問
③　話者が聞き手の社会的役割を想定しつつ行う応答
④　話者が聞き手との関係を再確認する発言
⑤　以上の過程への校閲・編集作業

の五種類のコミュニケーションがあるとした。これを図示すると**図1**のようになる。つまり、話者（X）は過去の自分を思い出しつつ、何を聞き手に話そうか考えつつ語る。聞き手（Y）はそうした話者の自己内対話を想像しつつ質問を発する。話者は、聞き手の向こうに将来の読み手をいくらかは意識しながら応答する。最終的に編集され公刊された記録は、多くの一般の読者（Z）が目にする。話者がこの読者に何らかのメッセージを発しているとすれば、聞き手と話者との対話を読む読者は、聞き手を介して、話者からそのメッセージを受け取るのである。

　このときの筆者の重点は、オーラル・ヒストリーの現場で行われる「内世界的コミュニケーション」と、それを読者が記録として読む「政治的コミュニケーション」との区分であった。とりわけ後者の「政治的コミュニケーション」は、研究者を想定した読み手しか念頭になかったオーラル・ヒストリーに参画していた筆者には、意外とも思われる発見であった。

　だが、「さかのぼりオーラル・ヒストリー」を繰り返してみた現在、筆者にとって重要なのは、自らが聞き手（Y）から読者（Z）へと転換する際に、話者（X）の内面で起こる自己内対話の構造（X1という現在の話者とX2という過去の記憶の中の話者）が鮮明に浮かび上がることへの発見であった。内世界的コミュニケーションというオーラル・

ヒストリーの現場では、相手の感情の動きと次の言葉に意識が集中しがちである。そのときどきに加わる新しい情報を整理しながら、まずは話を聞くことになる。そこでもっとも神経を集中させるのは、その日の語りが十分に過去を想起したものかどうかである。

これに対して、読み手としてとりわけ最後から「さかのぼり」つつ読んでいくと、公的なライフコースをひとたび終えた場面からもう一度生誕以降を振り返ってみることになる。言うまでもなく、それこそが本来話者がオーラル・ヒストリーを受諾したときの出発点なのである。

しかも、話者がオーラル・ヒストリーを受け入れて話し始めた最初の数回は、聞き手はまだ話者の人柄に馴染んでおらず、間合いを確認する時期に当たっている。そのときは話者の心理まではとても思い至らないのが実情である。そこから徐々に話者に馴染んできて、質疑も順調に進むようになると、ようやく話者の内面へと少しずつ想像が働くようになる。だが、結局は最後まで聞いてみないと分からないことは分からないまま、質疑を重ねる。そしてオーラル・ヒストリーは終了するのである。毎回のオーラル・ヒストリーに際して以前の回の記録を読み直すといった準備は欠かさないが、次の質問に備えて読むのと全体を読むのとでは質的に異なるのである。

それでは、この話者の自己内対話についてはどのように接近できるだろうか。言い換えればどのようにしてX1とX2とを識別できるだろうか。いくつかの事例に即して「さかのぼり」を試みつつ、読み解いてみたい。

(2) 宮澤喜一

首相経験者のオーラル・ヒストリーは日本ではきわめて少ない。その中で、占領期から政治の渦中に身を置き、自民党の本流を任じ、首相のみならず蔵相をもその後務めた宮澤喜一のオーラル・ヒストリーは注目に値する。もとの記録は、政策研究大学院大学『宮澤喜一オーラルヒストリー』(二〇〇四年)であり、これを編集した上で、終章「二一世紀の日本を考えるために」を補充したものが、御厨貴・中村隆英編『聞き書　宮澤喜一回顧録』(岩波書店、二〇〇五年)である(聞き取りは、二〇〇一年一一月−二〇〇二年一一月、二〇〇四年九月)。

ほぼ記録としては差がない両者を手に取ると、決して読みやすくはないことに気づく。まず記録が必ずしも時系列的ではなく、不連続で断片的な瞬間の積み重ねに見える。そして、「ゆううつな思い出」「いやな問題」「あまり楽しくない話」といった形容句を交えることからうかがえるように、語りがスムーズと言うよりは硬いものを飲み込みつつ話すような重さに耐えかねている。こうした印象は最初から読み進めていくと、次第に感じるものである。それは多分に宮澤の自意識と、とりわけ派閥領袖となったあと首相になるまでの竹下派との抗争によるものであろう。

だが、「さかのぼり」で読むとどうなるであろうか。まず本を開いてみると、オーラル・ヒストリーとしての連続的な聞き取りの最終回であった第一〇章「総理大臣時代」では、「今日から総理大臣時代の話に入らせていただこうと思う」とある。PKO法案の国会審議、カンボジアPKOでの日本人文民警官の死亡事件と続き、天皇訪中で内閣の話はひとまず終わる。もちろんその後の党分裂による衆議院での内閣不信任案可決、総選挙と細川護熙連立内閣の成立による自民党の野党への転落といった顛末は一切語られない。そこで聞き手は「内閣のことをずっとお聞きしているんですが、次には何をお話しいただけますでしょうか」と尋ねる。宮澤はブッシュ、クリントン、エリツィンとの交流の思い出を語り、オーラル・ヒストリーを締めくくる。報告書版では「だいたい申し上げることは済んだんじゃないか」とまで言っており、もはや語ることはないという姿勢を示しているのである(一九七頁)。とりつくしまもないという状況であることは容易に想像できる場面である。内閣時代をもっと知りたいという読者の気分からすれば、実に残念な記録のように読める。

だが、問題はなぜ宮澤が最後にアメリカ、ロシアの首脳との交流を語ろうとしたかである。宮澤はさりげなくブッシュ夫人の自伝の内容に触れているあたりから、海外の政治家の回顧録にしばしば見られるように、首脳同士の交流についての記述が必要だと考えていた。ところが、聞き手は政局や経済政策への関心が強く、こうした宮澤自身のあるべき回顧録とは異なる方向に質問を向けている。最終章ではこのズレが極大化している。

そこでさらに「さかのぼる」ことにしてみたい。第八章「日米繊維交渉」では、後半の三木武夫内閣の外務大臣時代については、中国、ソ連との平和条約交渉について語られており、中国の喬冠華、ソ連のグロムイコという両外相との交流が話題となっている。さらに第七章「池田内閣時代」へとさかのぼると、ジョン・F・ケネディと弟のロバート・ケネディの思い出が池田内閣時代の華であったことが読み取れる。

この「さかのぼり」のさらなる根拠こそ、第七章の冒頭である。この部分は本ではこう記されている――「私は政治に出ましてから五〇年ですが、総理の間を含めて一八年ぐらい閣僚をやっています。それで、いくつかの方面の問題にタッチしておりますので、それをこの間、少し自分の頭の中で仕分けしてみました」(二〇三頁)。かつて宮澤は、秘書官として支えた池田勇人について、「政治にでてから死ぬまで十六年しかない」(塩口喜乙『聞書池田勇人』朝日新聞社、一九七五年、二九一頁)と述べており、政治家のキャリアを年数で数えて整理して把握する思考の型をもっている。自身を五〇年のキャリアの中でとらえつつ、その中に対外交渉相手を入れ込むというのが、オーラル・ヒストリーに臨む宮澤の意図であった。記録では、この発言のあと、官房長官時代について言及がないことを聞き手は補充しようとしているが、宮澤は無視し続けた。本来の緻密な語りを呼び込むオーラル・ヒストリーでは当然質問を投げかけたい時期ではあるが、官房長官は海外に足を運ばないことが通例であり、宮澤が意識していた国際的な政治家の回顧の内容とはおよそ縁遠い時期であった。宮澤は語る意志がそもそもなかった。それが聞き手の前に登場した宮澤の実像であった。

とはいえ第六章以前では、まだ宮澤自身が若手大蔵官僚・参議院議員であり、占領下のドッジとの交渉やサンフランシスコ講和会議の見聞も語ってはいるが、宮澤のカウンターパートも実務上の交渉相手に過ぎず、国際体験は若年時代の一こま以上の重要性を帯びていない。宮澤自身は、池田内閣成立後を、「閣僚」を歴任した時代と位置づけ、そこでの振る舞いとは国際的なリーダー間の交流を基礎にするものと考えるに至ったと読める。

こうして、池田内閣以後と以前とで、語りの内容を大きく変えることが意図された記録であることが「さかのぼり」から明瞭に読み取れる。だが、前半から読んでいくと、第七章の宮澤自身の編集方針をそのまま了解することはかなり困難である。前半の政界情勢を含めた語りを念頭に置くと、同等の詳細な語りを後半にこそ期待したくなるからである。

(3) 武村正義

こうした「さかのぼり」は、冒頭で藤井裕久オーラル・ヒストリーでも感じたと述べたように、やはり政治家の聞き取りに効力を発揮する。それを例証するのが武村正義のオーラル・ヒストリーである。一九九〇年代の政治改革の中で新党さきがけを結成してその代表を務め、細川内閣の官房長官、村山富市内閣の大蔵大臣を歴任した武村のオーラル・ヒストリーには、筆者も他の研究者とともに参画している。武村は、自治省退職後、八日市市長、滋賀県知事を務めたあと国政に転出しており、その全体を聞き取った記録原本に対して、出版された記録は国政時代に限ったものである（御厨貴・牧原出編『聞き書　武村正義回顧録』岩波書店、二〇一一年、聞き取りは二〇〇八年六月―二〇一〇年九月）。

これを「さかのぼる」ならば、末尾の回顧が印象的である。「私は首長と議員との両方を経験しました。私は三十年ぐらい地方と中央の政治に身を置いてきましたが、「いつが一番よかったですか？」とか、「何が一番働き甲斐があったんですか？」という質問を受けることがあります。私は迷わず、「いや、滋賀県知事のときですね」と答えるんです」と述べたあと、武村は議員と知事の二つをこう比較する（三三〇―三三一頁）。

官僚の世界に身を置いた私としては、首長の世界というのはあまり違和感がない。官僚の世界の延長線上で首長の職責はやれました。しかし議員となりますと、徒党を組む世界というのか、一人で最高の意思決定をするという場面が何もないんですね。

私は首長の方がずっと性に合っていたというか、自分で考えてリードして判断したという意味では、自らも理解しやすい仕事でした。国会議員は本当に漠とした世界を歩いている感じです。大臣もやらせてもらったけれど、大臣は知事ほどすっきりしていないんですね。

筆者自身がオーラル・ヒストリーを依頼したときに、武村からは自分の政治の原点は地方にあるので、地方政界時代から聞き取りをしてもらいたいという趣旨の要望があり、引用した部分はこれと符合する。

他方、記録を読むと、武村の回顧は明晰であり、少数政党であった新党さきがけを率いつつ、細川内閣の成立から崩壊、さらに村山社会党委員長と連携し、自民党とも手を結んで村山内閣成立に尽力した過程を、独自の視点に立ち冷徹に分析しつつ語っている。にもかかわらず、それを「すっきりしない」と見るのが武村のおそらくは当初からの意識であった。記録を「さかのぼる」と、最終章「さきがけの終焉と政界引退」は、後継の代表と目していた鳩山由紀夫が新党を結成するときに「排除の論理」を掲げ、一九九六年の総選挙で多くの議員が落選したあとの回顧である。橋本龍太郎内閣の連立の枠組みには残り、中央省庁再編では環境省の設立を応援し、「財政赤字を憂える会」を立ち上げて議員間で議論を重ねた。だが大病を患ったあとの二〇〇〇年の総選挙で落選し、政界引退を余儀なくされた。この時期の経験は、まさに「すっきりしない」。

さらに「さかのぼる」と、村山内閣時代の第一〇、一一章の大蔵大臣時代に行き着く。住専問題や不良債権問題で大蔵大臣として盛んに非難を浴びていた時期である。オーラル・ヒストリーの途中で、記録にはない雑談の中で、武村は、この時期のメディアの記事を読み返すと大蔵省・大蔵大臣バッシングばかりで回顧に難儀すると述べていた。与党の要求もあり、野党新進党の小沢一郎と近かった齋藤次郎事務次官に退任を求めても、国家公務員法をたてに拒否されるなど、決して十全に権限を行使できたわけではない。そうした国政での後半の経験が滋賀県知事時代をより際立たせたともいうことができる。

だが、出版された国政時代から始まる記録を最初から読むと、印象づけられるのは、一年生議員でありながら知事経験が豊富な武村は、議員連盟を立ち上げたり、属する安倍派の領袖安倍晋太郎に直接談じ込むなど、かなり闊達に活躍している。その延長に新党さきがけの結成を読みとるのは、ごく自然である。派閥から新党へという流れが際立つのである。だが、こうした過程に、それ以前の滋賀県時代を重ね合わせたらどうなるかという問いが残っていることを武村の最後の回顧は示唆している。筆者自身の記憶の中でも、知事時代を「オール与党はオール野党」とまとめていたのが、印象的であった。これに対して与野党が入り乱れた一九九〇年代の中央政界は、他党を操作しようと働きかける点で知事時代とも重なる。「さかのぼり」の読みは、出版記録にはないもう一つの武村の人生行路へと読者の注意を促すものでもあった。

(4) 鈴木俊一

官僚が入省後退官までキャリアパスの枠組みの中で動くのに対して、政治家は立候補の前後で大きく人生の局面が変わる。またおおむね立候補前はいくつかの職を渡り歩くことが多く、立候補後も、政界の浮沈の波に洗われ、時に脱党、新党結成などに至ることもある。そのため、最初から読んでも見通しにくく、「さかのぼり」が一つの有効な読みの方法となりうるのは、理解しやすい。では官僚出身とはいえ、立候補が必要な知事の場合はどうであろうか。

そこで最後に取り上げたいのが、一九七九年から四期にわたって東京都知事をつとめた鈴木俊一の記録『官を生きる』(都市出版、一九九九年、聞き取りは一九九五年七月―一九九六年一二月)である。これに出席した筆者は、実に難しいオーラル・ヒストリーと当時感じていた。聞き取りでは、鈴木はすでに八五歳を超えた高齢であり、語りはしっかりしているが、メモももたずに話すため、どこまで信用できるのか見当も付かないように見えた。しかも、語りはともすれば太平洋戦争敗戦後にGHQと交渉を始めた経緯に立ち戻り、そこから記憶をたどって進むことが多く、同じ話を繰り返しているようにも見えたのである。

だが、「さかのぼり」でこの記録を読む場合に、鈴木へのオーラル・ヒストリーは過去にも行われていた点に着目しなければならない。もっとも詳細なものが、一九七五年から七六年にかけて一三回にわたって聞き取りが行われた内政史研究会による記録『鈴木俊一氏談話速記録』である。したがって、「さかのぼり」で鈴木の談話記録を読むということは、まずは『官を生きる』を読み、次に『鈴木俊一氏談話速記録』を読むことを指すことになる。

最初に気づくのは、『官を生きる』は都知事退任までの記録であるのに対して、『談話速記録』は鈴木が都知事に立候補する前に行われており、その最終回は、一九五六年、保守合同後の第三次鳩山一郎内閣以降の地方制度調査会に触れ、県域を越えた地方単位の団体を設置する地方制についての議論に多くの時間を割き、官房副長官時代に若干触れることで終わっている。本来ならばさらに聞き取りが続くはずであったが果たせないままであったからである。

『官を生きる』では、この『談話速記録』と重複する部分では、内容的に薄く新しい情報は少ない。むしろ問題となるのは、それ以後なのである。第三次鳩山内閣時代については、行政機構改革の中で、自治庁と建設省とを合併する「内政省」案についての話題が続く。また官房副長官時代でも警職法改正問題について自ら語り、その顚末の後、給与が下がったにもかかわらず、東京都副知事に就任したことが話題となる。こうしてこれまで語られていなかった事実が少しずつ明らかになっていくのである。以後、鈴木は、日本万国博覧会協会事務総長、首都高速道路公団理事長、公営企業金融公庫総裁を経て、東京都知事選挙に出馬・当選する。このような様々なポストを転々とする時期こそが、『官を生きる』ならではの新しい語りである。

では『談話速記録』へとさかのぼったあと、もう一度『官を生きる』に立ち戻ってみたとき、何がどう語られているだろうか。『談話速記録』の六〇代半ばの鈴木は、直截にしかも鋭利に語る傾向が強い。これに対して、『官を生きる』では、ある段階で話をする場合に、まず内務省入省であったり、戦後の占領開始であったり、過去のある時点に一度立ち戻り、とりわけ先任の担当者から後任にかけて抱えていた案件をたどって、当の話題の時代の話に入るというスタイルが繰り返しとられている。

そこで着目したいのは、都知事選立候補の経緯である。鈴木は、都知事選挙に出馬するに当たって、自治庁時代の同僚奥野誠亮、荻田保に勧められた後、自民党都連、公明、民社に話を通し、大平正芳首相にも会って各党に根回しをして、選挙運動に入った。その後都庁・都議会については、副知事時代に同じ副知事であった太田和男、太田園が支援をし、都議会では村田宇之吉が選挙の途中で死去したもののその系列議員が鈴木を候補としなければ脱党すると言って、鈴木を支えたと回顧されている。ここで鈴木は村田が清水長雄の系列であり、さらにさかのぼれば中島守利の系列であったと語っている。このくだりでは、『官を生きる』では清水について言及されていないように見えるが(三三一―三三二頁)、もとの口述記録では清水に言及したあと、中島について語っているのである。

実は副知事時代の都庁・都議会の掌握過程でも全く同じことが語られている。しかもそこでは清水についても、村田と中島の間にいた人物として「内務省の警保局関係の仕事をやっていた人で、警視庁の部長などになった人ですね。そして都議会議員になって、議長もやりました」と描かれているのである(二一七頁)。こうして、副知事時代の人脈がそのまま知事の選挙運動の支援母体になっていたことが、直截に語られている。しかも都知事選立候補を語るときには、副知事時代をそのままなぞり、さらに村田の系列を清水、中島とさかのぼって言及している。鈴木の記憶をたどるプロセスがここにある。

そのクライマックスが、鈴木が知事三選後から尽力した臨海副都心開発構想を語る箇所である。鈴木は、「今度の新しい臨海部は私にとって三つ目の経験なんです」と言う(四三八頁)。その流れを鈴木の言葉に耳を傾ければ、「似たような経験に東京オリンピック、大阪万国博というのがあります」と続けて述べているし、堺屋太一が「オリンピック、万国博覧会に次ぐ第三の国際的な行事」として提言したとも語っている。そうした文脈からは、臨海副都心開発は、オリンピック、大阪万博という鈴木が東京都副知事・万博協会事務総長として手がけた国家イベントを継承すると読めるにとどまる。

だが鈴木はこの「三つ目の経験なんです」と語る直前に、副知事時代を振り返って、新宿副都心、多摩ニュータウンを挙げている。いずれも事業開始から三〇年経過しており、新宿副都心はようやく都庁が移転して副都心が完成し、多摩ニュータウンも成熟度が三分の二くらいになったと指摘する。この文脈では、臨海副都心は、新宿副都心、多摩ニュータウンと並ぶ開発という「三つ目の経験」とも位置づけられるのである。三〇年経過してそれが完成するという当時の回顧からすれば、ちょうど二〇一九年の現在は三〇年以上経過した時点であり、二〇二〇年の東京オリンピックの会場の近接区域でもあり、さらなる開発対象となりつつある。鈴木が直接そうまとめることもなく話題が流れているため、順当に読むと見えにくい箇所だが、「さかのぼる」と浮かび上がるところである。

こうしてみると、鈴木は多層的に自らの経験を位置づけようとしている。一つの語りの流れの中で、こうした多層的な構造を話し手がその通り説明するのは、容易ではない。聞き手もそういったレイヤーを瞬時に感知できない。そのため、このオーラル・ヒストリーは鈴木の認識を構造化するよりは、トピックを一つ一つ追跡することに重点を置かざるを得なかった。だからこそ「さかのぼる」読みによって、トピックを越えた鈴木の認識が浮かび上がるのである。

四　おわりに

こうしてみると、「さかのぼる」オーラル・ヒストリーの特徴は、次の五点である。

第一に、最終章、さらには最終頁から読んでいくと、問いに対する答えとして読むのではなく、話し手の語りの部分を特に拾い上げていく。その結果、話し言葉が、前の言葉を引き継いで次の言葉を接続していくという関係を切断することができる。著者の語りは、話し手を受けたものとしてよりは、著者が質問とは別に語りたかったものを中心に整理されて見えてくる。いわば質問とは独立したまとまった語りとして、話し手の発言を総体として見渡す。最初から順に読んでいくと、どうしても質問に直接関係づけられた語りとして読み、質問の文脈から自由に読むことが難しい。その質問部分を意図的に切断して読むことが容易になるのである。

第二に、そのように「さかのぼり」から見えてくる話し手の語りとは、聞き手に誘導されない話し手本来の意図の集積である。それを発見することは、オーラル・ヒストリーに備えて多くの予習を重ね、本番の聞き取りに臨んだ聞き手から見れば、心理的な抵抗すら覚えるものである。オーラル・ヒストリーの現場で必死につかみとったはずの話し手の姿とはおよそ異なる姿であることが多いからである。逆に言えば、オーラル・ヒストリーの語りをそこに出席した聞き手の特権的な解釈にゆだねず、一読者として想像を羽ばたかせつつ読むには、「さかのぼり」は必要な作業ですらある。

第三に、オーラル・ヒストリーの現場では、聞き手は質問を通じて、そのときどきの話し手の姿を記憶の奥から浮かび上がらせようとしている。最初からオーラル・ヒストリーを読んで徐々に浮かび上がる語り手の姿とは、聞き手が質問を通じて追い求める姿である。それは**図1**で言えば、聞き手とのやりとりを通じて、話し手が記憶の中から浮かび上がらせたX２に近いXである。

しかしながら第四に、話し手は、聞き手や読者が思いこみがちなように、純粋な気持ちで過去を思い出し、その時代に帰っているわけではない。これまでの人生経験——それは聞き手にとっても読者にとっても最終章の最終頁でようやく明らかになる姿である——を総体として見渡しつつ、時代時代を振り返っていることこそが常態なのである。「さかのぼる」オーラル・ヒストリーから見えてくるのは、本来の話し手の姿、すなわち**図1**のX１に近いXなのである。

したがって第五に、オーラル・ヒストリーの過程で、話し手は現在のX１と記憶の中の過去の自分X２との間で自己内対話を繰り広げていると考えるならば、最初から読んで見えてくる語り手X２と、「さかのぼり」から見えてくるX１とをともに検知することで、はじめてオーラル・ヒストリーを読んだことになる。X１とX２とをともに認識し、一つ一つのやりとりの中で、この二つがどう絡み合いながら、語り手の応答となっているかを考えてみること。

それこそがオーラル・ヒストリーを読むことなのである。

そこで最後にもう一度宮澤のオーラル・ヒストリーを開いてみたい。ここには謎の一節がある。報告書形式のものでは「ちょっと時間が残りましたので」という前置きがあるが(前掲『宮澤喜一オーラルヒストリー』一七六頁)、ホテルで暴漢に襲われた一件を語るくだりである。立正佼成会の会長から会見の申し出があったという連絡が入り、ホテルの部屋に行くと、一人「秘書のような男」が座っており、「竹下氏が二千万円」という「何かわけのわからないことが書いてある紙」を見せた途端に、襲いかかってきたという。三〇分ほど格闘したあと何とか部屋を出ることができたというが、その間「何度かドアのほうに手がひっかかる」のだが、「また後ろから引っ張られちゃうので」逃げられない状態が続いたと宮澤は語る。さして政治的に重要とも思えない挿話を語るのはなぜかと読者はおおむね不審に思うであろうくだりである。

「さかのぼり」でこの記録を読んでもう一度全体を眺めてみると、宮澤はこれこそ今自分が向かい合っている「オーラル・ヒストリー」の時間だと言外に言いたかったのではないか、そういう連想が湧く。「わけのわからない」紙という質問用紙を渡され、言いたくないことまで言わされ、逃げようと思っても「また後ろから引っ張られる」というのは、そのままオーラル・ヒストリーの時間にぴたりとあてはまりはしないだろうか。自分には秘書のつけたノートがあるので、この件を正確な時間まで思い出せるというのも、そうしたオーラル・ヒストリーを客観視してみせた宮澤ならではの表現と読みたくなるのである。

暴漢により怪我を負った宮澤は救急車で病院に搬送されるが、その間は次のように語られる(前掲『聞き書 宮澤喜一回顧録』二九〇頁)。

やはり警察というのは、一体どういう状況でやられたんだということを救急車の中で聞き出すわけです。私は、ほとんどもう消耗し尽くしていましたから、とてもそんな尋問に答えられる状況にはないんですが、さすがにやはり商売だなと思って、半分腹が立って、半分感心しました。

消耗し尽くしたが、それでも語ったというあたりが、政治人生を振り返る宮澤の心境であろう。それにしても聞き手について、話し手に「半分腹が立って、半分感心」したと思わせることができたとすれば、そこから発せられたオーラル・ヒストリーの記録はやはり読み応えがあるというものである。

摂取世代の見たオーラル・ヒストリー　東京学派四半世紀のヒストリー——デモクラシーと現代史の好循環を目指して

村井良太

はじめに——摂取世代の見た「東京学派」のヒストリー

御厨貴『オーラル・ヒストリー——現代史のための口述記録』(中央公論新社、二〇〇二年)が、ハンディな中公新書の形で世に問われておよそ一五年、テキストとなる同編『オーラル・ヒストリー入門』(岩波書店、二〇〇七年)が出てからも一〇年以上が経つ。もとより氏がオーラル・ヒストリーの研究と実践に着手したのはさらに前、本格的には米国での在外研究から帰国した一九九一年頃であったというから、すでに四半世紀が過ぎている。こうして時間をかけた取り組みの蓄積は学界全体に及び、共鳴しあい、その中で成熟化と大衆化の時代を迎えたオーラル・ヒストリーとどう向き合うかが、今、問われている。

二五年後に振り返ってみると、氏が中心となってきたオーラル・ヒストリーをめぐるプロジェクトは、多くの人々を巻き込んだ、ある新しい学の創生プロジェクトであり、広い裾野を持つことに気付かされる。もとよりオーラル・ヒストリーにも様々な形態がある。そこで氏を中心に、その周囲で展開してきたオーラル・ヒストリー・プロジェクトを「東京学派」と呼ぼう。東京学派は「公人の、専門家による、万人のための口述記録」という定義を出発点としている。

その振り返り作業である本書のなかで、筆者はプロジェクトの同伴者ではなく、日本政治外交史を専攻する大学教員として研究と教育にその成果を利用しつつ、一部、実施経験を持つという摂取世代にあたる。ここではそのような第三者の視点からこの新学創生プロジェクトを歴史的に振り返り、オーラル・ヒストリーの今と将来を考えたい。

一　源流と伝統――戦前・戦中史／占領史／戦後史

(1) 書かざる人々の証言――人類学的オーラル・ヒストリー

オーラル・ヒストリーは東京学派が始めたものではないという。それはその通りだが、そうでもない半面もあると考えている。それは東京学派が何であるかに関わってくる。

オーラル・ヒストリーを口述記録（口述資料）ととらえると前史は果てしない。まず第一に、聞き取らなければ記録に残らない分野での口述記録の発展がある。それは民俗学や社会史など、文字に残りにくい歴史、記録を残さない歴史を対象とする。アレッサンドロ・ポルテッリは、一九三〇年代以来のオーラル・ヒストリーの取り組みが、「大統領や将軍以外にも歴史があり、正統的な文学作品以外にも文化があるという事実を伝えてきた」と述べている（ポルテッリ著／朴沙羅訳『オーラルヒストリーとは何か』水声社、二〇一六年、一六頁）。それは「抑圧されてきた歴史」の「再構成」でもあった。このようなオーラル・ヒストリーをフィリップ・ジュタールは「人類学的オーラル・ヒストリー」と呼んでいる（ジュタール「オーラル・ヒストリー」『歴史学研究』六八三号、一九九六年、三三頁）。

この系譜のなかで、日本でも歴史学研究会は一九八六年から八八年にかけてオーラル・ヒストリーの本格的な検討を行い、シンポジウムを開いた。歴史家の中村政則は、自らのオーラル・ヒストリーへの関心が、「昭和史論争」で「人間不在の歴史」が問題とされたこととノンフィクション作家によって喚起されたという。これには戦後日本の歴史学の主流であったマルクス主義史学に対する民衆史や地域史からの克服という側面もあり、「民衆史・底辺史・個人史の活性化」であって、「多くは文字を書かない、したがって記録を残さない」なかで歴史を紡ぐ方法論であった

(中村政則「オーラル・ヒストリーと歴史学」『歴史学研究』五六八号、一九八七年、三—四頁)。

(2) ジャーナリズムにおけるインタビュー

第二に、中村が刺激を受けたように、ジャーナリズムの世界ではインタビューという手法は広く用いられており、優れた成果が多く生み出されてきた。近現代史に関わる大規模企画の金字塔に読売新聞社編『昭和史の天皇』(全三〇巻、一九六七—七六年)がある。当事者に取材を重ねるなかで、松崎昭一元記者は木戸幸一元内大臣に話を聞けたことで「俺も話してもいい」という空気がサーッと流れたという(「五、松崎昭一氏」科学研究費成果報告書「近現代日本の政策史料収集と情報公開調査を踏まえた政策史研究の再構築」伊藤隆代表、二〇〇三—〇四年度)。取材では大きなテープレコーダーが用いられた。伊藤隆は、一九六九年に連載一〇〇回記念の紹介記事を、アメリカオーラルヒストリー学会に参加した角田順が書いたことが、「オーラルヒストリー」という言葉がジャーナリズムで取り上げられた最初ではないかと記している(伊藤隆「歴史研究とオーラルヒストリー」『大原社会問題研究所雑誌』五八五号、二〇〇七年、五頁)。

個人によるノンフィクション作品にも、山崎朋子をはじめインタビューに基づく多くの優れた歴史作品、人物作品がある。所得倍増をめぐる群像劇『危機の宰相』(魁星出版、二〇〇六年)を描いた沢木耕太郎は、毎週一度ずつ約一年間の聞き取りを通して妻の視点から作家檀一雄を描く『檀』(新潮社、一九九五年)を書き、さらに一夜のインタビューを軸に聞き手と語り手のやりとりで表現する『流星ひとつ』(新潮社、二〇一三年)を発表した。そこにはキラキラした方法へのアイデアがあり、取り組みがある。

(3) 統治をめぐる証言——政治史的オーラル・ヒストリー

第三に、東京学派に直接つながる前史としてジュタールの言う「政治史的オーラル・ヒストリー」があげられる。日本では内政史研究会や木戸日記研究会などで聞き取りが行われてきた。そのなかで升味準之輔は明治国家研究にもオーラル・ヒストリーが有益であることを示し、伊藤隆は史料の乏しい昭和史に取り組むなかで聞き取りを通して証言と文字史料を収集した。伊藤は、中村隆英・伊藤隆編『近代日本研究入門』（東京大学出版会、一九七七年）のなかで、文献資料と比較した「聴き取り」の利点を説き、手ほどきをしている。

文字史料が著しく充実している占領史研究でも聞き取りは活用されてきた。竹前栄治、天川晃、五百旗頭真をはじめとして、時には文字史料を示しながら母国アメリカに戻った行政官への聞き取りを行った。そして戦後史研究でも、国際政治学者原彬久が岸信介元首相へのロング・インタビューを行った。しかし、注目すべきは原のインタビューが岸個人にとどまらず、安保改定の政策決定過程とそれをめぐる政治過程に関わった人物を網羅していることである（原彬久『戦後政治の証言者たち』岩波書店、二〇一五年）。経済史からの取り組みでも中村隆英・伊藤隆・原朗編『現代史を創る人びと』（毎日新聞社、全四巻、一九七一―七二年）がある。他にも外国の研究者が日本でインタビューを行って内部情報を研究に活かすことはあり、また、行政学の分野でもインタビューは積極的に用いられてきた。

こうした日本での前史や海外での事例については、前掲『オーラル・ヒストリー』や後述するＣＯＥの報告書でも整理されている。米国では一九四八年にオフィスが設立されたコロンビア大学の取り組みをはじめ活発な実施と保存と利用があり、プリンストン大学のジョン・Ｆ・ダレス関係オーラル・ヒストリーなど政治学の一手法として、著名人を含めた聞き取りも行われてきた。米国外交史の古典で政策決定過程での歴史の効果的活用を説くアーネスト・メイ『歴史の教訓』（進藤榮一訳、岩波書店、二〇〇四年）は、「政治家は、まさに自分自身の利益のために、資料や聞き取りによるできるだけ自由な研究を、単に可能にするよう努力すべきであるばかりでなく、その研究を許容できる限り現在に近い時点のものにするよう、また努力すべきでもある」と述べている（x頁）。記録文書が全面公開される前にも歴史は必要とされるのであって、聞き取りが大きな役割を果たす。御厨は在外研究中、ハーバード大学ケネディスクールでのメイの「歴史の効用 Use of History for Decision Makers」という教育研究に目を見張り、意見交換を繰り返したという（御厨貴『明治国家をつくる』藤原書店、二〇〇七年、vii頁）。

二　東京学派の作り方ヒストリー

(1) 東京学派の現代史──デモクラシーの成長／変容とともに

以上の前史を踏まえて、東京学派の独創性をどこに求めるべきなのか。本稿では「デモクラシー」と「現代史」を焦点とする東京学派の「楕円」構造に注目したい。「公人の、専門家による、万人のための口述記録」という定義は、御厨によれば、「「デモクラシー」を肯定的に表現する」リンカーン米元大統領の言葉に着想を得て、「オーラル・ヒストリーも、まちがいなくそのデモクラシーの進展の度合いに見合った、ダイナミズムをもった表現」と述べている（『オーラル・ヒストリー』五一六頁）。

民衆史も民主化の一つの表れであろう。しかし、東京学派によるデモクラシーへの意識は代議制民主主義を前提に意思決定過程の歴史的再現にある。治者と被治者の同一性に特徴があるデモクラシーにおいて、それは政策研究を通した自己支配であると言えよう。御厨は下河辺淳『戦後国土計画への証言』（日本経済評論社、一九九四年）に結実した下河辺元国土事務次官との出会いをオーラル・ヒストリーのスタートと述べている（御厨貴『知の格闘』筑摩書房、二〇一四年、一一六頁）。

その意味では一九二〇年代の日本で萌芽的にせよ確立した民主政治が復活強化され、一九五五年体制に結実した敗戦後の民主政治がまさに黄昏時を迎える一九九〇年代初頭に東京学派が生まれたことには偶然以上の意味が見いだせる。一九九三年に細川護熙政権が誕生し、自民党の一党優位体制が崩壊、約四〇年ぶりに政権交代が起こった。

戦後の時間の経過はもう一つの動機となる。それが検証されるべき現代史での資料の問題であった。政治に関わる情報は明らかに増えており、限られたエリートが書簡のやりとりによって痕跡を残した明治・大正期や、敗戦による体制「転換」によって燃やされなかった史料については比較的公開されてきた昭和戦前史に対して、昭和戦後史史料はどのように残され、公開されていくのか。御厨は「オーラルヒストリーを日本でも進めないと、とくに戦後の記録は急速に失われていく」という「危機感」があったと述べている（御厨貴「「オーラルヒストリー」への招待」『中央公論』一三八一号、一九九九年、一三九頁）。

敗戦から五〇年を迎えるこの時期に行われたのが、国際政治学者渡邉昭夫を代表とする重点領域研究「戦後日本形成の基礎的研究」であり、そのなかで聞き取りも積極的に行われた。

その遺産を発展させる形で、伊藤隆を顧問、御厨貴を代表、東京都立大学御厨研究室を事務局として、「戦後政策回顧研究会」が一九九五―九六年度の科学研究費補助金を得て「細々と開始された」（後藤田正晴／御厨貴監修『情と理』下、講談社、二〇〇六年、三五八頁）。その実りは大きかった。下河辺の紹介で、一九九五年九月から九七年一二月まで後藤田正晴元官房長官へのオーラル・ヒストリーを実施した。このときはオーラル・ヒストリーとは何かから説明が必要で、身元調査があったという。

一九九六年五月には石原信雄元官房副長官のもとを御厨と渡邉が訪れ、米国で盛んなこの研究手法を日本に定着させたいと協力を求めた（石原信雄／御厨貴・渡邉昭夫インタビュー・構成『首相官邸の決断』中央公論新社、二〇〇二年、三頁）。その成果は『中央公論』に掲載され、単行本になった。両オーラルは日本での聞き取りによる政策研究に大きく道筋をつける。

次の舞台となるのが、一九九七年に創設された政策研究大学院大学での「政策情報プロジェクト」であった。御厨は東京都立大学を離れるに際してオーラル・ヒストリーの中間報告を行った（「「オーラル・ヒストリー」への招待」）。そこでは従来のインタビュー方式が他の研究者が再検証する反証可能性に問題を抱えていることを指摘し、さらに米国の例を引いてオーラル・ヒストリーが公人にとって生涯最大の名誉の証明となる可能性が示唆された。

東京学派を一気に開花させたのが二〇〇〇年度から〇四年度まで五年間行われたＣＯＥ「オーラル・メソッドによる政策の基盤研究」であった。その爆発的展開は実績報告書、最終報告書に表れており、研究成果報告書別冊二の概要集では九三件の成果物と四件の見出しが掲げられている。ここでのオーラル・ヒストリーは、「人物本位」オーラル・ヒストリー、「政策本位」オーラル・ヒストリー、「同時検証」オーラル・ヒストリーに整理されている（政策研究院政策情報プロジェクト編『政策とオーラルヒストリー』中央公論社、一九九八年、二五三頁）。その過程で、二〇〇二年、御厨による中公新書『オーラル・ヒストリー』が世に問われ、社会での認知を確かなものとした。

御厨は二〇〇三年四月に東京大学先端科学技術研究センターに移り、COE代表は伊藤隆に引き継がれた。伊藤はさらに科学研究費補助金による「口述記録と文書記録を基礎とした現代日本の政策過程と政策史研究の再構築」研究を率い、オーラル・ヒストリーや史料の目録化を続けた。

東大先端研は政策研究大学院大学と平行して東京学派の新たな舞台となる。御厨は日本政治学会の機関誌『年報政治学』でオーラル・ヒストリー特集を編集してオーラル・ヒストリーを政治学の方法として位置づけ（岩波書店、二〇〇五年）、オーラル・ヒストリーの担い手を育てる「オーラル・ヒストリーの学校」のテキストとして『オーラル・ヒストリー入門』を編んだ。

特に注目したいのがこの先端研での夏の学校の実践（二〇〇四―〇八年）である。学は再生産されなければ面白い先生がいたねで終わってしまう。御厨は訓練を受けたオーラル・ヒストリーの担い手を「おーらりすと」と呼び、「『おーらりすと』養成講座のマニュアル化ができるところまできたのはエポックメーキングなこと」と記した（同一九一頁）。

(2) 東京学派のオーラル・ヒストリーの作り方

このように東京学派には、デモクラシーを支える政策研究と現代史への貢献という二つの動機を持つ「楕円」構造と、そのための適切な方法の模索があった。そこで次に東京学派の作り方について簡単に整理しておきたい。東京学派の作り方には、先の定義に沿って、誰に聞くか（公人の）、どう聞くか（専門家による）、どう整理するか（万人のための）という大きな流れがある。

(a)誰に聞くか

「公人」と定義される語り手の合意あってのオーラル・ヒストリーであるが、「専門家」である聞き手による語り手の選択がある。この点での東京学派の面白さは、第一に対象とする時期であり、戦時・占領期ではなく高度経済成長期以後を中心に現代史で役割を果たした人を対象としている。「ある政策をとったことの経験や意味」を後世に残し、「かつての政策決定過程」を「後の政策決定過程」に役立たせるためである（御厨貴「公共政策とオーラル・ヒストリー」『公共政策研究』九号、二〇〇九年、六頁）。

第二に、テーマ・オーラルとも言われ、複数人に短時間ずつ聞き取りを行う「政策本位」オーラル・ヒストリーはもとより、「人物本位」オーラル・ヒストリーであっても、対象者の集積のなかで、人の歴史だけでなく組織の歴史、インスティテューショナル・メモリーズを追求している。先のCOEは目的に「官庁を始めとする組織や集団の持つインスティテューショナル・メモリーズ（構造的認識）の解明と、そこでの複層的政策決定過程の再構築を図ること」を掲げた（「二〇〇〇年度実績報告書」）。

そして第三に、「公人」は広く理解される。高度経済成長期の政策決定は政治的多元主義の世界であり、複数の集団による競争や相互作用が政治を決めていく。オーラル・ヒストリーは政治史の方法であるが、政治史は政治部門だけでは完結しない。政治学というディシプリンの本質は経済学から脳科学まで、他の諸科学からの方法上の良き借り物競走にある。東京学派が首相・閣僚経験者や元官僚、労働組合指導者らにとどまらず、経営者や技術者、文化人にまで聞き取りを行っているのにはこのような構造理解がある。

(b)どう聞くか

次に聞き手を考える場合に、東京学派は「専門家による」という定義に示されるように、聞き手による付加価値を重視する。研究者が聞き取りを行う付加価値は第一に、武田知己が指摘する「対象者が持っている物語とは異なる物語」を聞き出すための関連知識である（「政治史研究からみたオーラルヒストリー（一）」『大東法学』四八号、二〇〇六年、三一一頁)。オーラル・ヒストリーは語り下ろしとは全く異なる応答性資料であり、先の『戦後国土計画への証言』では聞き手の問いかけが語り手の記憶回路を呼び覚ましていく様子が典型的にうかがえる。

これは聞き取りの専門性に通じ、語り手の記憶を引き出し、かつ史料批判に耐えうるよう工夫が施される。東京学派では三人程度の複数かつ多すぎない聞き手が奨励される。この時、語り手の生きてきた時代、担った領域の広がりに配慮して、聞き手の世代的バランスと専門分野のバランスに留意される。場所の設定にも注意が払われ、質問票と資料が準備される。聞く技術として、牧原出は「仮説を確かめるため」のインタビューではなく、「聞くために人の話を聞く」ことと指摘する(『知の格闘』四二頁)。

現代史における背景知識と聞き取りの技法を考えた時にジャーナリストはうってつけの専門家となりうる。御厨はジャーナリズムとアカデミズムの相違点を指摘しながらもオーラル・ヒストリーを通した共同作業に強い期待を寄せている(『オーラル・ヒストリー』三二頁)。

そして東京学派の基本となるのが「人物本位」オーラル・ヒストリーであり、一人に対して時間をかける。概ね一—三回の聞き取り(ミニ・オーラル・ヒストリー)を網羅的に行う「政策本位」オーラルを除けば、一〇回、約一年を超えるものも珍しくなく、COE報告書では五六件を数えている。なかには三五回というものもある。これは関係を重ねるなかで語り手と聞き手の間の信頼関係を醸成する意味もあるが、語り手の認識構造を明らかにするために活躍した時期だけでなく幼少期からのライフ・ヒストリーを聞き取るためである。

(c)どう整理するか

「万人のための」という定義は公開性原則を示している。成果物を第三者が利用し、社会で共有されることが前提となっており、整理には保存と公開が含まれる。

オーラル・ヒストリーにとって道具の発達が寄与した面は大きい。現在はICレコーダーを複数台用いると驚くほど音声は鮮明である。ここで重要なのが東京学派における第三の専門家、文字起こしの専門家である。語りが時に行きつ戻りつし、よどみ、沈黙するなかで、足さず引かずしかしその場にいない者が読んで分かりやすい記録を作成するというのは高度な専門性を必要とする。東京学派はこの面での専門家である速記者を重視する。

こうして整理された記録は、再び語り手のもとに送られ、資料確定に向けたやりとりが行われる。こうして利用・公開されるべき確定版が完成する。資料の公開に向けては公開の手続きへの信頼性こそが語り手に話してもらう重要な保証となる。先のCOEはこの点にも取り組んだ。

報告書や本となり、社会でもオーラル・ヒストリーの成果に多く接するようになった。さらに政策研究大学院大学は手に入りにくいオーラル・ヒストリー報告書の多くをインターネット上で全文公開しており、その取り組みは高く評価できる。

三　東京学派の使い方ヒストリー

(1) オーラル・ヒストリーという作品

次に使い方であるが、東京学派は公開を前提とするように、最初から聞き手以外の利用を強く意識していた。『オーラル・ヒストリー』では、オーラル・ヒストリーの使い方の特徴が類型化されており、興味深い議論である。

オーラル・ヒストリーの使い方として、第一に、記録それ自体が本となるなかで、歴史素材としてではなく、一つの作品として消費されることがあげられる。後藤田元官房長官と石原元官房副長官のオーラルは話し方においても残し方においてもパイロット・ケースとなった。いずれの記録も本となり、文庫本にまでなった。その内容は従来一般には知られることのない機微にわたるもので、語り手がどこまで話して良いかという範囲を広げ、聞き取りが無ければ分からなかったことが残されたことで東京学派の方法の価値を証明する意味を持った。そして、記録は公開され、誰社会で共有されるものだという新たな常識を作った。その後、オーラル・ヒストリーは多くの記録が書籍化され、誰でも作品そのものを手軽に楽しむことができる。

報告書でしか接することができないものでも、例えば同時進行オーラルには臨場感にあふれた時代の証言として全く異なる魅力がある。興味深い試みとして、『「阪神・淡路震災復興委員会」(一九九五―一九九六)委員長下河辺淳「同時進行」オーラルヒストリー』(政策研究大学院大学、二〇〇二年)をあげておきたい。

また、記録を比較的そのまま活用しつつクロスチェックする試みとして、御厨がオーラル・ノンフィクションと呼ぶオーラル・ヒストリー対比列伝がある。二〇〇七年から一〇年にかけてサントリー文化財団の雑誌『アステイオン』で連載され、単行本(朝日新聞社、二〇一〇、二〇一一年)、さらに文庫として、御厨貴『後藤田正晴と矢口洪一』『宮澤喜一と竹下登』(筑摩書房、二〇一六年)に結実した。

(2) 現代史を見る――一九六〇年代と一九九〇年代

その上でオーラル・ヒストリーは現代史の分析ツールとして創造されている。「現代史」といえば、二〇世紀、もしくは第一次世界大戦後というのが一般的であろうが、戦後日本では戦時・占領期への関心が特に高かった。そのなかで御厨は「高度経済成長期」と「その後」を想定している。

東京学派といっても多様性を許容する集団であり、また特にCOE以後は関係者個々の関心でオーラル・ヒストリーの宇宙は次々と拡大しており、限定はできない。しかし、現代史のなかでも手厚い扱いを受けているのが、まず、御厨が「私は高度成長期という時代が何であるのかを解き明かしたいがためにオーラル・ヒストリーを始めた経緯があります」と述べた高度経済成長期である(『知の格闘』三六頁)。これは日本政治自体が海外からも注目を集めた時期であった。

そしてもう一つの焦点が一九九〇年代以降の政治変動期である。そもそも後藤田、石原というスプリング・ボードがこの時期の政治行政の担い手であり、改革と政権交代のなかで多くのオーラル・ヒストリーが作られ、活用された。

(3) 現代史から見る――政策ケース・分野研究・地方政治

もう一つの使い方は、現代史を通して何が明らかになるかというテーマ史である。第一に、組織論とリーダーシップ論への貢献が大きく、さらに歴史の活用を視野に政策ケースにつながっている。御厨は編著『歴代首相物語』(新書館、二〇〇三年)のはしがきで「デモクラシーの発達した成熟国家のリーダーシップ」をパーソナリティ、状況、制度との緊張関係のなかで論じる重要性を説いている。組織への注目は、内閣官房や最高裁判所など一般的に知られることが少なくしかし重要な役割を果たしている組織への理解を進めている。近年、ミネルヴァ人物評伝選など評伝研究がリバイバルしているが、組織や制度のなかで個人を位置づける東京学派は伝記研究に新たな地平を開くだろう。

そして歴史研究とジャーナリズムの中間に位置するようなケースづくりが念頭にある。メイの取り組みについては、R.E.ニュースタット・E.R.メイ/臼井久和・滝田賢治・斎藤元秀・阿部松盛訳『ハーバード流歴史活用法』(三嶺書房、一九九六年)が詳しい。COEでも政策決定のケース作成が模索され、政策ケースを英訳して海外に発信することで外向けの情報公開となることも構想されていた(御厨貴「オーラルヒストリーと政策研究のイノベーション」『Business review』四五-一、一九九七年、一二〇頁)。

第二に、各分野を知るための利用がある。前掲の『年報政治学』オーラル・ヒストリー特集号で外交史や防衛政策史、参議院研究への利用が示されているが、オーラル・ヒストリーを通して各政策領域での理解が深められている。なかでも防衛省防衛研究所では継続的にオーラル・ヒストリーを実施し、冊子化の上、公開している。

第三に、オーラル・ヒストリーと地方政治研究との相性について特に注目しておきたい。『年報政治学』特集号での御厨貴・原彬久・大嶽秀夫の鼎談で、大嶽がインタビューなどを用いて宮城県の政治行政研究に取り組んだことが話題になっている。御厨も東京都政について都政史研究会以来、都庁内でのインタビュー、さらに鈴木俊一元都知事へのオーラル・ヒストリーを行った。COEプロジェクトでも大田昌秀元知事をはじめ沖縄県政関係者に多くの聞き取りを行った。「地方自治は民主主義の学校」とも呼ばれるが、地方でも公文書館が相次いで設立され、情報公開が進むなかで聞き取りを通して地域社会のデモクラシーを理解し、ふれあうことは重要な経験となるだろう。

(4) オーラル・メソッド——政治分析の方法

東京学派の最も大きな貢献は、オーラル・メソッドにおける一つの定型を提起したことであろう。インタビューの効用の一つには、官庁の内部資料や政治家の自家出版物、一次資料の提供に至ることがある。これは現代史を考える上で価値ある副産物であるが、文字資料を目指して聞き取りを行うとすればあまりにもったいないと言うべきであろう。

東京学派の方法の根幹は、聞き手が問いかけを行い、記録し、語り手のチェックを得て社会に提供されるという点にある。語り手と聞き手のやりとりは、記録を通して筆者のような摂取世代からも後から検証が可能である。オーラル・ヒストリーには、目的はもとより予算や時間の制約も含めて様々な形態やその時々の事情がある。それでも一つの定型があることで、自身の行う聞き取りの立ち位置が分かるのである。

四　東京学派の展開——定着による課題とさらなる可能性

(1) 東京学派における作り方と使い方の展開——質保証と教育への広がり

新しい学はいつも少数から始まる。したがって慎重であり防御的なものとなる。しかし、定着にしたがって新たな自由と課題を背負う。その意味で東京学派の画期となるのは、ポストCOEの展開である。市民権を獲得したオーラル・ヒストリーはどこに向かいつつあるのか。

作り方の展開として、まず成果の質保証への関心がある。東京学派はオーラル・ヒストリーの基準作り、質保証にその出発点から関心があり、ＣＯＥでも「オーラル・ヒストリー方法論研究会」や「オーラルヒストリー・コンメンタール懇話会」がそれぞれ一八回と七回開かれている。オーラル・ヒストリーの成熟化、大衆化によってクリティーク（批評）がますます重要性を増していく。

次に聞き手の専門性をめぐる展開である。『オーラル・ヒストリー入門』第一章の副題は「「語り手の浸透」から「聞き手の育成」へ」と記されている。とにかくやってみた第一世代から、方法を学び育成された第二世代へと聞き手の質保証が求められるようになり、ＣＯＥでもオーラル・ヒストリーができる集団の育成が重視された。他方で、方法と基礎訓練が一般化されることで少し学べば誰もが聞き手となれる状況が出てきた。ここに教育現場というもう一つのビッグバンの可能性が立ち現れる。御厨貴『「質問力」の教科書』（講談社、二〇一一年）は社会生活にも役立つようなより一般的な形でノウハウを伝えている（『人を見抜く「質問力」』ポプラ新書、二〇一六年として新装再刊）。利活用のさらなる進展は研究者個々のアイデアや取り組みに委ねられている。高度経済成長期や一九九〇年代についてのまとまったオーラル・ヒストリーの成果群はさらなる活用を可能としていると思われる。

また、教育への活用は作り方にとどまらず使い方においても新たな展開をもたらしている。御厨貴・牧原出『改訂版　日本政治外交史』（放送大学教育振興会、二〇一三年）や飯尾潤『現代日本の政治』（放送大学教育振興会、二〇一五年）など放送大学の映像教材はオーラル・ヒストリーやインタビューを駆使して政治過程を分かりやすく伝えている。他にも大学教育での実践について、梅崎修「オーラル・ヒストリーを用いた大学の教育実践」（『日本オーラル・ヒストリー研究』一一号、二〇一五年）が報告し、政策ケースについては佐道明広「政策学におけるオーラル・ヒストリーの意義」（『総合政策フォーラム』一巻一号、二〇〇六年）がその必要性を論じている。

さらに中等教育、初等教育でも、従来、平和教育やキャリア教育などの観点から地域での聞き取りが行われてきたが、主権者教育の観点から、簡単な質問や資料を準備して、地方議員や自治会長に、また、自治体合併やまちづくりなどについて地域の関係者に話を聞くことも有効ではないだろうか。

こういった作り方と使い方のその後の展開を考える上で、参加者間での相互作用が注目されている。同時進行オーラルでは語り手が語ることで現状を整理し次につなげていく面があるが、語り手がオーラル・ヒストリー体験を通して何かを獲得していく可能性は、生者に話を聞く以上あらゆるオーラル・ヒストリーに存在している。オーラル・ヒストリーに向けた好循環にとどまらずオーラル・ヒストリー後の好循環も今後の検討課題であろう。それ以上に、聞き手の研究者に与える影響がある。回数を重ねるオーラル・ヒストリーは聞き手の研究者にとっても時間や準備での負担が大きいが、第一級の公人と向き合うなかで資料への読みを研ぎ澄まし、政治を理解する上での実践知に触れることができる。もとより聞き取りが業績として評価されるべきことは当然である。また、このような研究者教育という点でも老・壮・青と呼ばれる異なる世代での聞き取りは有意義であり、聞き取り後に喫茶店などで振り返りの時間がとれれば得るものはますます大きい。

(2) ある摂取世代の接点

最後に本稿はエッセイということなので、筆者自身の体験についても述べておきたい。筆者はオーラル・ヒストリーが社会化していく流れに乗って聞き取りに少なからず立ち会うことになった。作り手に関わる最も早い例は、一九九九年一二月、神戸大学大学院博士後期課程在学中に、ひょうご震災記念二一世紀研究機構が実施した「阪神・淡路大震災オーラルヒストリー」の内の一件でテープ起こしのために同席した例である。震災への対処と復興のプロセスを記録として残そうという試みであり、震災を体験した一人として、行政内でのノウハウの風化と再教育の話は印象的であった。

その後、首都圏で就職すると、大学院の先輩である服部龍二先生の比較的多人数で行われた外交官オーラルに同席させていただく機会を得た。東京学派のオーラル・メソッドでの最初（で今のところ最後）の聞き取りは科研費による議会事務局研究（大石眞代表）の一環として行われた「平野貞夫オーラル・ヒストリー」であった。平野氏は衆議院事務局で委員部長を務め、その後、参議院議員として小沢一郎と政治活動を共にした経験があった。奈良岡聰智、赤坂幸一両先生に誘われ、聞き取りは二〇〇九年五月から一一年六月まで全二四回の内、自身の在外研究を挟んで一二回に参加した。両先生は他のチームも率いていたので、筆者はこの間質問票づくりや会場準備、謝金などのやりとりをしたが、こちらから問いを発することができるのは楽しく生産的であった。なかでも第三回の聞き取りが二〇〇九年九月九日に予定されていたところ、総選挙による政権交代が確実な情勢となり、急遽、現代政治について質問し、期せずして同時進行オーラル風となったことも思い出される。また、速記者の丹羽清隆氏と仕事ができたことは素晴らしいことだったと今あらためて思う。

使い手としては、自身の最初の研究が両大戦間期の政党内閣制の形成、展開、崩壊をテーマとしていたので、升味式の聞き取りの利用、なかでも、実は当時の同時進行オーラルであった元老西園寺公望の秘書原田熊雄が残した『西園寺公と政局』(一―八・別巻、岩波書店、一九五〇―五六年)や、国立国会図書館憲政資料室が一九六七年に聴取し九七年に公開した『木戸幸一政治談話録音速記録』に強い知的興奮を覚えた。

現在力を入れているのが高度経済成長期の政党政治史で、佐藤栄作元首相と社会運動家で参議院議員を務めた市川房枝に関心を持って調べている。このテーマではまさに東京学派の問いと重なりあうところがあり、そのなかでもオーラル・ヒストリーの力を感じさせられたのが本野盛幸(元駐フランス大使)と山下英明(元通商産業事務次官)へのオーラル・ヒストリーである(いずれも政策研究大学院大学成果報告書、二〇〇五年)。佐藤政権では楠田實産経新聞デスク(後に首相秘書官)が集めたブレーン集団Sオペが有名であるが、二つの記録からは政権のなかでの位置づけやチームの息づかいがよく伝わってくる。

また印象的であったのが、劇作家で佐藤政権にも関わった山崎正和のオーラル・ヒストリーである(御厨貴・阿川尚之・苅部直・牧原出編『舞台をまわす、舞台がまわる』中央公論新社、二〇一七年)。山崎は佐藤に核配備論者であったような気配は全く感じず、また、核施設をめぐる事故が起こったらおしまいだと朝刊が来るたびに確認していたという。

山崎は、佐藤は「運のいい政治家」だったと述べている。歴史は後から全てなるべくしてそうなったように解釈されがちだが、オーラル・ヒストリーはいくつかの未発の可能性や分岐点を教えてくれる。佐藤政権については、首相の日記があり、楠田秘書官の日記があり、さらに楠田の元に残されていた膨大な資料が近年、整理・公開された（和田純編『オンライン版　楠田實資料（佐藤栄作官邸文書）』丸善雄松堂、二〇一六年）。外交史料も日米で次々に公開されるなか、オーラル・ヒストリーは文字資料が公開されるまでのつなぎであろうか。佐藤政権期を見ればそうではない。オーラル・ヒストリーは記録に残りにくい実態を伝える資料として、文字資料が出れば出るほど価値を高めていると言えよう。

そして平行して進めている震災復興の政治史研究では、ひょうご震災記念二一世紀研究機構のオーラル・ヒストリーはもとより、『阪神・淡路震災復興委員会」（一九九五―一九九六）委員長下河辺淳「同時進行」オーラルヒストリー』から波及した同じく下河辺氏の「沖縄問題同時検証プロジェクト」（沖縄県公文書館蔵）が興味深い。そこにはメディア対応などデモクラシー下での大規模災害復興の勘所が示されるとともに、復興の向こう側に国土軸を超えた海洋軸が浮かび上がり、地方分権時代の中央地方関係を考えさせる。またオーラル・ヒストリーの近年の展開と関わるが、様々な共同研究プロジェクトのなかにオーラル・ヒストリーが組み込まれている例が常態化しているようにも感じている。

おわりに――デモクラシーと現代史の好循環

オーラル・ヒストリーの摂取世代として、幸運にも振り返り研究会に参加し、本稿では東京学派の四半世紀に及ぶ学術運動の歴史を自らの体験も含めて跡づけてきた。本来であれば言及したオーラル・ヒストリーについては聞き手と記録者の氏名をあげるべきだが、紙幅の関係もあり割愛した。最後に筆者の考えるオーラル・ヒストリー、なかでも東京学派のメソッドの良さをあげておきたい。

筆頭にあげたいのは公開性である。インナーサークルで話を聞くことは時にあることであるが、東京学派の公開への情熱と地道な取り組みが反証可能性と摂取世代の研究者の自由な学問活動を支え、社会教育につながっている。第二に、早く知ることができる意義はやはり大きい。ジャーナリズムによる報道と、文書資料が出揃うなかでのアカデミズムの検証の間には少なくない時間があるが、私たちはその間の歴史事例へのある確度での経験化を必要としている。そのなかで研究者も参加した体系的聞き取りには意味がある。

第三に文書資料が出ようが出まいが、オーラル・ヒストリーでしか明らかにならないことがある。それは沈黙の臓器についての考察である。文書と文書がどのようにつながっているのか。それ以上に、デモクラシーにおいて国民と直接応答関係に無くとも重要な役割を果たしている組織をどのように解明するのか。オーラル・ヒストリーの貢献は大きい。第四にやはり問い掛けができるという利点がある。詳細な日記や回想録を書く奇特な公人もまれにいる。しかし、重要であっても当人にとってあまりに当たり前のことは日記にも残らない。また、語られなかったことの意味は聞かなければ分からない。語りたくなかったのかもしれないし、他の部分を語っている内に失念しただけかもしれない。第五に資料公開への好影響である。ある時点で公開できない公文書はある。しかし、社会においてすでに既知の事実となってしまえば文書公開に際して機密解除の判断は変わってくるだろう。そしてそれ以上に東京学派の想定する好循環は、優れた公人生活の最後には聞き取りがあるということを踏まえて自らが関わった公務について記録をしっかりと残す努力をし、それを国民に返す意識を持つことである。

このことがデモクラシーを育んでいく。東京学派の取り組みは日本の政治文化、社会文化を確かに変えてきた。すでに公人はオーラル・ヒストリーに驚くことなく積極的に利用さえし、なかでも外交官のオーラル・ヒストリーは驚くほど増えた。また、国立公文書館の機能拡大にも期待が寄せられる。そうしてオーラル・ヒストリーが社会に定着することで、広い意味での公職者は単に記録の問題を超えて自らの事後評価を念頭に「公」務にあたり、社会に説明するようにな（ってほしいものであ）る。東京学派は政治学と歴史学を架橋し、政策研究と現代史、ジャーナリズムとアカデミズムを聞き取りで結ぶ学術運動であると同時に、ひとつの文化運動でもあった。

デモクラシーと現代史の好循環のためにも、オーラル・ヒストリーは大衆化のなかでも質を保つことで語り手と社会からの信頼を確保し、同時に聞き手と使い手の高度化と裾野の拡大に努めなければならない。このような社会的プロジェクトであれば、資金調達や時間など個々の研究者の努力に過度に依存することなく、それぞれの機関が個性を発揮しつつゆるやかに連携する拠点ネットワークが求められよう。人類学オーラリストとジャーナリストと政治史オーラリストが一緒に「おーらりすと」育成キャラバンで全国を研修に回り、教員免許に付随させても素敵である。

人々はそれぞれ異なる過去を胸に宿しながら同じ社会を形作り、未来を展望している。オーラル・ヒストリーの大衆化には、デモクラシーの下で人々の間の共感を支え、結びつきを強め、問題解決の助けとなることが期待できる。それは現代史の役割でもあるのではないだろうか。

質問づくり十年

手塚洋輔

はじめに

オーラル・ヒストリーには、重要人物の人生を一通り聞き取る「ライフ・ヒストリー型」と特定のテーマに絞って複数の人物から聞き取る「テーマ型」とがある。前者の場合、一人に対して一〇回から多いときには数十回にもわたって聞き取りを重ねることになる。後者では一人に対しては、多くても数回にとどまるとはいえ、そのぶん幅広い人物から聞き取りを行うことができる。投じることのできる時間に限りがあるため、その目的に応じて使い分けることになる。

一九九〇年代半ばより本格化した元政治家や元官僚を対象とする公人へのオーラル・ヒストリーは、当初からライフ・ヒストリー型を主軸に展開してきたという特徴を有する。その成果は、報告書として限定的に印刷されたものだけでなく、一部はすでに回顧録や「聞き書」のような形態で商業出版されている。いずれにせよ概ね生い立ちから始まって、職業人生をおおかた網羅したものに仕上がっているのはライフ・ヒストリー型の特性があらわれているといえよう。これらいくつもの記録が戦後日本政治・行政・外交を研究する上で不可欠な史料として評価されており、その意義は大きい。

その反面で、ライフ・ヒストリー型はやってみないとわからないため、テーマ型と比べて、最終的な成果を見通すことが難しく、その労力に比してリスクも大きい。そのことがよくあらわれる局面の一つが、事前準備として行う資料調査・質問項目作成（質問づくり）である。この作業は、まとまった時間を割かなければならないため、聞き取りグループの中で最も若い人間が行うことが多い。しかし、学術的価値が不確実な上に、当該オーラル・ヒストリーの内容が自分の研究テーマと重なるのは稀で、しかも公開されるまでに時間がかかるという問題がある。要するに、努力の割に「業績」になりにくいのである。

こうした中で、筆者自身も、二〇〇〇年代半ばより現在に至るまで、グループの一員としてライフ・ヒストリー型のオーラル・ヒストリーにほぼ一貫して関わってきた。行政学を専攻していたためか、全くの偶然ながら、聞き取り回数が実に三〇回を超えるような長大かつ詳細にわたる官僚経験者のオーラル・ヒストリーにも複数参画する機会を得ることができた。そして、これらも含めて、質問項目・資料作成を一〇年以上担当してきたという経験を持つ。本章は、この期間に行ってきたことを振り返って、筆者なりの技法を紹介するとともに、それがどう変化したか、さらに一見下積みのように見えるこの「質問づくり」の意味や若手研究者への効用を改めて考えてみたい。

一　質問づくりの役割

(1)立ち位置と目的

まず、グループでオーラル・ヒストリーを進める際の形態として、老・壮・青の多様な世代でチームを組むことが良いとされる。その場合、メインのインタビューは百戦錬磨の「老」や「壮」が担当するというのが通例である。したがって、質問づくりも担う「青」は補足的な質問が中心であり、聞き取りの現場では、やや後ろに下がって出番に備えればよい。聞き取りが始まれば、あとは「なるようになる」という気楽さがある反面、いくら周到に準備を重ねても「なるようにしかならない」という割り切りも実は必要である。

若手が「質問づくりを担う」とさらっと述べたが、そもそも、現在につながる公人のオーラル・ヒストリーが開始された一九九〇年代では、質問票自体を作る場合と作らない場合とが混在し、いくつものバリエーションがあったことに留意しておく必要がある（御厨貴『オーラル・ヒストリー』中公新書、二〇〇二年、一二二―一二八頁）。ただ、私が関わるようになった二〇〇四年の時点では、すでに質問票と資料の両方を作成することは当然とされていたように思う。その後現在に至るまで、知る限りでは、質問票と関係資料を事前に作成して話し手に送付するしくみが標準化されているといってよいだろう。本章でもそれを前提にして、さらにその内容をどうするかに関心を寄せることにしたい。

質問づくりとは、何よりもまず、「聞き手」と「話し手」にとって使いやすいかどうかにかかっている。その際に肝となるのは、資料の情報量と一覧性（見やすさ）とのバランスである。少なすぎては役に立たず、多すぎては使われないという悲劇とでもいえようか。後で詳細に触れるように、特に聞き取りの現場で見やすい資料をどう作るかは案外重要なのである。

また、たとえ懸命に準備をして渾身の質問や資料を作ったとしても、多忙を極める聞き手や話し手がそれらを読み込んだ上で聞き取りに臨んでいるとは限らないことにも十分注意する必要がある。これは単に手抜きということではない。予習を前提に進めると、長丁場となるライフ・ヒストリー型の聞き取りにおいてはしばしば、豊かな語りを阻害したり、途中で息切れさせたりすることにもつながる。むしろ、気楽に話すことで、思いがけない重要な証言に行き着くことも少なくないのである。

(2) 聞き手と話し手

以上のことから、質問や資料の「使いやすさ」とは、いきおい聞き取りの「場」での有用性が中心となる。では、その現場で使えるとはどういうことだろうか。聞き手と話し手の両方から考えてみよう。

まず、聞き手にとっての使いやすさとは、第一に、当時の状況を手短に理解し、話し手のコンテクストを共有するのに役立つかである。当然、政策問題や発生した事件の概要をつかまないと、的確な質問を投げかけることは難しい。

かといって逆に知りすぎても、それが聞き手と話し手の「暗黙知」となってしまい、本来当人の証言として記録に残すべき事項が欠落してしまう問題が生じる。

第二の使いやすさとは、より直接的には、詰まって困ったときに質問を生み出せる材料となるかである。聞き取りの現場では、時折、沈黙が流れる瞬間がある。話し手がどう答えようか思案しているときには、聞き手もその沈黙に耐えて待つ姿勢が欠かせない。しかし、うまく思い出せなかったり、表層的な答えにとどまっていたりする場合では、質問の二の矢三の矢を繰り出すこともまた重要となる。典型的には後で見るように、資料に当時近くにいた人物名などが記載されていると、その人物評を尋ねることで、それを足がかりに思いもよらぬ深い証言へとつながることも少なくない。

次に、話し手に目を転じると、まずもって、当時のことを鮮明に思い出すきっかけとなるかが重要である。しかし、情報を豊富に提示するとよいかというと、必ずしもそういうわけではない。なぜなら、話し手の認識に歪みを生じさせる可能性もあるからである。記憶にないのなら、新聞記事に沿った証言ではなく、「記憶にない」と証言してもらうことで正確な記録となる。このあたりのさじ加減の難しさがある。

加えて、聞き手側の意気込みを話し手に示すという意味も存外に大きい。オーラル・ヒストリーを開始したばかりの段階では、まだ話し手と聞き手の間に十分な信頼関係が構築できていなかったり、距離感をつかみあぐねていたりすることもある。その際に、これまでと違った精度と密度で研究者が聞き取ることの意味を知ってもらうことは、その後のインタヴューを順調に進める助けとなろう。例えば、ある官僚経験者は、大学卒業後入省前の数年間、自治体職員として勤務した経験を持っていた。そこで、聞き取りに先立ち、その県まで出張し、当時の職員録や記録を丹念に調査した資料を作成したことがある。実際これを見た本人は当時の同僚の氏名を見つけると、こんな細かいところまでといたく感嘆された。こうして相互の距離感を縮め、スムーズな聞き取りにつながったように思われる。

(3) 読み手の意識――史料価値をどこまで重視するか

質問や資料は、聞き取りの方向性をある程度規定するために、読み手をどこまで意識するかという問題もある。特にライフ・ヒストリー型のオーラル・ヒストリーの場合、聞き取りの内容が多岐にわたり、将来にわたってさまざまな研究に用いられることが期待されている。そこで、自身の興味関心に閉じることなく、まずはできるだけ広く聞き取ることが重要といえよう。

そのため、余裕があれば、事前に複数の専門家で質問内容を多角的に検討したうえで、話し手に送付するという手段が考えられる。実際、組織の本務としてオーラル・ヒストリーを進めている場合には、そのようにして質問を精査しているケースもあるという。ただ、地理的に離れた大学の研究者がグループを組んで行うオーラル・ヒストリーでは、毎回の聞き取りでそこまで子細に検討することも現実的でない。

そこで用いられるのは「大ぐくりの質問」である。ある時期の職務について、質問項目は概括的・総論的なものに幅広くとって、話し手の語りをまずは聞き、それを受けて質疑を重ねていくという手法である。一問一答の形式をとらないので、特定のイシューに焦点を当てることは難しいが、だからこそ聞き手が思いも寄らぬ語りが生まれる素地ともなり、話し手の認識の構造(前掲、御厨『オーラル・ヒストリー』一四〇頁)を浮き彫りにすることにつながる。

以上の役割を踏まえて、質問づくりはどのように行われるのだろうか。次節では、毎回の聞き取りに際して行われる標準的な作業を、概ね時間軸に沿って取り上げることにしよう。

二　質問づくりの実際

(1) 基本的な流れ

毎回の事前準備において、まず必要な作業はその回の範囲を決めることである。ライフ・ヒストリー型の場合、開始時に終了までのおおまかな進行予定を作ることが多い。しかし、実際には始めてみるとその通りに進まないこともしばしばである。予算や時間に厳しく拘束されないのであれば、状況に応じて適宜進度を調整することになる。いずれにせよ、キャリア官僚出身者の場合は二―三年ごとに異動があるため、その個々の職ごとに進めるのが目安といえよう。

おおかた範囲を決めると次に質問と資料を作成することになる。詳しくは後に譲ることとして、質問と資料の体裁について述べておくと、質問ごとに関係資料を入れて作成するか、質問と資料を別に作成するかという選択肢がある。私自身は一覧性を考慮して質問のみをＡ４用紙一枚にまとめ、資料は別にＡ４またはＡ３で作成して綴じるという方法をとっている。以前は郵送が主であったが、現在ではメールや電子ファイルでやりとりすることもある。これは、相手方の利便と保秘とのバランスで決めることになろう。

こうした質問づくりに並行して、前回の速記録を確認することになる。質問と合わせて本人に送るので、内容をざっとでも読んで、基本的な用語の間違い等は事前に修正するか注記しておく必要があるだろう。なお、その場合はテープ起こし者にその旨をフィードバックすると次に反映させることができる。

テープ起こし者との関係について言うと、事後的なフィードバックだけでなく、関係する資料を事前に共有することにより、聞き取りと速記録の精度をあげることができる。その意味で、質問づくり担当者とテープ起こし者の間では緊密な連携と信頼関係を醸成しておくのが望ましい。テープ起こし者からすれば煩雑な調査を重複しなくてすむことになるし、質問づくり担当者にとっても後日記録の校正・校閲をする際に修正の労力を減らすことができるだろう。

(2) 大ぐくりの質問

では次に具体的な質問づくりの諸段階について紹介していく。まず、聞き手側の問題意識を直接投影した一問一答のかたちにせず、「大ぐくり」の項目のみを書き出すことは先ほど述べた。したがって、話し手も「答える」のではなく、「語る」スタイルがとられることになる。

大ぐくりといっても、ただ羅列的に箇条書きにするのではなく、大項目と小項目の二層程度に整理する必要がある。標準的な形態としては、最初に、異動の経緯や職務内容、上司・部下との関係などその職に関する一般的な事項を置く。その下で、実際に関わったであろう出来事や政策事項、さらに当時の政治・社会状況の思い出を項目としてあげる。

概ね大項目ごとに話し手が語り、それが一段落したところで、聞き手から「先ほどの○○はどういうことですか?」といったかたちで質疑が行われ、次の大項目に移るといった具合である。一回二時間の聞き取りで、二―三のセッションが進む感じとなる。したがって大項目が三つとして、それぞれに五個程度の小項目を載せるのが通例といって良いだろう。

大ぐくり方式の難点は、「語り」の内容が自由なだけに、出たとこ勝負なところがあり、そのぶん話し手と聞き手の力量に依存することになるところである。とはいえ、ライフ・ヒストリー型の利点の一つである複数回行うことを活かし、次回に補足できるという気楽さもある。失敗した、聞き漏らした場合は次回の冒頭で追加質問をすれば良いのである。

(3)トリガーとしての「人名」

次に資料に移ろう。大ぐくり方式をとる場合、なにより重要なのは、聞き取りの場での有用性である。この点、やはり人名が肝といえるのではないか。すなわち、何をしたかを知るきっかけとして、「誰と働いていたか」が思いのほか重要となるのである。

具体的にあげると、まず欠かせないのが組織内の上司・部下・関係の深い部局の担当者である。その上で、職務に応じて適宜内閣官房の関係者や、自民党政調会部会長といった与党関係者などが加わることもある。これらの人名を

X局					備考
A 課長	B 課長	C 課長	D 課長	E 課長	
□□□□	□□□□	□□□□	■■■■	□□□□	税制改革 6 法案成立(消費税導入決定)
		□□□□			天皇崩御 加藤元労働次官・高石元文部次官逮捕(リクルート事件) 参議院選挙→与野党逆転 ベルリンの壁崩壊 年金改革関連法案成立
□□□□	■■■■		□□□□		衆議院選挙 イラク,クェートに侵攻 即位の礼
					湾岸戦争開始 社会労働委員会→厚生委員会・労働委員会

のサンプル

		内閣総理大臣	厚生大臣	厚生政務次官	厚生事務次官	社会保険庁長官		
							局長	審議官
1988(昭和63)	6	竹下登	藤本孝雄	長野祐也	吉原健二	下村健	□□□□	□□□□
	7							
	8							
	9							
	10							
	11							
	12		小泉純一郎	粟山明				
1989(平成元)	1							
	2							
	3							
	4							
	5							
	6	宇野宗佑	小泉純一郎	近岡理一郎		小林功典		□□□□
	7							
	8	海部俊樹	戸井田三郎					
	9							
	10							
	11							
	12							
1990(平成2)	1							
	2	海部俊樹②	津島雄二	野呂昭彦				
	3							
	4							
	5							
	6				坂本龍彦	北郷勲夫	□□□□	□□□□
	7							
	8							
	9							
	10							
	11							
	12		下条進一郎	伊吹文明				
1991(平成3)	1							
	2							
	3						□□□□	
	4							
	5							
	6							
	7							

図1 「人事事項表」

共有することで、話し手にとっても語りが格段に明細になるとともに、聞き手としても「〇〇課長はどんな人でしたか?」といったかたちで話を展開させることができる。

その際の基礎データを提供するのが、毎年度刊行される国立印刷局の『職員録』である。年度途中での異動もあって正確性に難がないわけではないが、質問の補助資料としては十分使える。局長級にもなると新聞に異動情報が掲載されるため、それで補完することも可能である。

ただ職員録には、過去の分については図書館の書庫の奥にあってすぐに確認することが難しかったり、そもそも保存していなかったりするという欠点もある。そこで、私の場合、最近では学生にアルバイトで手伝ってもらいながら、あらかじめ必要と思われる箇所をコピーをとってスキャンしPDFファイルで保存しておくことが多い。

また、職員録は非常に見にくい体裁のため、そのまま抜粋した資料では一覧性にかけるきらいがある。そのため、関係者と関係事項を月ごとに記した「人事事項表」をエクセルで作成してきた(図**1**)。これにはそれなりに時間がかかるものの、基本的には質問票とその人事事項表の二枚だけを見ながら聞き取りができるので、語りに集中できるように思われる。

人名だけでなく、その人間関係も視野に入れようとすると、やや古いが『日本官僚制総合事典』(秦郁彦編、東京大学出版会、二〇〇一年)の情報も入省年次の確認では使える。必要に応じて『政官要覧』や各省ごとの『名鑑』の類を使うこともあるが、全てについてそこまで手間をかけなくとも良いだろう。余裕がある場合は、一部の省で陳情用に作成頒布されている座席表(『厚生労働省ハンドブック』や『文部科学省ひとりあるき』など)を利用すると臨場感がさらに増す。最近は、あえて執務空間に関する質問を入れるように心がけているが、これは空間政治学の観点から基礎的な資料を提供するという目論見で行っている。

(4) 資料は多すぎない

この他にも事項や事件に関する資料を添付する。過去の出来事を知る上でよく使うのは、白書や年史ものである。一般的な事項であれば、新聞年鑑や『近代日本総合年表』(第四版、岩波書店、二〇〇一年)から辿ることもできる。もっとも、これだけで質問に結びつくというよりは、これを手がかりに新聞記事を検索するのである。

それゆえ、新聞記事は中核的な素材と言えるだろう。当該案件について、もっとも代表的な記事をひとつかふたつ添付することが多い。特に、突発的な事件や事故対応については、詳細な時系列を記した新聞の「ドキュメント」記事を用いたりすると便利かと思う。ただ、新聞記事ばかりで資料を作ると、語りに歪みをもたらす可能性もあることに留意する必要がある。

また最近では、一九九〇年代以降に蓄積されたオーラル・ヒストリーが数多く公開されるようになっている。これらについてはオーラル・ヒストリーのクロスチェックという面からも積極的に質問事項に取り入れることとしている。ただし、具体的に付き合わせるような直截な質問にすることはせず、またその文面を資料として話し手に事前に示すこともまずない。予断を避けることからも、聞き手のみで情報を共有するにとどめ、口頭での質疑で聞くこととしている。

いずれにせよ、注意するべきは、先にも述べたように、話し手や他の聞き手が、事前に読み込んでくることは想定しないし、それを求めるべきでもないということである。質問づくり担当者は細かい部分まで調査するので、保険の意味も含めて、あれこれ何でも入れたくなる。しかし、生活史という手法でインタビュー調査を実践している社会学者の岸政彦は、「ピントを合わせない集中」と呼んで、語られていないことを含めた全体への目配りしつつ、語りの細部に集中するべきと説く(岸政彦ほか『質的社会調査の方法』有斐閣ストゥディア、二〇一六年)。その意味でも、資料はできるだけ削る方が、聞き手も語りに意識を集中できて良いように思う。必要であればそれこそ質問づくり担当者が補足的に質問すれば良い。

三　蓄積と変化

以上のようなことをかれこれ一〇年以上継続してきた経験を踏まえたとき、何が蓄積され、どのような変化がみられるのだろうか。

(1) スキルの熟達

まず、オーラル・ヒストリーの場数を踏むことによる、全体的な習熟という面は確かにある。質問づくりに関していえば、質問票のフォーマットからはじまって、定型的な質問のパターンや必要な資料がどこにあるかといったことも知識として増える。ありていにいって、無駄の少ない作業工程とすることができるようになるのは研究一般と大差ないだろう。

この点、特に考える必要があるのは、同じ省庁出身者を再度対象とした場合の質問づくりである。メリットとしては、ある程度の土地勘ができていることがあるかもしれない。前に行ったオーラル・ヒストリーの中で得た組織構造や人間関係、非公式な意思決定過程に関する情報を踏まえることができるからである。実利的にも、先に紹介した人事資料等で例外的に流用できるものもある。また、クロスチェック的な質問も入れやすい。

とはいえ思いのほか、同じような役職、上司部下関係でも直面する課題が違うという実感を持っている。例えば、一九九〇年代に幹部となった官僚と二〇〇〇年代に幹部となった官僚では、省庁再編や政官関係といった環境が異なり、そのことが何らかの影響を与えている可能性がある。ライフ・ヒストリー型のオーラル・ヒストリーを継続することによって、こうした「使い方」ができるのではないだろうか。

他方で、基礎的・初歩的な質問を省略してしまうデメリットも無視できない。聞き手の側の事前理解が進むと、その組織で共有されている事項を既知の「常識」にしてしまいがちだからである。この点、やはり聞き手の構成を一部入れ替えることなどを意識していく必要があるし、若い新人が質問づくりを担う積極的な理由がここにあるだろう。

(2) 省力化

さて、質問づくりをとりまく環境は、特にＩＴ化が進展したことによってこの間に大きく変化し、ずいぶん省力化することができるようになっている。

一つには、新聞記事データベースの整備である。私が質問づくりに携わるようになった二〇〇〇年代半ばで可能だったのは、朝日新聞の記事見出しの検索に限られていた。それゆえ、記事の本体は図書館に行って縮刷版を丹念にコピーする必要があったのである。手間がかかることもあって、毎回の準備で網羅的な探索を行うのは事実上困難であり、特定のテーマに限って使うにとどまっていた。それが今では、各紙のデータベースが整備され、多くの大学で、場合によっては外部から接続して利用できるようになっている。これにより事実関係の調査時間が大幅に短縮されたことは大きい。国会会議録のデータベースも同様である。

加えて、聞き取りの対象時期が徐々に下がってきたことに伴い、ウェブサイトに公開された行政情報を活用できるようになってきたことも見逃せない。以前は、審議会の資料を見ようとしてもそのハードルは高かった。それが現在では、一九九〇年代末以降のものであれば概ね公開されており、少なくとも質問の端緒となりそうな情報ということならば、格段に得やすくなっている。

このように、端的には「アームチェア」調査が可能となったといえよう。以前であれば数日はかかっていた情報収集が、現在では半日から一日もあればたいてい片付く。そして、大学の研究室やさらには自宅でもできるということは、特に地方在住の研究者や大学院生でも参画可能な環境が整いつつあることを意味する。

こうして相対的にハードルが下がったとしてもなお若手研究者にとって負担は少なくない。オーラル・ヒストリーの成果だけを効率よく摂取するのであれば、刊行された報告書や書籍に目を通せばよいはずであり、なにも無理してまで業績になりにくい仕事をする必要はないともいえる。そこで最後に、ライフ・ヒストリー型に参画すること自体から得られるものについて所感を述べたい。

(3) 駆け出し行政研究者にとっての効用

煎じ詰めていうと、官僚文化と《遠い》人間が官僚制研究を行う手助けになるということである。政治や行政の世界とこれまで縁もゆかりもない場合、行政官たちの「空気」を知ることは容易でないため、オーラル・ヒストリーが数少ない入口の役割を果たす。実際、異例ながらも大学院生・助教レベルでチームを組み、本人から行政の世界の基本的な事項について懇切丁寧に語ってもらった成功例もある(『田中一昭オーラル・ヒストリーⅠ・Ⅱ』東京大学先端科学技術研究センター、二〇一二年)。その意味で、とりわけ首都圏以外にある大学の大学院生にとって格好の機会となるのではないか。私自身、いくつものオーラル・ヒストリーに携わる中で、行政官としての良質な振る舞いを知るとともに、特に官界や政界におけるある種の評価軸に触れることができたのは幸運だったと思う。

また、これまでの聞き取りを振り返ると、後に功成り名を遂げる人物であっても、組織に入った時点から将来を嘱望されていたとは限らないのが興味深い。オーラル・ヒストリーの現場に居合わせることで、こうした人間臭さも含めた官僚制組織における立身出世の有り様や、時代と切り結ぶ課題の現れ方といったことの一端を理解することが自ずと促される。そしてそこで得たフレームは他の事象を観察する際の参照軸ともなり得る。事実の発見よりも認識の構造自体に着目するライフ・ヒストリー型のオーラル・ヒストリーでこその効用であろう。

おわりに――学び手にとってのオーラル・ヒストリー

本章では、ここ二〇年あまりに蓄積されつつあるライフ・ヒストリー型の公人オーラル・ヒストリーの「作り方」について、主に質問づくりの観点から考察してきた。必ずしも自分の業績になるわけではない中で若手研究者がより簡単に参画できる素地が整いつつあること、さらにそこで得られる収穫も少なくないことを示そうと試みた。

このような、官僚文化の「外」から組織人の振る舞いを知るという「学び手」にとっての意味は、実は若いというだけでなく、さらに「外」にあるだろう外国の日本研究者のアプローチとの接合可能性を秘めている。オーラル・ヒストリーの現場に見よう見まねで入っていくのは難しかったとしても、「作り方」を共有することなど相互に学ぶ要素があるようにも思われる。

もっとも、ライフ・ヒストリー型を含めて最大の難関は相手方に依頼する局面であり、その後、研究代表者がチームを作ることになる。その意味で、誰にでも開かれているわけではない。また特に官僚ＯＢともなると、聞き取りの場所が東京に事実上限られるのも確かである。しかし他方で、オーラル・ヒストリーに参画した経験を持つ中堅研究者は確実に全国各地へと拡がっている。学び手としての機会とそこから得られる効用をいかに大きくできるか。それに応えることで、公人のオーラル・ヒストリーのさらなる展開につながるだろう。

オーラル・ヒストリーの世界標準とこれから――ブラック・オーラルから脱するために

佐藤　信

一　タコツボ化し本分を忘れるオーラル・ヒストリー

オーラル・ヒストリー（以下、ＯＨ）という用語が人口に膾炙《かいしゃ》して久しいが、それがゆえにＯＨにも多様な方法論と派閥まで現われ、純粋に口述記録を記録・利用したいという新たな学徒にとってＯＨは取っつきにくいものになっている。

最近出版された歴史学者・大門正克の『語る歴史、聞く歴史――オーラル・ヒストリーの現場から』（岩波書店、二〇一七年）がたどるように口述記録の歴史は古く、ＯＨという用語が用いられる以前から豊かな蓄積がある。単に口述記録の営為を継続するだけならばＯＨなどという新用語を敢えて持ち出す必要はあるまい。それでも、大門は何故か「オーラル・ヒストリー」というサブタイトルを付し、書中で政治史学者・御厨貴のＯＨ概念を批判したりする。ＯＨがその不思議な魅力ゆえに、多様な論者を招き入れ、その概念の混濁を招いている一例である。

日本におけるＯＨ概念の混乱ゆえに、研究者のなかにはＯＨという用語を敢えて使わず、「ライフストーリー」と呼ぶ者も少なくない。その特徴は「ライフヒストリー研究は〝何を語ったのか〟に重点を置き、過去に起きたことの再構成に関心を寄せる。一方、ライフストーリー研究は〝いかに語ったのか〟や〝何のために語るのか〟に問いをシフトさせ、語っている現在、およびそこから続く未来へと射程を広げた」というものである(1)。同じような問題関心から、いわゆる「ＯＨ」研究のなかにも対話分析や語る／聴くことの分析は少なくない。

　こうして、ＯＨとは何なのか、多様化のなかでわかりにくくなっている現状がある。だが、対象者や目的によって方法論が異なるのは当然であり、反目するのではなく「棲み分け」こそが上策であろう(2)。むしろ、心配されるのは反目や混乱のうちに多様性の前提が失われていることである。その前提とは「記録」と「公開」に他ならない。「記録」行為の主体性や、「記録」する実践の分析も構わないが、オーラル「ヒストリー」である以上、その初めの一歩には「記録」がなくてはならない。現在のところ、国際的に最も初歩的でスタンダードなドナルド・リッチー(Donald A. Ritchie)の教科書(3)によれば、ＯＨとは「記録されたインタビューを通して、歴史的に重要な記憶や個人的な解釈を収集することである」という(以下、リッチー(二〇一五)と引用する)。

　そしてまた、この「記録」は「公開」される、ないしいずれ「公開」される見込みがあることによって意味を持つ。日本のＯＨにおいてはさまざまな派閥や方法論をめぐる対立があるわけだが、しかし、政策研究大学院大学ＯＨの一部や防衛研究所ＯＨや日本美術史ＯＨなど少数の例外を除けば、そのほとんどがこの「公開」という点においては不徹底の誹《そし》りを免れえない。試みにＯＨ関連の単語をキーワードに科研費のデータベースを検索すると、次のように大量のプロジェクトがヒットする。

「オーラルヒストリー」　一〇八件
「オーラル・ヒストリー」　八一件
「ライフヒストリー」　二一八件
「ライフ・ヒストリー」　二五件
「ライフストーリー」　一二二件
「ライフ・ストーリー」　七件

（二〇一八年度末段階で「完了」しているプロジェクト）

ヒット件数には多分に重複があるものの、問題はそこではなく、これらのプロジェクトにおけるオーラル・ヒストリーの公開の程度である。これらのなかには、たとえば音楽学者・柿沼敏江を中心とした「オーラル・ヒストリーによるフルクサス研究」が、日本美術史ＯＨに倣って日英二カ国語でスクリプトをウェブ上に公開しているように(4)、極めてアクセスしやすい環境をつくっているものもある。しかし残念なことに、血税が充てられているこれらのプロジェクトの多くで、いかなる記録も公開されていない。このことは決して各プロジェクトの方法論や成果に瑕疵《かし》があることを意味しないが、「オーラル・ヒストリー」とか「ライフ・ストーリー」とか箔を付けて見せているだけで、実態は通常のインタビューやヒアリングなのではないかという疑念は拭えない。

ＯＨは一般のヒアリングとは異なり、インタビュアー個人の関心のみならず、他の、ないし後世の人々の問題関心にも資するようオープン・クエスチョンで、インタビュイーの話を聴くものであって、それゆえに「記録」と「公開」が伴わなければその役割を果たせない。方法論も目的も多様であってよい。だが、「記録」や「公開」については、知見の共有や協力が欠かせない。本稿は、それを呼びかけ、今後の発展のための提案をせんとするものである。

二 「ＧＲＩＰＳ－ＲＣＡＳＴ学派」内見

(1) **「ＧＲＩＰＳ－ＲＣＡＳＴ学派」とは**

新たな学徒にとって日本のＯＨが縁遠いものになっているのは、方法論や派閥の対立だけが原因ではない。より大きな障壁は実践のなかにあるように思われる。ここでは「ＧＲＩＰＳ－ＲＣＡＳＴ学派」とでも呼ぶべきグループに筆者が成り行き上深く関わるなかで、そのＯＨの方法論に感じている限界にまず踏み込んでおきたい。

日本において、多くの人の目につくかたちでOHの成果を発表してきたのが、政策研究大学院大学（GRIPS）と東京大学先端科学技術研究センター（RCAST）のグループであることには異論はあるまいと思う。ここで説明するまでもないが、御厨貴を中心とするグループは二〇〇〇年度からCOEを得て大規模なOHプロジェクトを実施した。御厨の移籍によりプロジェクトの中心は歴史学者・伊藤隆を中心とするGRIPSと御厨を中心とするRCASTとに分離したが、COE終了後も両機関はOHの中心地であり続けている。そしてまた、防衛研究所OH、日本美術史OH、外交史家・服部龍二を中心とする戦後日本外交史OHなどの活発なプロジェクトも、大なり小なりこのグループの方法論を参照している。

こうした「GRIPS−RCAST学派」の方法論とはいかなるものか。御厨によればOHとは「公人の、専門家による、万人のための」記録である（御厨貴『オーラル・ヒストリー』中央公論新社、二〇〇二年）[5]。そしてこの二〇〇二年時点ではさまざまに列挙されていた具体的な実施方法も次第に定型化され、精緻化されてきた。インタビュイーの人生をまるごと聴くというライフヒストリー型が中心となり、また二〇〇二年時点では単に「三人は適当な数」とされていたインタビュアーのチームも、老・壮・青のバランスに配慮した構成を採ることが定例化してきた。テープ起こしや報告書づくりも、OHの目的や方法論も熟知した複数のプロフェッショナルと共同作業することが定着した。こうして、「GRIPS−RCAST学派」の方法論はほぼ完成され、成果を生み続けてきたわけである。

他方、グループのメンバーは固定化し、若手の参入が乏しい現状もある。グループ内部の人間として、最大の原因は、この老・壮・青というチーム構成において「青」のコスト・ベネフィットが悪いからではないかと考えている。どういうことか。以下、簡潔に検討したい。

(2) ブラック・オーラル

まずコストの面からみよう。「GRIPS−RCAST学派」の精緻化された方法論はコストが大きい。第一に実施に時間的コストがかかる。「GRIPS-RCAST学派」の方法論では、インタビュアーが積極的に質問するより、インタビュイーになるべく自由に話してもらう。バランスのとれた質問で一定の客観性を担保しながら、なるべく当人たちの主観による歴史体験を残すことを優先するのである。しぜん、脱線や重複は避けられず、また、ライフヒストリーであるがゆえに、一人の人間の幼少期から近頃まで、場合によっては二―三時間を四〇回以上聴き取るOHもある。

しかも、時間的コストはその場で座っている時間だけではない。準備の時間的・作業的コストもバカにならない。老・壮・青というチームでは、「青」は下準備に回ることが多い。準備不足でOHに臨むことは楽だが、インタビュイーがひとたび誤った記憶を定着させると、再度聴いても同じ答えしか返ってこないこともある。それゆえ、あとで訂正するのではなく、あくまで事前にインタビュアーが記憶をたどるのに十分な準備をしておくことは極めて重要だ。新聞・雑誌の当時の記事や、当時の職員録や、場合によっては卒業文集や職場図面などを用意して、時系列や記録に齟齬《そご》なく自然に思い出してもらうように努めなければならぬ。準備にも手が抜けない。

そしてまた、金銭的コストが大きい。「GRIPS-RCAST学派」では、その記録をプロの文字起こし者にお願いしている。そしてまた、なるべく報告書も作成し、できれば刊行するようになっている。それぞれにそれなりの金額がかかる。また、よりよい質問を揃えるために出張費を要する場合もあろう。こうして「GRIPS-RCAST学派」のOHはほぼ大きな科研費を持っている研究者が主導してきた現実があり、「青」が自らの資金で同じ水準のOHを行うことは難しい。結果として、「青」は、「老」や「壮」が対象者を選択し、ときには自らは関心のないOHに多大なコストをかけることになる。

そうなると、「青」にとってはベネフィットも少ない。そもそも自分で対象者を選ぶことができるのは稀だから、OHの経験を自らの研究に活かすことは難しい。では、OH自体が業績になるかと言われれば、刊行物の多い「GRIPS-RCAST学派」でさえ、報告書止まりで公刊されないことの方が多いし、仮に公刊されたとしてもその書籍の著者・編者に「青」の名前が載ることなどまずない。そのくせ公刊作業にあたっては再び「青」に雑用が回ってくること、言うまでもない。

身分的安定や時間的余裕があればともかく、巷間論じられるように業績評価に追い詰められている現在の若手研究者にとって、こうしたコストは大きな負担になりうる。ここではOHは「ブラック・オーラル」と化していると言ってよい。それでも数少なく、かつ壮年化する「青」がOHを必死に支えるのは、研究者としての矜持（もしくは、学閥における力関係？）による。

こうした「GRIPS－RCAST学派」が抱える問題は、多かれ少なかれ他のグループも共有している。方法論がここまで厳密でなければ事前準備などのコストは小さいかもしれないが、「GRIPS－RCAST学派」のように旺盛な公刊がなければその分ベネフィットも小さかろう。まったくのボランティアで文字起こしをしたり、OHに注力しても職が得られなかったりする若手は少なくないのである。

こうした「ブラック・オーラル」の現状は異常だ。たとえばエリートを対象としたOHに限ってみても、一九六三年から一九七八年まで旧内務省官僚を中心に聴き取りを行った内政史研究会は、長老メンバーも多かったが、担当となった者が興味のあるインタビュイーを選び、自分で準備するという形式を採っていたという。しばしば「GRIPS－RCAST学派」が先人として参照する原彬久も、有名な岸信介の証言録を除けば、ほとんどライフヒストリーを行わず、自分の興味ある項目だけを一対一でインタビューしていた。インタビュイーの選定と、作業と、質問と、公刊と、それぞれが奇妙に捻じれている――それが日本のOHの現在地である。

三　世界標準――コスト削減の観点から

ところが、海外のOHに目を向ければ、状況はまったく異なる。あらゆる分野の若い研究者が次々と参入し、OH

利用のすそ野も広がっている。朴沙羅など少数の例外を除けば、日本のOHでは滅多に海外の状況を参照していないが、井戸の外ではなにが起こっているのだろうか。OHの隆盛の背後にはコスト・ベネフィットのどのような違いがあるのだろうか。ここでは特に「GRIPS－RCAST学派」の方法論と比較して、海外の、とりわけ英語圏のOHがいかにコストが小さいのか探ってみよう。

（1）インタビュアー――一人で行うことが一般的

現行の海外でのOHでは老・壮・青のようなチームが組まれることはまずない。先に掲げた教科書のなかでリッチーが「最善のオーラルヒストリーインタビューは、一般的に一対一で行われる」（リッチー（二〇一五）四九頁）と書いているように、多くの教科書的文献は一対一のインタビューが望ましいと述べている。そして現実に、世界的に多くのOHは一対一で行われている。歴史あるOHの国際的拠点の一つ、コロンビア大学オーラル・ヒストリー・センター（CCOH）でも、そのOHのほとんどは個人で行われ、そのトランスクリプト（文字起こし）をプロジェクト・マネージャーがチェックすることで各OHの品質管理が行われている。同じく一対一でOHを行うオーストラリアでも、事前に各インタビュアーの能力を過去に担当したOHから査定し、トレイニングも行ってからOHを実施することで品質を管理している。

一見すると、複数人でのインタビューと一人でのインタビューとは、正確性と効率性のトレードオフのように見えるかもしれない。しかし、「GRIPS－RCAST学派」に見たように複数人でのインタビューは責任が分散し、ときに経験の少ない「青」が調査に当たるために、むしろ正確性を欠くことも少なくない。一人一人のインタビュアーが責任を持ってOHに当たることが正確性と効率性を同時に実現する道なのである。

(2) インタビュイー――グループインタビューもありうる

一対一以上に効率的なやり方としてグループインタビューもある。つまり、インタビュアー一人が複数のインタビュイーのグループに対してＯＨを行うのである。グラハム・スミスのように、一対一とグループインタビューの双方を実施することを説く者もあるが[6]、他の論者はさらにグループインタビューに好意的である。リッチーは、「より困難ではあるものの、グループインタビューは有益な情報を集めうる。自分だけでは思い出せなかったかもしれないことも、グループのなかでは思い出すかもしれないし、自己賛美も和らぐだろう」と書く（リッチー（二〇一五）四九頁）。実際、ジョン・Ｆ・ケネディ図書館が実施しているジャーナリズムにおける女性を対象にしたＯＨ（The Women in Journalism Project）など、グループを対象としたＯＨは今や少なくない。

三対一のインタビューと比較して、一対多のインタビューははるかにコスト・ベネフィットの良いＯＨである。一人一人から得られる情報は少なくなるかもしれないが、ある政策過程や団体について深く知ろうと思うなら、グループインタビューの方がしばしば有効である。繰り返し同じ内容を別のインタビュイーから聴く必要はないし、他のインタビュイーも知っている情報について隠したり偽ったりすることはできない。インタビュアーからすれば、隠し事や偽りを防ぐための準備作業が圧倒的に減じられる。より事実に近い記録を残すというＯＨの原点に立ち返るなら、グループインタビューの可能性は日本でも検討されるべきだ。

(3) 期間――ライフヒストリー型が主流ではない

グループインタビューでは、ライフヒストリーを聴き出すことができないという批判もあろう。しかし、そもそも日本では一般的な「ライフヒストリー」や「ライフストーリー」といった人生をまるごと聴く手法が、絶対なのかどうかも再検討される必要がある。確かに英豪ではライフヒストリー型を採ることが多い。しかし、これは移民や社会形成に関心を寄せた社会史研究者によるＯＨが多いからで、関心が異なれば別の手法の選択を妨げる理由はない。

実際、米国ではテーマ型が選択される傾向が強い。そこではテーマに沿って期間を区切って聴き取りを行い、あくまで必要が生じた場合にのみその期間の前後も聴くことになる。リッチーはオレゴン歴史協会による連邦裁判所オーラルの場合やリンドン・B・ジョンソン大統領図書館におけるジョンソン政権期スタッフ・オーラルの場合を挙げている。日本でも、防衛研究所が組織的に自衛隊OB（いまのところOGはいない）に行っているOHは、はじめGRIPSに倣ってライフヒストリー型のOHをスタートしたものの、次第に効率性を追求してテーマ型に移行した。OHの形式も目的に合わせて柔軟に決められるべきである。

（4）記録──音声

文字起こしのプロフェッショナルは、その場の空気や間も書き起こし、読みやすく編集してトランスクリプトを作成する。それにかかる金銭的コストは大きい。そこで、多くの者は自身で文字起こしすることになるのだが、このプロフェッショナルの水準を目指すのは難しい。たとえば、美術史研究者の加治屋健司を中心とする「日本美術オーラル・ヒストリー・アーカイヴ」は充実したトランスクリプトを公開しているが、文字起こしはボランティアによって行われており、そのレヴェルは玉石混交である[7]。

そもそもトランスクリプトは必要なのだろうか。アカデミズムにおけるOHの先駆者というべきポール・トンプソン（Paul Thompson）の著名な教科書を繙《ひもと》いてみよう。二〇〇〇年版の教科書は、一九七八年の初版時から音声記録において大きな進展があったことを認めている。そしてまた、「多くの場合、オーラル・ヒストリー・プロジェクトには書き起こしを頼む予算はない」ともいう。だが、トンプソンは音声記録がトランスクリプトを代替できるとは書かない。「究極のところ、完全な書き起こしに勝るものはない」のである[8]。ところが、二〇一七年の最新版では当該記述のあとに新たに一節が挿入されている。トンプソンは、そこで「音声と文字とは同じ方向の（parallel）意味を伝える異なる形態と看做すべきだ」と音声とトランスクリプトの双方を参照することを求めている[9]。次第に音声記録が重視されつつある現実を反映したものである。

他の論者はさらに音声重視の立場を採る。アレッサンドロ・ポルテッリ(Alessandro Portelli)が早くから主張していたように「文字起こししたものと比較した場合、テープには全く異なる効果があり、その効果は実際に聴いてみなければわからない」からである。(10) リッチーの教科書もまた、カナダではまったくトランスクリプトを作らないこともあることを述べて、文字起こしの準備がなくても音声を公開すればよいのだからOHは可能だという立場を採っている(リッチー(二〇一五)五二頁)。現在では、トランスクリプトは二次資料であり、一次資料である音声を重視すべきだというのが定論になっている。言わば、「音声への転回」である。

とはいえOHから必要な情報を採るにあたって音声を全て聴かなくてはならないとなると大変だ。トランスクリプトなしで、どうやって内容を検索すればよいのか。そこでは、録音のどの時間に、どういうテーマが話されているか、索引(インデックスとかサマリーという)が作成される。重要な発言については当該部分だけ書き起こしておいてもよい。それを録音とともに残しておく。そうすれば、インタビュアー自身も他の研究者もそれを利用して、元の音声データを参照することが可能になる。現在では技術革新によって新たな仕組みが導入されているのだが、これについては次節で解説する。

そんなわけで、英豪ではもはや音声データこそが当たるべき一次資料となっており、トランスクリプトは検索のための補助手段へと変化している。さらに、トランスクリプトを重視する伝統のあったCCOH(なんと、かつてはトランスクリプトができたらテープは上書きしてしまっていたという!)でも、現在は音声の公開は当然という立場を採っている。

インタビューの話しぶり(orality)が文字に変換されるなかで意味が失われることがあるため、可能であれば、研究者には音声・ヴィデオを視聴することを勧めています。トーンやボリューム、抑揚、間、微細なタイミングや感情の変化、それにアクセント、方言、口語表現は、トランスクリプトでは失われてしまうかもしれない。("Guideline for Researchers," Oral History Archives, Columbia University Libraries)

音声を録音するだけで、トランスクリプトを作らなくてよいなら、作業コストも金銭コストも桁違いに小さくなる。「GRIPS―RCAST学派」に限らず、日本のOHは圧倒的にトランスクリプト偏重であるが、今こそ、音声重視への転回によってコスト削減を図るべきである。(11)

(5) 記録――映像?

文字から音声へという記録形式の変化が進んでいるのなら、次に映像(ヴィデオ)への変化を予測するのは自然なことであろう。「話しぶり」には本来、表情や身振りも含まれるから、これをも記録することには価値がある。とりわけ、グループインタビューでは誰が話し手であるかを記録するのに役立つし、また筆者の経験では、関連する事物のサイズを手で示してもらったり、空間を図示してもらったりするのに有効である。実際、合衆国ではヴィデオOHへの移行が進行している。CCOHの場合、新規のOHのうち三分の一程度は音声ではなくヴィデオに移行しているようだ。

しかし、これは大きな潮流にはなっていない。技術革新を積極的に摂取しているオーストラリアのOHでも、オーストラリア国立図書館(National Library of Australia)は映像機材のセットも用意し、いくつかは実施したというが、本格的に展開する計画はないという。その理由は技術的なものではなく、聴き取りの性格を変えてしまうからだということだった。録画されるとなれば、インタビュイーは外見に気を遣ったり、また過度に公開されることを意識したりして、リラックスした本音を聴き出すことはできなくなる。オーストラリアのOHでは、セックスや家庭内暴力といった大変プライベートな事項も聴いているから、このあたりの配慮は当然なのかもしれない。

日本では、御厨貴らが後藤田正晴に試みて、通り一遍の話しか聴き出せず失敗したという事例がある。他方、日本でも科研費も利用した「労働史オーラルヒストリープロジェクト」は、動画とトランスクリプトをウェブ公開する先駆的な取り組みを行っている[12]。そこでは、表情や身振りも含めて雄弁な語りを堪能することができる。こうした得失を考慮するなら、インタビューの目的、インタビュイーの録画への抵抗感を総合的に勘案したうえで、ヴィデオＯＨの可能性も検討されるべきである。その中では、手元だけ映すなど、多様な選択肢を用意しておくことが有益であろう[13]。

(6) 小括――「ブラック・オーラル」にならないために

ここでまとめておこう。今後、日本におけるＯＨが「ブラック・オーラル」となることなく、若手を取り込んで進んでいくためには、現行の方法論から世界標準へと移行することでコストの削減を図ることが有益である。十分に訓練された専門家が、①一人で、②自ら興味のある対象者（場合によっては複数）に、③自分の興味のある課題について、④デジタルレコーダーやヴィデオレコーダーだけ持っていき、⑤索引だけつくって音声や映像を公開する、といった新たなＯＨのあり方が本格的に検討されるべきである。

個人が各人の興味で行うＯＨならばそれで足りるし、プロジェクトベースで行われるインタビューでも、事前にインタビュアーの質を確保するか、プロジェクト・マネージャーが記録の品質管理さえすれば、「ＧＲＩＰＳ－ＲＣＡＳＴ学派」を質・量ともに凌駕できる可能性もある。

四　オンラインへの転回――ベネフィット拡大の観点から

ここまで世界標準に拠ればコストを削減できるであろうことを述べてきた。同時に、作り手や使い手にとってのべネフィットも拡大できないものであろうか。作られた記録は、しっかりと残され、広く利用されることで初めて記録としての意味を持つ。だが、とりわけ地域コミュニティでのOHは広く知られることがなく、また公的機関や大学の多くのOHも広く利用しやすい状態にあるとはとても言えない。作り手にとっても使い手にとっても残念なことである。残すこと、公開すること、利用しやすい状況をつくることは、やはりOHの未来を考えるうえでは欠かすことができない。

歴史学全体において「オンラインへの転回(turn to online)」が叫ばれるなかで、世界のOHにおいても大きな技術革新が進行している。ここでは、世界のこうした流れを紹介しながら、日本のOHをアップデートし、そのベネフィットを拡大する道筋を示しておきたい。

(1) 音声×オンライン

すでに見たように、現在ではOHの一次資料があくまで音声であることは定論となっている。しかし、それでもトランスクリプトが重宝されるのは、OHの音声の全てを聴くのは利用者にとっては時間がかかり、全貌を理解するのが困難であるからに他ならない。前述のようにいかに音声に索引を付したとしても、そこまで音声を先送りしたり、巻き戻したり、随分と手間である。だが、この問題は技術革新によって過去のものとなりつつある。

ここで技術革新の牽引者となったのはオーストラリア国立図書館のケヴィン・ブラッドリー(Kevin Bradley)とケンタッキー大学のダグラス・ボイド(Douglas Boyd)である。彼らはほぼ同時期に――しかし別個に――「タイムド・サマリー(timed summary)」などと呼ばれる仕組みを開発した。これは音声に対して作成された索引のデジタルデータに、対応する音声箇所へのリンクを貼りつける仕組みである。すなわち、索引をみて興味がある点をクリックすれば、音声の当該箇所を簡単に聴くことができる(14)。しかも、ボイドの開発したソフト、OHMS(Oral History Metadata Synchronizer)の方は無料公開されており、海外の若いオーラル・ヒストリアンたちは当然にこれを利用しているという。

現代はまさに「クリックして、聴く」時代なのである。(15)

許諾さえ得ていれば、音声とタイムド・サマリーをオンラインに公開することは容易である。そうすれば、作り手にとってはトランスクリプトをつくる多大な手間が省けるし、オンラインのクラウドを利用すれば、保存や公開にかかる手間を格段に減ずることもできる。使い手にとっても簡単に音声という一次資料にアクセスできるようになる。トランスクリプトなしでも音声は十分に利便性を持つ。近い将来、自動音声認識によって索引なしでも音声自体に検索をかけることが可能になれば、ますます作り手・使い手、双方にとって多大なベネフィットが生まれることになる。

こうした転回はＯＨに基づく研究にも好影響を与えている。国立図書館とも共同して行われたプロジェクト（Australian Generations Oral History）に参加した社会史研究者のアリスター・トムソン（Alistair Thomson）とその弟子・アニサ・ピューリ（Anisa Puri）は、その成果書籍を電子媒体でも公刊した。(16)この電子書籍で引用されたインタビューにはいずれもタイムド・サマリーと同様のリンクが付されており、当該箇所をクリックすればすぐに当該音声を聴くことができるという仕組みである。この画期的な成果公開手法により、読み手までもが一次資料にアクセスしながら、よりよく内容を理解することができるようになった。多くの研究成果がオンラインで発表される現代にあって、今後、このようなＯＨ研究の成果発表はより一般化してゆくであろう。

こうして「オンラインへの転回」は「音声への転回」と相俟って、ＯＨの方法論を大きく変えている。この方法論の革新に追い付いていけるかどうかは、今後の日本のＯＨの発展を占うものになるように思われる。

(2) コンプライアンス

ところが、そこで大きな壁として立ちはだかるのはコンプライアンスの問題である。日本におけるＯＨプロジェクトには、インタビューにあたって事前ないし事後に公開についての書面での合意を取っていないものが少なくない。ＧＲＩＰＳの一部やＲＣＡＳＴのＯＨも同じである。もちろん、報告書にしたり、刊本にしたり、ウェブ上に公開したりするにあたってはインタビュイーのチェックを受ける。一部を引用する場合でも、当該部分について間違いがないか、公開してよいか、本人のチェックを受ける。ところが、これらが書面で残っていることが稀なのである。

さらに大きな問題は、インタビュアーの手許に残る音声やチェック前トランスクリプトに対する許諾である。これらには時には「これはオフレコにして欲しいんだけど」という内容も含まれているのだが、これらの資料の保存や公開について、ほとんどのOHでは真摯な検討がなされていない。インタビュー実施の前後にこれらの同意を得ていないと、たとえばインタビュイーが他界した場合に遺族から同意を得なければならないなど、後から公開の合意(報告書をウェブ公開する場合を含む)を調達するのは難しくなる。結果として法的には公開できない記録が一方的に蓄積されているのが日本のOHの現状である。

一次資料である音声などは必ず後世に残したい。しかし、将来公開できる見込みがないならば、なぜ保管するのか問われることになる。権利処理の曖昧なまま将来的に公開することを目論む研究者もいようが、それが常態化するならばインタビュイーもより口を閉ざすようになるであろう。誰しもオフレコの裏話を聴きたいという野次馬根性は持ち合わせてはいるであろうが、OHが「ヒストリー」であることに鑑みるならば、「ここはオフレコ」と言われれば録音を切るか、インタビュー終了後に年限付きの公開を交渉すべきではなかろうか。もしくはインタビュアーのメモしか残さないインタビューやヒアリングにすればよい。OHとして実施する以上、「記録」するからには「公開」への展望を備えておくべきである。

では、どのような権利処理が必要になるのか。トランスクリプトを重視するCCOHなどは、インタビュイーにトランスクリプトの確認を依頼する段階で権利の許諾を得る手続きを採っている(17)。しかし、音声自体の公開を前提とするなら、英語圏での一般的なOHと同じくインタビュー終了時に公開の時期や範囲を決めるのが望ましい。権利の取扱いについても現在では多様な対応がなされている。具体的には、著作権を移転するか、著作権は移転せずライセンスを付与するか(クリエイティヴ・コモンズ・ライセンス)、著作権を消滅・放棄してしまう(パブリック・ドメイン)という選択肢がある。[18] 具体的な法的問題や書式についてはノイエンシュヴァンデル（John Neuenschwander）の *A Guide to Oral History and the Law*[19] の第二章を参照されたい。英語が苦手ならヴァレリー・ヤウ（Valerie Yow）の教科書邦訳版[20]が、ノイエンシュヴァンデルの議論を踏襲して事例を掲載しているから、そちらを参照してもよい。

今後、音声×オンラインのメリットを最大限活用するにあたって注意を促したいのは、文字資料の著作権のみならず、音声の著作権やオンラインに公開する権利などを取得しておくこと、そして保存場所を許諾書中に明示しないことである。後者はとりわけ研究者個人で行うOHにおいて極めて重要である。研究室や団体など恒久的でない機関で記録を引き受ける際には、保存場所の移転は当然に想定される。また恒久機関でも、改組や保存場所の変更などに対応するためには、なるべく保存場所の特定は避けた方がよい。たとえば、オーストラリア国立図書館では図書館が著作権などを持つこと、適切に管理することについては規定があるが、具体的な保存場所については規定がないので、デジタルデータをどこに保存することも自由であるし、将来的にクラウドに移転することも可能である。[21] これは、OHの長期的な保存・公開のために極めて重要なことである。

(3) 恒久機関との協働

個々の研究者の棚にある資料はもちろん、研究室やコミュニティで保管される資料は、常に人的変動による散逸、忘却、廃棄の恐れを孕んでいる。資料の将来ということまで考えるなら、長期的な存在が予見されるとはいえ大学図書館・資料館や地域の図書館でもその安定性は十分とはいえない。紙媒体のみならず、磁気テープなどあらゆる媒体の資料に適した保存環境を実現し、デジタルデータであればファイル形式をアップデートするなどの手間をかけることは、長期的に安定的な財源と人的資源が確保されていない限り難しいからである。そしてまた、仮に保存環境が良好でも、記録が各地に散らばり、その情報が共有されていなければ、資料は死蔵されてしまうであろう。大規模な公的機関での一括的な保存・情報集約が望ましい。

こうして各国において公文書館や国立図書館のOH保存・公開に果たす役割は極めて大きい。オーストラリア国立図書館の場合、前述のケヴィン・ブラッドリーのもと、一〇人のスタッフを抱える「オーラル・ヒストリー・アンド・フォークロア」(Oral History and Folklore)という部局が、かなりの音声データとトランスクリプトをオンラインで公開している。新規のインタビューは、外部のオーラル・ヒストリアンに委託して機材を送付して実施しており、すなわち、この一〇人のスタッフにはオーラル・ヒストリアンは含まれない。ブラッドリー以外に音声のスペシャリストが二人もいる体制によって、過去の音声のデジタル化も含め、音声×オンラインへの対応が精力的に進められているのである。そしてまた、こうしたオンライン上への音声公開によって、タイムド・サマリーが最も良く機能する。先に見たピューリとトムソンの電子書籍もまた、国立図書館のウェブサイト上で公開された音声にリンクを飛ばしているからこそ、長期間にわたってそのリンクが機能することが担保されているのである。もし、自分の研究室のウェブサイトで公開した音声にリンクを飛ばしても、十数年も持たずにリンク切れするのがオチだろう。

恒久機関との協働はさらに二つの意味を持つ。一つは、機関に寄託・所蔵してもらうにあたっては権利処理が必ず求められることである。面倒くさがりなインタビュアーは、OHの音声も検索も自分の棚に投げ込んで、そのままにしてしまうかもしれない。しかし、そうして法的にも実態としても公開の要件を備えていない記録はとてもOHとは呼べない。その点、機関にいずれ移管しなければならないとなれば、そういった怠惰は許容されない。OHに一定の品質基準を課すことができるようになるのである。

もう一つは、こうした恒久機関が技術革新の起点となることである。オーストラリア国立図書館のブラッドリーがそうであるように、アーカイヴを専門とする技術者は、インタビューに興味を持つ(多くは人文社会科学系の)研究者とは異なり、常に技術の進展をアーカイヴに反映させようとしている。こうしたスペシャリストを抱える大規模な機関と協働することは、研究者にとっても新たな技術や方法論を遅滞なく摂取するまたとない機会となる。

もっとも、以上のような協働は、日本において突然には望めない。国立公文書館、外交史料館、国立国会図書館など、各機関は積極的にデジタル化を行っているものの、音声の公開という点では見るものが少ない。たとえば国立国会図書館憲政資料室ではCD八九枚に及ぶ「政治談話録音」というエリートＯＨが公開されているものの、もちろんオンライン公開という段階には至っていない。御厨貴も一五年ほど前には自らのＯＨの著作権や保存の問題を認めながら「公文書館に期待するところ大」と責任転嫁をしていたことがあるが、[22]いずれかの公的機関が全国のＯＨの収集・権利処理を行い、保存やデジタル化を行い、オンラインも含めた公開を行うということは、近い将来には望めない。だが、いまＯＨに関わる／関わろうとする者は、公的機関に音声資料の保存と公開の重要性を訴えるべきだし、そしてまた、自分たちの実施した／するＯＨについて将来、そうした機関に保存され／公開されることを前提に録音や権利処理などを誠実に進めてゆくべきだ。

五　おわりに

タコツボ化し、視野狭窄に陥り、一部では「ブラック・オーラル」化した日本のＯＨの未来は明るくはない。だが、「音声×オンライン」という世界的なＯＨのゲーム・チェンジが進むなかで、この新たなＯＨに挑戦してみるのも悪くはない。本稿では、そのために世界標準とその展望を略述してきたのであった。

しかし、言うまでもないことであるが、このことは世界（とりわけ西洋）標準が常に良いということを意味しない。日本の口述記録がたどって来た歴史、とりわけその語り方・聴き方にはそれ固有の意味がある。アカデミズムが東西分け隔てなく世界標準化されるなかで、研究者（プロアマを問わず）がＯＨを発展させていこうとするなら、世界標準とその動向を前提にしなければならないというのが筆者の立場ではあるが、それはこれまでの日本のＯＨの歴史を否定するものではない。しかし、その歴史すら死蔵され散逸しつつあるとすればどうか。

わたしたちは、新たなＯＨへの挑戦を試みながら、これまでのＯＨの歴史を残していくという二正面作戦を採らなくてはならない。権利処理もなされてこなかった過去のOHを突如としてデジタル化して公開することなどはできない。まずはどこにどのようなOHが眠っているのか、その発掘から始めなければならない。オーストラリアでは一九九七年に *Australia's Oral History Collections: A National Directory* という紙媒体のディレクトリが作成された。オーストラリア中のOHの保存場所や公開条件や連絡先などが記されていた。多くのデータがデジタル化されたいま、もはやこのディレクトリは用済みとなっている。だが、わたしたちはそこから始めなければならない。

わたしたちは歴史的証言を「聴く」ために予め多くの準備が必要であることを知っている。その努力と誠実を今度は「遺す」ことに費やすべきではあるまいか。いまは方法論や派閥をめぐる対立をしている場合ではない。むしろ知見の共有や協力によって前に進む時である。

本研究はJSPS科研費17K18546の助成を受けたものである。その遂行にあたってとりわけ Alistair Thomson, Kevin Bradley, Shelly Grant, 朴沙羅のご協力を得た。

なお、本稿で示したウェブサイトURLはいずれも二〇一八年三月末日時点でアクセスを確認している。

(1) 石川良子・西倉実季「ライフストーリー研究に何ができるか」桜井厚・石川良子編『ライフストーリー研究に何ができるか』新曜社(二〇一五年)二頁。

(2) 朴沙羅「研究動向　オーラルヒストリー研究の歩みと現在」『京都社会学年報』第二二号(二〇一四年)。

(3) Donald A. Ritchie, *Doing Oral History* (3rd ed.), Oxford University Press, 2015.

(4) 「研究プロジェクト「フルクサスのオーラル・ヒストリー」」京都市立芸術大学芸術資源研究センター(http://www.kcua.ac.jp/arc/ar-category/02-fluxus/)。

(5) 本章冒頭で紹介した大門も含め、この「公人の」という定義は広すぎるという批判は多い。御厨の「公人」の定義を読み返せば栄典制度を契機として芸能人や市井の人も含むと議論しているのだが、それでも、栄典制度を持ち出した彼の「公人」の定義が狭いものであったことは確かであろう。そしてまた、そもそもGRIPSでOHが開始された目的が政策研究にあったために、「GRIPS—

RCAST学派」における「公人」が実際にはエリートに限定されてきたことも確かである。

（6）Graham Smith, "Remembering in Group," *Oral History*, Vol. 35, No. 2, 2007.

（7）トランスクリプトをめぐる問題についてはFrancis Good, "Voice, Ear and Text: Words, Meaning and Transcription," *Oral History Association of Australia Journal*, No. 22, 2000を参照。

（8）Paul Thompson, *The Voice of the Past* (3rd ed.), Oxford University Press, 2000. 訳は酒井順子訳『記憶から歴史へ』青木書店（二〇〇二年）、四四五頁を利用した。もっとも、トンプソンもトランスクリプトが音声の一つの解釈であることは認めている。その上でトランスクリプトの重要性を強調したのである。

（9）Paul Thompson, *The Voice of the Past* (4th ed.), Oxford University Press, 2017, pp. 343-344.

（10）アレッサンドロ・ポルテッリ（朴沙羅訳）『オーラルヒストリーとは何か』水声社（二〇一六年）八九頁（原著は一九九一年）。

（11）Michael Frisch, "Oral History and the Digital Revolution: Towards a Post-Documentary Sensibility," in Robert Perks and Alistair Thomson (eds.), *The Oral History Reader* (2nd ed.), Routledge, 2006.

（12）「労働史オーラルヒストリープロジェクト」大阪産業労働資料館（http://shaunkyo.jp/oralhistory/index.php）。

（13）ヴィデオOHの方法論についてはさしあたり以下を参照せよ。Brian Williams, "Doing Video Oral History," Donald A. Ritchie, *The Oxford Handbook of Oral History*, Oxford University Press, 2011, Gerald Zahavi, "Notes from the Field: Digital History and Oral History," Douglas A. Boyd & Mary A. Larson (eds.), *Oral History and Digital Humanities*, Palgrave Macmillan, 2014.

（14）Kevin Bradley, "Built on sound principles: Audio management and delivery at the National Library of Australia," *IFLA*, Vol. 40, No. 3, 2014, Kevin Bradley & Anisa Puri, "Creating an Oral History Archive: Digital Opportunities and Ethical Issues," *Australian Historical Studies*, Vol. 47, No. 1, 2016.

（15）Douglas A. Boyd, ""I Just Want to Click on It to Listen": " in Boyd and Larson (eds.), *Oral History and Digital Humanities*, 2014.

（16）Anisa Puri & Alistair Thomson, *Australian Lives*, Monash University Publishing, 2017.

（17）"Procedures: Audio Recorded Interviews," Columbia Center for Oral History, Columbia University.

（18）Nancy MacKay, *Curating Oral Histories* (2nd ed.), Left Coast Press, 2016, pp. 75-77.

（19）John A. Neuenschwander, *A Guide to Oral History and the Law* (2nd ed.), Oxford University Press, 2014.

（20）ヴァレリー・R・ヤウ（吉田かよ子ほか訳）『オーラルヒストリーの理論と実践』インターブックス（二〇一一年）。原書である第二版は二〇〇五年刊。

（21） National Library of Australia, "Oral History and Folklore Collection Rights Agreement," 2017.
（22） 御厨貴「オーラル・ヒストリーとは何か――「語り手の浸透」から「聞き手の育成」へ」同編『オーラル・ヒストリー入門』岩波書店（二〇〇七年）一四頁。

オーラル・ヒストリーにおける「残し方」——課題と工夫の「共有」に向けて

若林　悠

はじめに

一九九〇年代から二〇〇〇年代にかけて急速に日本社会へと普及したオーラル・ヒストリーは、二〇一〇年代にあって成熟の時を迎えている。本屋や図書館を訪れると、オーラル・ヒストリー記録に基づく政治家や官僚の回顧録、証言録が数多く存在し、またインターネットで検索すれば、多くのオーラル・ヒストリー記録が閲覧可能となっている。さらに二〇〇〇年代以降、翻訳書も含めた入門書や教科書が相次いで出版されており、人々がオーラル・ヒストリーの担い手として実践していくうえでの参入障壁も緩和されつつある(1)。方法論やノウハウの構築は、安定的にオーラル・ヒストリー記録を蓄積していくために不可欠であり、まさに成長期から成熟期への移行を示す特徴といえよう。

しかしながら、成熟期を迎えることで顕在化する課題もある。たとえば、オーラル・ヒストリー記録の質をどのように担保するのか、オーラル・ヒストリーにおける方法論はどれだけ標準化することができるのかなどが挙げられる。これらのなかでも特に切実な課題は、オーラル・ヒストリー記録を作る過程で蓄積される資料をどのように保存していくのかという、言わば「残し方」に関わるものだと考える。

オーラル・ヒストリー記録の多くは、語り手と聞き手による確認作業を通じて世に公表される。この作業では事実関係の確認に加えて、現段階では公表を控える部分や不適切と思われる発言の削除などが行われる。それゆえ、いったんオーラル・ヒストリーのプロジェクトを始めると、様々な資料が蓄積されるのである。

第一に、語り手の証言を録音した音源データや、できる限り語りを忠実に再現した一次原稿がある。加えて語り手にチェックしてもらった校正原稿もある。これらのデータや原稿は、編集過程を把握するために必要であるのみならず、後年に何かしらの経緯で公開することとなった場合、公表記録にはなかった貴重な証言を含む歴史的な資料となる可能性を秘めている。第二に、聞き取りの過程で収集した資料や語り手から提供された資料、質問票がある。特に語り手から提供される資料には、メモ書きや当時の原稿など入手の難しい貴重な資料も多いのである。

以上のようにオーラル・ヒストリーのプロジェクトが終わる頃には、膨大な資料が残される。プロジェクト内で聞き取りの対象者や回数が増えれば資料群は増大し、プロジェクトが継続的に行われていくことになれば、資料群は増える一方である。ここで課題となるのが、各種の資料の保存について、何を、どの程度、どのように保存するのかはプロジェクトの実施者に委ねられていることである。仮にプロジェクトの実施者を大学の研究者と想定した場合、保存場所の制約のみならず、自身の異動や定年後における資料の受け入れ先まで見据えながら、長期的な視野に立った保存のための決断が求められるのである。それにもかかわらず、オーラル・ヒストリーの教科書の多くは、個人の研究利用のための保管方法や公文書館での保存の重要性を論じているものの、研究者(集団)が第三者への将来的な公開の可能性も踏まえながら長期間にわたって保存していく方法やノウハウについては、必ずしも十分に論じられているとはいえない(2)。ここに資料保存に対する「残し方」の課題が顕在化するのである。

他方でオーラル・ヒストリーにおけるもう一つの「残し方」の課題は、記録を利用するにあたり、その利便性を高めるための「使い方」に関わるものである。公表されたオーラル・ヒストリー記録は関心のある人々に読まれることになるが、その際に語り手の認識に基づく証言であることにより、読み手には慎重な史料批判の能力が求められる。たとえば、オーラル・ヒストリーの実施の経緯や背景に着目すれば、聞き手と語り手との関係性、聞き取りを行った当時の政治・社会状況と語り手の政治的な立場との関係などは、証言内容のバイアス要因になりうる。また証言内容に登場する人物や出来事に対する評価を検証するためには、それらのバイアス要因を踏まえつつ、読み手に多くの背景知識を要求するのである。

しかしながら、これまで公表されたオーラル・ヒストリー記録は、公表することを優先してきたがゆえに、必ずしも読み手の利便性を高める配慮を十分にしてこなかったのではないか。確かに読み手について研究者をはじめとする専門家のみを想定するならば、彼らは背景知識を有し、史料批判の眼を備えているのだから最小限の配慮で良いのかもしれない。もっとも、地域史の証言記録のように、あらかじめ関心や背景知識を十分に持たない一般市民にも広く読まれることを想定した場合、事情は異なってくる。オーラル・ヒストリー実施の経緯や背景の解説、証言内容を検証するための背景知識を含めた注釈といった、利便性を高める配慮が不十分であれば、読み手たる一般市民が記録を適切に位置づけることは困難な作業となろう。かつて御厨貴は、オーラル・ヒストリーの定義を「公人の、専門家による、万人のための口述記録」とした[3]。「万人のため」である以上、記録への開かれたアクセスだけではなく、誰もが利用しやすい記録に向けて「残し方」の工夫も求められるのである。

かくして「残し方」に関する二つの課題は、オーラル・ヒストリーのプロジェクトを進めていく限り、避けては通れないものと考えられる。そうだとすれば、プロジェクトの関係者たちはどのようにこれらの課題に取り組んでいるのだろうか。以上の課題認識に基づいて筆者は、これまで様々なオーラル・ヒストリー・プロジェクトの関係者たちに対してヒアリングやアンケート調査を行ってきた[4]。これらの調査をもとに本章は、各プロジェクトが直面する課題や積極的に試みている工夫に対する検討を通じて、オーラル・ヒストリーにおける「残し方」への考察を試みるものである。

本章の構成は、以下の通りである。第一節は、本章が主として扱うオーラル・ヒストリー・プロジェクトの概要を説明する。第二節は、これらのプロジェクトがどのような課題に直面し、いかなる解決策を試みているのかを検討する。第三節は、利用に向けた工夫について焦点を当てる。まとめとして最後は、「残し方」の課題を将来的に解決していくためには、各プロジェクトの関係者内部で蓄積されている知見の「共有」が重要になることを述べる。

一　対象とするオーラル・ヒストリー・プロジェクトについて

本節は、次節以降で扱うオーラル・ヒストリー・プロジェクトの選定理由をあらかじめ明らかにし、特に中心となる三つのプロジェクトについて概要を述べる。第一に本章で扱うオーラル・ヒストリー・プロジェクトは、研究者集団や組織単位（図書館、学会、大学、研究室など）で体系的に行っているものを主な対象とすることにした。多くの場合、プロジェクトが大規模化し、関係者も増えることに加えて、報告書や出版物などの公表を通じて対外的に認知される機会も多く、それだけ長期にわたる資料保存の社会的責任が大きくなるからである(5)。

第二に、第一の点と関連して本章が扱うプロジェクトは、報告書や出版物あるいはインターネットを通じて記録を公表しているものに限定することにした。特に対外的にプロジェクトの概要や実際の活動経過を発信しているものは、それ自体が具体的な活動の実態を検証するうえで重要な資料となる。それゆえ、以下に取り上げる三つのプロジェクトは、活動資料が比較的整備されているプロジェクトとして恰好の事例といえよう。

まずは、多摩ニュータウンを対象としたオーラル・ヒストリーのプロジェクトである。このプロジェクトは、多摩ニュータウン学会がニュータウン開発過程での関連資料の散逸を防ぎ、さらに開発に携わった関係者や住民の証言を残す「多摩ニュータウン資料保存プロジェクト（略称、アーカイブプロジェクト）」の一環として始まった（プロジェクトの詳細な点は、西浦定継「アーカイブプロジェクトの概要」『多摩ニュータウン研究』（第九号、二〇〇七年）を参照）。プロジェクトは二〇〇六年から始まっていたが、中央大学政策文化総合研究所の助成により二〇〇七年から二〇〇九年にかけて三年間の大型プロジェクトとなることで、プロジェクトは新設したアーカイブ研究部会の下で進められた。この研究部会の具体的な活動は、『多摩ニュータウン研究』第九―一二号（二〇〇七―一〇年）で確認可能である。開発政策史の観点から選ばれたキーパーソンへのオーラル・ヒストリーは、細野助博・中庭光彦編著『オーラル・ヒストリー　多摩

ニュータウン』(中央大学出版部、二〇一〇年)に収録されている。(6)

次に取り上げるのは、「労働史オーラルヒストリープロジェクト」である。これは、記録を蓄積するにとどまらず、映像の活用や一般利用者に向けた展示を含めたオーラル・ヒストリーにおける新たな可能性を模索するために、梅崎修ら研究者とエル・ライブラリー(大阪産業労働資料館)が共同で行っているものである(プロジェクトの詳細な点は、梅崎修「労働史オーラルヒストリー・アーカイブの試み――映像化の取り組みと資料の利用可能性を中心に」『社会政策』(第七巻第三号、二〇一六年)を参照)。二〇一一年から科研費のプロジェクトの一環として開始され、映像化された記録が、プロジェクトのホームページ(http://shaunkyo. jp/oralhistory/index. php)において閲覧可能となっている。また梅崎修ら研究者とエル・ライブラリーは、ライブラリー内に所蔵されていた『大阪社会労働運動史』編纂のために行われた過去のオーラル・ヒストリーの記録を整理する作業も行っている(この整理作業は、島西智輝・梅崎修・南雲智映「大阪社会運動協会のオーラルヒストリーについて」『大原社会問題研究所雑誌』(第六二一号、二〇一〇年)を参照)。

最後は、「日本美術オーラル・ヒストリー・アーカイヴ」である。このプロジェクトは、二〇〇六年に研究者と美術館の学芸員が設立した同名の任意団体により、日本の美術関係者に聞き取り調査を行い、それを収集・保存することを目的として行われているものである(設立の経緯は、加治屋健司「日本美術オーラル・ヒストリー・アーカイヴと美術史料の将来」『あいだ』(第一七〇号、二〇一〇年)を参照)。詳しい活動や沿革は同団体のホームページ(http://www. oralarthistory. org/)で確認可能であり、蓄積された記録はインターネット上で閲覧可能となっている。またその一部は冊子化して国立国会図書館、東京国立近代美術館アートライブラリ、東京都現代美術館美術図書室に寄贈されている。

ここまで述べた三つのプロジェクトは、オーラル・ヒストリーにおける先駆的な試みに取り組もうとしている点や、他の多くのプロジェクトが抱えている課題に直面している点で共通している。次節以降は、この三つのプロジェクトを中心に、筆者が行ったヒアリングやアンケート調査、さらに他のプロジェクトも交えながら、課題や工夫の実態を具体的に検討することとしたい。

二　直面する課題――資料の保存とプロジェクトの継続性

まずは、オーラル・ヒストリーのプロジェクトが直面する課題から検討する。前述したように、プロジェクトの担当者は関係資料をどのように保存し、管理体制を整備しているのだろうか。

多摩ニュータウン学会の「アーカイブプロジェクト」の場合、『オーラル・ヒストリー　多摩ニュータウン』に収録された証言記録に関する関係資料の保存については、聞き手であった中庭光彦が音源データ（ＣＤとクラウドによる保存）、質問票、校正原稿や関係資料を含めてすべて保存しているという（以下の記述は、中庭光彦へのヒアリングに基づく（二〇一六年五月二六日））。あらかじめ出版を前提としていることを語り手が同意したうえで聞き取りを行っているため、出版物以外の関係資料を外部に対して公表する予定はない。長期的には関係資料を図書館などのしかるべき場所に移して保存をしたいと考えているものの、一定規模の保存場所を必要とするため、引き受け先は見つからず、今のところ中庭自身が保存していくしかないという(7)。

次に「労働史オーラルヒストリープロジェクト」の場合、公表前のオリジナルの映像データないし音源データや校正原稿は、担当した聞き手が保存している（以下の記述は、梅崎修、谷合佳代子へのメールでのアンケート調査に基づく（二〇一六年五月実施））。インターネットで公表しているものについては、エル・ライブラリーとの間で聞き手に対し著作権に関する許諾書を書いてもらっているが、語り手の語る範囲を狭めないようにする観点から、オリジナルの映像データを公開する予定はなく、その公開ルールに関する許諾はとっていないという。またホームページの運営は、エル・ライブラリーのスタッフが担当している。図書館のスタッフが運営に関与することにより、記録を安定的に公表する体制は担保されているといえよう。しかしながら、エル・ライブラリーとの共同プロジェクト以外でメンバーが蓄積している労働史オーラル・ヒストリーの関係資料は、必ずしもエル・ライブラリーに寄贈されているわけではなく、将来的な受け入れ先を見つける必要があるという。

最後に「日本美術オーラル・ヒストリー・アーカイヴ」の場合、音源データ、映像データ、写真はアーカイヴのメンバーが保管しつつ、最終的には代表である加治屋健司が研究室のＨＤＤで保存する体制になっている（以下の記述は、加治屋健司へのヒアリングに基づく（二〇一六年七月二八日））。一次原稿や質問票などの関係資料は、各オーラル・ヒストリーを担当したアーカイヴのメンバーがそれぞれ保管している。聞き取り調査に関する同意書は、日本と米国ニューヨーク州で弁護士資格を持つ弁護士が作成しており、その同意内容は、聞き取り調査に派生する全ての素材に適用されるように作成されている。したがって、映像や音声を含めた関係資料の公開は予定していないものの、仮に公開することになったとしても同意書の文面から新たな権利処理は必要ないという。関係資料が多く生じることを念頭に置いて権利処理を行っていることがうかがえる。

彼らの現状の課題となっているのは、ＤＶＤやＣＤは傷がつくとすべてのデータが消失してしまう可能性があるため、どのような媒体で長期的に保存することが望ましいのかというものである。この課題に対して彼らは、傷がついた場合にデータの一部消失にとどめることができる磁気テープの方が耐久性に優れていると考え、大容量のＬＴＯテープにデータを順次移行していくことを検討しているという。

以上の三つのプロジェクトに共通するのは、長期的な関係資料の保存場所を確保する難しさである。プロジェクトの代表者がオリジナルの音源や映像のデータを集約して管理していても、分担してオーラル・ヒストリーの聞き取りが行われた場合、校正原稿や質問票などの資料はそれぞれの聞き取りを担当した聞き手が別途所有したままの状態にある場合が多い。資料の散逸を防ぐには、いずれの資料も一つの場所に保存することが理想であろう。だが、これらの資料を一つの場所に集めれば、それだけ広い場所を確保する必要がある。さらに関係資料を図書館や公文書館に受け入れてもらうには、その施設でなければならない、あるいは広い場所を確保してもらうだけの理由づけが必要となる(8)。このような引き受け先の確保をめぐる関係者との調整や交渉があり、並行してオーラル・ヒストリー記録を蓄積する作業があることに鑑みれば、結局のところ長期的な保存が重要であったとしても、当面は現状維持の選択が合理的な判断となりがちなのである。

もう一つの課題は、プロジェクトの継続に関するものである。プロジェクトの継続には人員や研究資金が必要であるが、それらが確保できなければプロジェクトは終了してしまう。たとえば、二〇一六年三月に沖縄関係のオーラル・ヒストリーを行ってきた早稲田大学の琉球・沖縄研究所は、所長の定年に伴う後継不在のため閉所となった。資金も自前で調達しなければならなかったため引き継ぎ方が難しく、この閉所はプロジェクトを組織的に継続していく難しさを示している。プロジェクトを継続させるうえでも様々な新しい試みをするうえでも資金の問題に直面するのであり、プロジェクトの担当者の多くは、長期的に研究資金を確保することに頭を悩ませているのである。

むろん当初の目的が達成されているプロジェクトを無理に継続させる必要はないし、組織が解散しても個人単位でオーラル・ヒストリー記録を蓄積していくことは可能である。だが、より重要となるのは、プロジェクトの終了に伴い組織化されていた集団が解散する場合、保存場所の片づけや移動の問題が生じ、この過程で資料の散逸が生じる可能性が高いことである[9]。加えてそれまで保存を担当してきたスタッフがいなくなれば、安定的な保存体制を運営することはできなくなる。これを防ぐためにも、早い段階から引き受け先を確保しておくことが重要になる。とはいえ前述したコストに鑑みれば、プロジェクトの継続（資金の獲得）を長期化していくことで、当面は現状維持を図ることになろう。

加えて現状維持とならざるを得ないのは、公表した記録以外の関係資料に対する閲覧対応である。特にオリジナルの音源や映像のデータなどを閲覧したい人は今後出て来ると想定されるが、公表した記録が語り手と聞き手の間で承認された資料である以上、多くのプロジェクトがそれ以外のものを非公開としているのは当然の対応である[10]。しかしながら、語りを制約してしまうことへの配慮から、オリジナルの音源や映像のデータに対する公開ルールの許諾までは取っていない場合も多く、とりわけ個人や研究室単位で語り手も聞き手も逝去した後に保存し続けていくとなると、関係資料の公開に関する取り扱いを次世代に継承しておく必要が求められるのである。

ここまで「残し方」をめぐる課題を検討してきたが、オーラル・ヒストリーのプロジェクトにとって資料の保存とプロジェクトの継続性は、容易には解決し難い重要な課題となっていることがわかる。

三　工夫の模索——利便性の向上に向けて

本節は、各プロジェクトが取り組んでいる数々の工夫を検討する。まず多摩ニュータウン学会の「アーカイブプロジェクト」は、単に記録を残すだけではなく、利用してもらうための工夫を考えていたという(中庭光彦へのヒアリングに基づく)。具体的には『オーラル・ヒストリー　多摩ニュータウン』において、証言記録に対する注釈の充実化が行われ、また最初にこれらの記録の解題の役目を果たす論文を複数収録している。この試みは、一般市民(特に多摩ニュータウンとその周辺に住む人々)の理解の手助けになるように配慮されたものであった。市の歴史を知るうえでオーラル・ヒストリーによる記録の蓄積を積極的に活用していくには、『オーラル・ヒストリー　多摩ニュータウン』の試みのように、歴史を知らない一般市民が証言記録を利用しやすい工夫をしていく必要があるだろう。

次いで「労働史オーラルヒストリープロジェクト」の最たる工夫は、日本では難しいとされる映像記録のホームページ上での公開にある。加えてこの公開では語り手の経歴などの情報とともに、トランスクリプションも掲載している。記録の見出しごとに映像とトランスクリプションはリンクしており、閲覧者の利便性が考慮されている(以前には各映像記録に対する関連文献のリンクも存在した)。また記録の長期的な保存の観点から、いくつかの映像記録のトランスクリプションは報告書にもなっている。もっとも映像記録の数はまだ多いとはいえず、映像における編集・保存・利用などに多くの費用がかかることに鑑みれば、こうした試みは実験段階に近いといえる。今後のプロジェクトの展開として、オーラル・ヒストリーを用いた歴史展示の可能性も検討しており、実験的な試みに積極的であることがうかがえる（梅崎修、谷合佳代子へのメールでのアンケート調査に基づく）。

最後に「日本美術オーラル・ヒストリー・アーカイヴ」は、トランスクリプションをホームページで公開している。前述したようにトランスクリプションは順次冊子化され、それらは美術史に関心がある人々が利用する図書館に寄贈されている。とはいえ、ホームページでの公開が基本方針となっている。今後は、冊子版との形式を合わせるためにホームページのトランスクリプションをＰＤＦ化していく予定だという。

ホームページでの公開は利用者の利便性を高めるために役立つが、他方で不特定多数の人々が閲覧できる結果として、内容に関する意見や抗議を受けることも多くなる。「日本美術オーラル・ヒストリー・アーカイヴ」の場合は、抗議への対応からホームページ上に「このサイトで公開されているオーラル・ヒストリーは、あくまでも語り手が個々の記憶に基づいて口述した歴史です。掲載にあたっては、注を入れるなど細心の注意を払っていますが、時として、客観的な事実に反する記述や、立場や価値観などの違いによって意見が分かれる事柄についての発言が含まれることがあります。このようなオーラル・ヒストリーの特徴をご理解いただいた上でご利用下さい」と、利用上の注意を掲載するようにしている（前述の「日本美術オーラル・ヒストリー・アーカイヴ」のホームページを参照）。

また一部のトランスクリプションは英訳されている。英訳の公表がこのプロジェクトの独自性を高めているといえよう。もっとも資金提供を含めた依頼に応じて対応している状況であり、英訳作業にかかるコストも含めて、英訳の公表はまだ実験的な側面が強いと考えられる。

以上のように「残し方」の工夫という観点からみると、三つのプロジェクトは記録を残すことにとどまらず、実に様々な工夫を模索していることがわかる。これらの工夫の多くは、プロジェクトを発足させた理由とも関係している。多摩ニュータウン学会の「アーカイブプロジェクト」の場合は、新たに多摩ニュータウンに引っ越してきた住民や若い世代に街の歴史を知ってもらいたいという願いがあり、「日本美術オーラル・ヒストリー・アーカイヴ」の場合は、現代美術の価値の向上を図りたいという意図があった。後者の場合、美術品の価値と結びつくために注意が必要ではあるが、記録を読んでもらうことへの関心が高いことがうかがえる。
また映像記録や英訳といった、日本におけるオーラル・ヒストリーでは実現が難しいとされてきた試みに挑戦していることも特徴的である。これらの工夫の実現可能性は専門分野固有の制約とも関係してくるため、他の専門分野でそのまま実現可能になるわけではないが、映像記録を保存・公開するうえで苦労した点や英訳作業を促進するための方法などのノウハウは貴重な知見である。特に日本におけるオーラル・ヒストリーの価値を今後より向上させていく観点からすれば、少しずつでもこれまでの記録を英訳で公表することは世界に向けた発信として重要な試みとなるだろう(11)。

様々な工夫を行えばそれだけ一つの記録の公表に関する資金や人員といったコストは増大するのであり、大規模に展開することは難しい。もとより証言記録を残す重要性に比べれば、そうした工夫の重要度は必ずしも高くなく、限られた各種の資源を証言記録の蓄積に配分した方が効率的なのかもしれない。だが、成熟期にあるオーラル・ヒストリーの在り方を考えるにあたって、証言記録を残すことを強調するだけではいささか消極的であろう。たとえば、解題や注釈の充実化は、興味がある人が読むのだから最低限でよい、あるいはそもそも必要ないという考え方もできる。とはいえ、古典のテクストにおける充実した注釈への需要があるなかで、オーラル・ヒストリーのみを例外とすることはできないのではないか。オーラル・ヒストリーの出発点が記録を残すことであったとはいえ、四半世紀も経つと読み手側がその時代の「暗黙知」を把握することは難しくなる。それゆえ、「オーラル・ヒストリー・クラシックス」と称される古典的作品が出始めている現在、解題や注釈の充実化は今後ますます求められていくのではなかろうか。

また本節で検討したオーラル・ヒストリーの利便性向上に向けた工夫以外にも、まちづくりや学校教育への教材活用など様々な工夫が考えられよう。こうした工夫への模索は、利用しやすいようにどのように残していくのかという「残し方」をめぐる試みに他ならない。ところがその共通性にもかかわらず、実験的な知見はプロジェクト周辺の関係者にとどまり、あるいはホームページや論文などを通じて外部に公表されていたとしても、専門分野を越えて活発な交流がされているようにはみえない。様々な専門分野で工夫が行われ、成功した点、失敗した点が蓄積されつつある状況に鑑みれば、実験的な知見の「共有」は資源活用の効率化に資するのであり、「残し方」をめぐって分野横断的な交流を深める機会は今日の重要な課題なのである。

おわりに

ここまで三つのプロジェクトを中心にオーラル・ヒストリーにおける課題や工夫を検討してきたが、それぞれの対象とする専門分野が異なるにもかかわらず、課題や工夫に関して共通する部分は多いことがわかる。換言すれば、各プロジェクトの「残し方」に対する取り組みは、すべてのオーラル・ヒストリーのプロジェクトにとって共通するものがありながら、関係者内部やその周辺にとどまり、数々の豊かな知見が広く担い手の間で十分に共有化されていないのである。

確かに専門分野を横断してそれぞれのオーラル・ヒストリーの特徴や整理状況をまとめる試みは存在する[12]。しかしながら、それらは、各々の専門分野でのオーラル・ヒストリーの「作り方」や「使い方」の紹介あるいはノウハウにとどまり、分野を横断した「作り方」や「使い方」へと統合するには十分に至っていない。このことは、オーラル・ヒストリーの業績や効用を強調し、とにかく記録を蓄積することに主たる関心が向けられてきた結果でもある。

とはいえ、様々な専門分野でオーラル・ヒストリー記録の蓄積が日々進んでいることに鑑みれば、積み上がっていく関係資料に対する保存の課題をこのまま後回しにすることはできないであろう。保存に関する「残し方」のノウハウは、政治家から一般市民まで対象者の性質に応じた配慮が求められる「作り方」や「使い方」に関する専門分野固有のノウハウに比べれば、分野横断的に共有できるものが多い。そうであれば、プロジェクトの関係者たちは「残し方」の「共有」に向けて対話をもっと促進すべきであり、そうした交流の場を積極的に創り出すことをしていくべきである。(13)また個人単位でオーラル・ヒストリーを行っている研究者や一般市民とも、長期的な関係資料の保存の重要性を「共有」するべきである。

本章の「残し方」への着目は、筆者がオーラル・ヒストリーにおける関係資料の保存作業に携わるなかで生じた関心を出発点としている。またプロジェクト関係者に対するヒアリングやアンケート調査の実施は、実態を知るだけではなく、調査を通じて「残し方」をめぐる対話の機会を創り出したいという意図もあった。もとよりすべての関係者に調査したわけではないし、することもおよそ不可能である。それでも調査に応じていただいた関係者の多くは長期的な保存に関する課題については憂慮していたのであり、「残し方」に関心を持つ関係者の交流がさらに深まれば、知見を共有し分野横断的なノウハウを構築することも将来的には不可能ではない。ここまで論じてきた「残し方」をめぐる考察が、今後その動きを活性化することに少しでも寄与するならば、その時に本章の意図は達成されることになろう。

(1) 一例として、ポール・トンプソン『記憶から歴史へ――オーラル・ヒストリーの世界』(酒井順子訳、青木書店、二〇〇二年)や御厨貴『オーラル・ヒストリー――現代史のための口述記録』(中央公論新社、二〇〇二年)、御厨貴編『オーラル・ヒストリー入門』(岩波書店、二〇〇七年)が挙げられる。

(2) たとえば、個人単位の保管方法については、トンプソンの『記憶から歴史へ』の第八章が、カセットテープの時代であり古いものの、体系的に検討していて有益である。また公文書館での保存については、中島康比古「オーラル・ヒストリー・アーカイブ」御厨貴編『オーラル・ヒストリー入門』(岩波書店、二〇〇七年)が参考となる。

(3) 前掲、御厨『オーラル・ヒストリー』五頁。

(4) 本章の執筆にあたり筆者は、下記の方々にヒアリングないしアンケート調査を行った(敬称は引用箇所も含めすべて省略、所属は調査当時)。梅崎修(法政大学)、江上能義(早稲田大学)、加治屋健司(東京大学)、谷里佐(岐阜女子大学)、谷合佳代子(エル・ライブラリー)、中庭光彦(多摩大学)、西浦定継(明星大学)、前野千恵子(加賀市立図書館)。調査にご協力いただいた皆様に厚く御礼申し上げます。なお、本章の調査に基づく内容の誤りはすべて筆者の責任である。

（5）　この他に組織的に体系化されたオーラル・ヒストリーの特徴と課題については、安倍尚紀・加藤直子「組織的に体系化されたオーラルヒストリー――研究機関に基盤を置き、組織的な研究方法を用いるオーラルヒストリーの可能性」『日本オーラル・ヒストリー研究』（第四号、二〇〇八年）が参考になる。また、遠藤満子「核融合アーカイブ室におけるオーラルヒストリーの収集手法」『国文学研究資料館紀要　アーカイブズ研究篇』（第一三号、二〇一七年）や新沼久美「大学アーカイブズにおけるオーラルヒストリー収集手法――聖路加看護大学の事例からの考察」『国文学研究資料館紀要　アーカイブズ研究篇』（第一〇号、二〇一四年）は、対象としたプロジェクトに関して実施目的から記録の作成と保存に至るプロセスまで詳細に整理しており、特に「残し方」に対する課題認識や関心は本章と共通するところが多い。

（6）　なお開発に深く関与したキーパーソンたちの証言記録は、多摩ニュータウン学会アーカイブ研究部会編『多摩ニュータウンアーカイブプロジェクト第一編　草創期～中興期の夢と苦悩を知る』（多摩ニュータウン学会、二〇一〇年）、多摩ニュータウン学会アーカイブ研究部会編『多摩ニュータウンアーカイブプロジェクト第二編　緑&住環境資産の成り立ちを紐解く』（多摩ニュータウン学会、二〇一一年）として別途まとめられた。

（7）　前述した開発に深く関与したキーパーソンたちへの聞き取りの過程で収集した関係資料は、多摩市立図書館に寄贈されている。西浦定継へのヒアリングに基づく（二〇一六年五月二六日）。

（8）　たとえば、江上能義らが行っていた「沖縄開発庁および沖縄振興開発政策に関するオーラル・ヒストリー」は、記録を報告書にした後に、その報告書を含めた関係資料を沖縄県公文書館に寄贈することにしたという。沖縄県公文書館は下河辺淳の沖縄問題に関する同時進行オーラル・ヒストリーも過去に受け入れており、「沖縄」をめぐるオーラル・ヒストリーであれば、公文書館側も受け入れやすいと考えられる。江上能義へのヒアリングに基づく（二〇一六年五月二八日）。

（9）　こうしたリスクがある以上、最初から公表した記録のみを保存すると割り切ることも一つの選択肢ではある。たとえば、二〇〇八年に立ち上げられた加賀市オーラル・ヒストリー勉強会は、プロジェクト終了後、加賀市立図書館のホームページ上でのオーラル・ヒストリー記録の公開とその冊子化したもの以外に関係資料などは図書館で保存していないという。前野千恵子へのメールでのアンケート調査に基づく（二〇一六年五月実施）。

（10）　岐阜女子大学のデジタルミュージアムでは、もし公開しているオーラル・ヒストリーに関する音源データや校正原稿の閲覧希望があった場合、「それぞれのデジタルアーカイブの担当者、文化情報研究センター・デジタルアーカイブ研究所長に照会し、最終的には学長の判断を仰ぎ、対応する」ことが方針として想定されている。このように所蔵の最終的な責任者を大学にすることは、保存の継続性の観点からも重要である。谷里佐へのメールでのアンケート調査に基づく（二〇一七年九月実施）。

（11）　政治史のオーラル・ヒストリーにおける英訳の貴重な例として、宮澤喜一へのオーラル・ヒストリー（御厨貴・中村隆英編『聞き

書　宮澤喜一回顧録』岩波書店、二〇〇五年）の英訳書がある。Mikuriya Takashi and Nakamura Takafusa, *Politics and Power in 20th-century Japan: The Reminiscences of Miyazawa Kiichi*, translated by Timothy S. George, Bloomsbury Academic, 2015.

（12）　たとえば、様々な専門分野のオーラル・ヒストリーの動向を紹介したものとして、蘭信三「オーラルヒストリーの展開と課題——歴史学と社会学の狭間から」『岩波講座　日本歴史』（第二一巻、岩波書店、二〇一五年）や朴沙羅「オーラルヒストリー研究の歩みと現在」『京都社会学年報』（第二二号、二〇一四年）、法政大学大原社会問題研究所編『人文・社会科学研究とオーラル・ヒストリー』（御茶の水書房、二〇〇九年）が挙げられる。

（13）　オーラル・ヒストリー関係者の間での連携の重要性を説く主張は、梅崎修「英米のオーラルヒストリー・アーカイブから何を学ぶか」『カレントアウェアネス』（第三三〇号、二〇一六年）にもみられる。

III

事例的考察

民主党「保守派」の形成——『民主党を見つめ直す 元官房長官・藤村修回想録』から見えて来るもの

竹中治堅

はじめに——オーラル・ヒストリーの意義

日本政治の研究におけるオーラル・ヒストリーは一九九〇年代に本格的に始まった。当初、政治家など政治過程に関与した人々は自らの経験を語ることについて消極的だったそうである。(1) しかしながら、今日、オーラル・ヒストリーは研究手法として広く認知されるようになっている。

この背景には大きく言って二つの要因があるだろう。一つは、初期のオーラル・ヒストリーの成果が注目を集め、研究手法として認知されたこと。二つは、自民党の長期政権が崩れ、一九九三年の細川護煕内閣の誕生、二〇〇九年の鳩山由紀夫内閣の成立、さらにその後の自民党の政権奪回により、政策の断続が生まれたために過去の政策について当事者が語ることへの抵抗が減ったこと。

このように広く行われるようになったオーラル・ヒストリーからは、相互に重なる部分もあるものの、主に次の五つについて知見が得られるとまとめることができる。

一つは、政治過程、政策決定過程の中の事実関係。(2) 二つは、政策形成の様相。(3) 三つは、組織のあり方。(4) 四つは、政治過程の中の人間関係。(5) 最後は、政治が展開する構造や歴史的文脈。(6)

筆者は二〇一一年九月に成立した野田佳彦内閣で官房長官を務めた藤村修氏に対して延べ一二回にわたるインタビューを行った。藤村氏のオーラル・ヒストリーは氏の生い立ちから官房長官退任までの歩みを聞き取る形で行った。

藤村氏は九三年六月の総選挙で日本新党から出馬、初当選し、以後、新進党、国民の声、民政党、民主党と所属する政党が変わった。一一年九月に野田政権が誕生すると官房長官に就任する。

氏のオーラル・ヒストリーには、その全てが新規のものというわけではないものの、既述の五つの種類の知見が含まれる。一つ目の具体例を紹介すると、氏のオーラル・ヒストリーは一二年一一月に野田首相が衆議院を解散する経緯など民主党政権のもとでの政治過程についての有益な情報をもたらしている。二つ目としては、法案審議過程における内閣官房と国会の関係、さらに、民主党政権、特に野田内閣の意思決定のあり方などについての知見が得られる。五つ目については、国会の「ねじれ」が特に菅直人内閣の大きな制約となっていたことについての心証を深めることができる。また、自民党との違いへのこだわりが、民主党に一定の政治手法を採ることを躊躇させた背景にあることも明らかとなる。

本章では紙幅の制約も踏まえ、主に三つ目と四つ目の知見に焦点をしぼって、藤村氏のオーラル・ヒストリーの意義について議論する。

先述のとおり、藤村氏は一九九三年の総選挙で日本新党から出馬し、以後、非自民系の政党が離合集散を繰り返す中で政治家としてのキャリアを積み重ねてきた。離合集散とは、九二年の日本新党の発足以来、九四年の新進党結党、九七年の解党、九八年のいわゆる新・民主党結党、二〇〇三年の民主党への自由党の合流など、非自民系の多くの政党が結党、合流、分裂を繰り返したということである。

藤村氏のオーラル・ヒストリーは、以下の二つのことに対する理解を深めてくれる。第一は、この合従連衡が民主党のあり方や民主党内の人間関係に及ぼした影響。第二は、野田内閣の性格や政策決定過程である。

先に簡単に結論を述べておきたい。九七年一二月に新進党が解党し、九八年四月に新・民主党が発足する。新進党から民主党に合流した議員は小沢一郎氏と袂《たもと》を分かった保守政治家が多かった。彼らは相互に関係が深く、民主党「保守派」と捉えることができる。以降、大きく言って民主党の中には、九六年九月に民主党が発足した時からの

「旧民主党派」の政治家と「保守派」の政治家の二つの人脈ができる。「旧民主党派」が作ったのが鳩山、菅両内閣であり、「保守派」が作ったのが野田内閣である。民主党内の人間関係をこのように捉えると野田内閣の下で展開する政治過程に対する理解を深めることができる。

これまで本章の目的について述べてきた。以下、次の順序で議論を進めていきたい。すでに民主党政権については数多くのインタビュー記録が発表されている。そこで第一節では藤村氏のオーラル・ヒストリーの概要を紹介した上で一連のインタビュー記録との違いについて確認する。

第二節では日本新党結党以降の、共産党を除く非自民党系の野党の合従連衡の動きを概観する。その上で、第三節で藤村氏のオーラル・ヒストリーのもたらす知見について議論する。

最後の節ではそれまでの議論をまとめ、オーラル・ヒストリーの意義について改めて確認する。

一　民主党政権についての記録

藤村修氏は一九四九年一一月三日に大阪府大阪市に生まれた。父親はアルミ加工の工場を経営していた。六九年に広島大学工学部に入学、入学後は体育会自動車部での活動に励む。藤村氏は自動車部で活動していたことがきっかけとなり、財団法人「交通遺児育英会」の活動に携わるようになる。七三年に育英会に就職する。その後、日本ブラジル青少年交流協会を立ち上げる。

九三年六月の総選挙に、細川護熙日本新党代表の求めに応じて日本新党の候補者として大阪三区から出馬する。その後、日本新党は新進党に合流することを決定したため、藤村氏は九四年一二月に新進党結党に参画する。新進党は短命に終わり、九七年一二月に解党し、六つの政党に分裂する。藤村氏は、九八年一月にその中の一つの国民の声に参加する。その後、国民の声は太陽党、フロムファイブと合同し、民政党が結成される。この民政党は四月には新党友愛、民友連とともに民主党に合流、新・民主党が発足する。こうして藤村氏も民主党の国会議員となる。

民主党に移ってから藤村氏は議院運営委員会の野党筆頭理事や民主党の国会対策委員長代理を務める。二〇〇九年九月に鳩山内閣が発足すると藤村氏は厚生労働委員長に就任する。一〇年六月に成立した菅内閣の下では、外務副大臣や厚生労働副大臣を務めたのち、一一年一月に幹事長代理に転じる。

二〇一一年九月二日に野田内閣が発足すると藤村氏は官房長官に起用される。内閣の全期間を通じて官房長官を務め、一二年一二月に退任する。また同一二月の総選挙では落選し、一三年一〇月に政界からの引退を表明している。

民主党政権については首相経験者を含め政権に携わった人のインタビュー記録は、民主党が政権を維持していたころから次々と発表されてきた(7)。また、インタビューではなく自ら筆をとった回想録、手記も数多く出版されている(8)。

一連のインタビューや記録に対し、藤村氏の回想録の特徴は、一人の民主党政治家のキャリア全般を通じたオーラル・ヒストリーとなっていることである。この結果、これらのインタビューや記録に比べて、藤村氏のオーラル・ヒストリーは新進党や民主党という組織のあり方や人間関係に対する理解を深めてくれる。特に藤村氏は日本新党、新進党などを経て九八年から民主党に所属したために、その回想は民主党の中の人間関係の一面を解き明かす。この結果、氏のオーラル・ヒストリーは、すでに述べたような形で民主党という政党の特徴の一つを明らかにすると同時に、野田内閣の性格を照らし出すことになる。

さて、このことを理解する前提として、自民党と共産党以外の政党がどのように合従連衡を繰り返したかについて概観しておきたい。

二　合従連衡から民主党への結集へ

自民党に対抗する政党勢力の合従連衡の経緯は複雑である。そこで、本節では簡単に各政党の姿が変わっていく事実関係を時系列的に追うことにとどめる。まず、一九九二年五月の日本新党の結成から話を始めたい。自民党にかわって政権を取る政党勢力の結集は、日本新党の結党が端緒となっているからである。

九二年五月に細川護煕前熊本県知事は新党を立ち上げること、参議院議員選挙に候補者を擁立することを発表する。その後、新党を「日本新党」と命名した。参議院議員選挙には代表に就任した細川氏も出馬、日本新党は四人の当選者を出す。細川代表は、一〇月に日本新党が次の衆議院議員選挙にも候補者を立てる考えを明らかにする。

九三年六月一八日、広く知られるように政治改革をめぐる自民党の内紛が原因となって、羽田派を中心に一部の自民党議員が宮澤内閣に対する不信任決議案に賛成したために同案が可決される。武村正義議員や鳩山由紀夫議員は衆議院が解散された二一日に自民党を離党し、新党さきがけを結成する。一方、羽田孜前蔵相や小沢一郎元幹事長らは二五日に自民党を離党、新生党を立ち上げる。七月一八日に行われた総選挙では日本新党、新党さきがけ、新生党はそれぞれ、三五、一三、五五議席を獲得する。

三党は社会党、公明党、民社党、社民連などとともに日本新党の細川護煕代表を首相として擁立し、八月に細川内閣を樹立する。細川内閣は政治改革関連法案を成立させるが、細川首相が東京佐川急便から献金を受けていたのではないかという疑惑が引き金となって、九四年四月に退陣する。

同年六月に自民党と社会党と新党さきがけが手を結び、村山富市内閣が発足する。これに対抗する形で一二月には細川内閣と羽田内閣の与党だった新生党、日本新党、民社党、公明党の一部などが中心となって新進党を結成、初代党首には海部俊樹元首相が就任、幹事長には小沢一郎元自民党幹事長が就く。翌年一二月の党首選では小沢幹事長が羽田孜元首相や米沢隆元民社党委員長に対して勝利を収め、党首に就任する。新進党は、発足当初は自民党に対抗しうる保守政党として期待を集めたが、党勢は伸びず、九六年一〇月の総選挙では議席数を一六〇から一五六に減らす。総選挙後に新進党から離党する政治家が相次ぎ、一二月には羽田元首相らが離党し太陽党を結成する。さらに、九七年六月には細川元首相も離党する。

一九九七年一二月に二回目の党首選が行われ、小沢一郎党首が鹿野道彦元総務庁長官に対し勝利する。しかし、その後、小沢党首は解党を決断、一二月二七日に新進党は解党を決定する。こうして新進党は自由党、新党平和、黎明クラブ、国民の声、改革クラブ、新党友愛に六分裂する。

新進党は自民党にかわって政権を担当することはなく、発足後わずか三年で崩壊してしまう。以後、民主党が自民党に対抗する政党として成長していく。民主党は、新党さきがけの鳩山由紀夫元官房副長官が主導する形で九六年九月に発足した政党であった。鳩山氏は九月に新党さきがけの菅直人厚生相、新進党の鳩山邦夫元労相、社民党の岡崎トミ子議員と共に民主党設立委員会の呼びかけ人となって、新党の理念と基本政策を発表する。九月二八日に新党さきがけの大半の議員や社民党右派の議員が中心となって、民主党が発足した。

民主党は、新進党が解党したために野党第一党となる。そして、この民主党に多くの新進党議員が合流することになる。その経緯は複雑である。まず、九八年一月下旬には鹿野元総務庁長官が立ち上げた国民の声、太陽党、細川元首相が前年一二月に作っていたフロム・ファイブが合流、党首を羽田元首相とする民政党を結党する。九八年四月にこの民政党と、旧民社党系新進党議員が作った新党友愛、さらに民主改革連合が民主党に合流し、民主党は新・民主党として結党大会を開く。この時、民主党には衆議院議員九三人、参議院議員三八人が所属した。二〇〇〇年六月の総選挙では民主党は一二七議席を獲得する。

二〇〇三年九月に民主党は自由党と合併、野党第一党としての立場をさらに強いものにする。一一月に総選挙が行われ、民主党は選挙前の一三七議席から一七七議席に伸ばす。翌年七月の参議院議員選挙でも勝利し、自民党の獲得議席を上回る五〇議席を獲得する。もっとも、二〇〇五年九月の総選挙では、民主党は小泉純一郎首相が作り出した郵政民営化賛成派対反対派の戦いの構図に埋没、一一三議席しか獲得できず惨敗してしまう。

だが、民主党は〇七年七月の参議院議員選挙では六〇議席を獲得、参議院で第一党に躍り出る。そして、〇九年八月の総選挙では三〇八議席を獲得、政権を自民党から奪う。こうして鳩山由紀夫内閣が成立した。

三　藤村修氏のオーラル・ヒストリーが明らかにしてくれること

(1) 新・民主党結党の意義――民主党「保守派」の形成

前節で紹介した自民党に対抗しようとする政党が分裂、合流を繰り返す経緯を理解することはなかなか難しい。短期間しか存在しなかった少数政党も数多くある。

本節ではまず、藤村氏のオーラル・ヒストリーが新進党解党後の少数政党の動き、そして、新・民主党の成立の意義を明らかにしてくれることを説明したい。

藤村氏は新進党解党後、国民の声に所属した。藤村氏が国民の声に所属したのは、その代表に就いた鹿野道彦氏と近い関係にあったためであった。九七年一二月の新進党の党首選の時に、藤村氏は鹿野氏の「選対事務局長」のようなことをしていたという[9]。

国民の声は一カ月も存続しなかった政党である。この政党には一五人の衆議院議員と三人の参議院議員が所属した。そのほとんどが自民党あるいは日本新党出身の保守議員であった。この中にはのちに民主党の代表に就く、岡田克也氏もいた。国民の声は落選中の議員にも声をかけ、野田佳彦氏も会合にはやってきたそうである[10]。

そして国民の声は太陽党ならびにフロム・ファイブと合流し、九八年一月末に民政党が成立する。太陽党は党首の羽田元首相以下、ほとんどの議員が自民党出身であった。フロム・ファイブも所属議員六人中五人が自民党または日本新党出身の新進党離党者であった。合流の背景には「新進党の小沢さんグループ以外が寄り合うのは自然だと皆考えて」いたという事情があった[11]。

つまり、民政党は新進党の小沢党首支持のグループ以外の保守系議員が結集して作った政党だった。

そして、この民政党は四月に民主党に合流する。自身が一つのグループ、あるいは派閥として意識していたかどうかは不明である。しかし、民政党経由で民主党に加わった政治家はその後、民主党の中で一つの人脈、すなわち「保守派」の人脈を形成する。藤村氏自身はこの人脈の中でキャリアを積んでいく。この人脈に注目すると民主党政権の下での出来事を理解することが容易になる。

藤村氏は民主党に加わった後に国会対策委員会や議院運営委員会関係の仕事に携わることが多かった。二〇〇一年九月には国会対策副委員長に就いている。その時の委員長は熊谷弘元官房長官であり、委員長代理は佐藤敬夫議員であった。熊谷氏は自民党、新生党、新進党、太陽党、民政党を経て民主党に加わっている。佐藤氏は自民党、新党みらい、新進党、国民の声、民政党と所属政党を変えたのち、民主党に参加した。

藤村氏は〇五年九月に国会対策委員長代理に就任する。この時の国会対策委員長は日本新党のころから共に歩んできた野田佳彦氏であった。

民主党政権では岡田克也氏の下で仕事を任されることが多かった。民主党に加わるまで、新進党以降の岡田氏の所属政党は藤村氏と同じである。一〇年六月には岡田外務大臣の下、外務副大臣に就く。さらに一一年一月には、菅政権の下で幹事長の任にあった岡田氏の要請で、幹事長代理に就任している。この月、小沢一郎元代表が陸山会事件で強制起訴されており、藤村氏は党としての対応をとりまとめる。民主党は二月に常任幹事会で小沢氏の党員資格停止処分を決める。さらに東日本大震災が発生すると、岡田幹事長の要請で五月に東日本大震災復興特別委員会の筆頭理事を兼務する。

(2) 野田内閣の成立と性格

この「保守派」の人間関係に注目すると、野田内閣成立の経緯も深く理解できる。

藤村氏と野田首相の関係は日本新党の時代にまで遡る。藤村氏は、日本新党で野田氏と出会った頃から「この人は将来総理大臣になっていい人だと直感した」と振り返っている[12]。日本新党で野田氏が組織委員長に就いていた時に、藤村氏は副委員長を務めたそうである。藤村氏は、二〇〇二年九月の民主党代表選に野田氏が出馬した際に、野田氏を支持する政治家が集まるグループに加わった。このグループが二〇〇六年に花斉会と名乗る時に、野田氏の依頼で藤村氏は会長に就任する。

野田氏は鳩山内閣で財務副大臣、菅内閣では財務大臣を経験する。そして、菅直人首相の退陣が決まった直後の二〇一一年八月二九日に行われた代表選に出馬する。

この代表選には野田財務相の他に、海江田万里経産相、前原誠司前外相、鹿野道彦農水相、馬淵澄夫前国交相が出馬する。第一回投票では小沢グループの支援を受けた海江田氏が一位につけ、野田氏は二位であった。しかしながら、決選投票で野田氏が海江田氏を破り、代表の座を獲得する。

選挙の勝利で鍵となった人物が二人いる。一人は岡田克也氏、もう一人は鹿野氏である。岡田氏は野田陣営の顧問として野田氏を支援、その当選に貢献した。藤村氏は岡田氏のことを「たいした力をお持ちです」「岡田さんから電話がかかってくるのは効き目があった」と評価する。(13)

鹿野氏は第一回投票で四位につけ、決選投票で野田氏支持にまわる。決選投票に際し、鹿野氏が、予め自分の支持者に対し、背広を脱いでワイシャツ姿になれば二位候補に投票するというサインとし、実際にワイシャツ姿になったことが注目を集めた。(14)

岡田氏と鹿野氏の新進党以来の歩み方を見ると、両氏の野田氏支持は自然であった。岡田氏と鹿野氏は共に新進党解党後、国民の声と民政党を経て、民主党に加わった。

野田氏は新進党にかつて所属しており、新進党解党時は落選中だったとはいえ、国民の声のメンバーだったそうである。(15) 藤村氏は九七年の新進党代表選では鹿野陣営に属し、すでに紹介したように選対事務局長も同然の仕事をしていた。そして、解党後は国民の声で鹿野氏の「下働きをずっとして」いた。(16)

こうした「保守派」人脈は野田政権の性格も明らかにする。野田内閣には内閣発足時に、首相を含め国民の声ある

表1　鳩山由紀夫内閣発足時の閣僚と所属政党

鳩山由紀夫内閣総理大臣	自民→新党さきがけ→旧民主
菅直人副総理兼内閣府特命担当大臣兼国家戦略担当	社民連→新党さきがけ→旧民主
原口一博総務大臣兼内閣府特命担当大臣	自民→新進→国民の声→民政→新民主
千葉景子法務大臣	社民→旧民主
岡田克也外務大臣	自民→新進→国民の声→民政→新民主
藤井裕久財務大臣	自民→新進→自由→新民主
川端達夫文部科学大臣	民社→新進→友愛→新民主
長妻昭厚生労働大臣兼年金改革担当	新党さきがけ→旧民主
赤松広隆農林水産大臣	社民→旧民主
直嶋正行経済産業大臣	民社→新進→友愛→新民主
前原誠司国土交通大臣兼内閣府特命担当大臣	日本新党→新党さきがけ→旧民主
小沢鋭仁環境大臣	日本新党→新党さきがけ→旧民主
北澤俊美防衛大臣	自民→新進→太陽→民政→新民主
平野博文官房長官	無所属→新民主
中井洽国家公安委員長兼内閣府特命担当大臣兼拉致問題担当	民社→新進→自由→民主(2003)
亀井静香内閣府特命担当大臣兼郵政改革担当	国民新
福島みずほ内閣府特命担当大臣	社民
仙谷由人公務員制度改革担当兼内閣府特命担当大臣	社会→旧民主

いは太陽党、民政党を経て九八年に民主党に加わった閣僚が五名いた（**表3**）。そして、発足後間もなく岡田氏が副総理として入閣することによって六名に増える。

これに対し鳩山内閣では旧民主党出身者が八名もおり、国民の声あるいは太陽党、民政党を経て民主党に加わった政治家は二名しかいない（**表1**）。菅内閣発足時にこの数字はそれぞれ七名と四名となる（**表2**）。

簡単に言えば、鳩山内閣と菅内閣は九六年九月に民主党を作った政治家たちが核となって作った内閣であった。この一方で野田内閣は新進党の非小沢系保守政治家が作り上げた内閣であった。人的つながりから見ると鳩山・菅両内閣は「旧民主党派」内閣であったのに対し、野田内閣は「保守派」内閣であったということである。その後、野田首相は鳩山由紀夫元首相から「自民党野田派」と揶揄された[17]。実は、鳩山元首相の評価は野田内閣の性質をかなり正確に捉えたものだったのである。

(3) 野田内閣の政策過程

野田内閣の性格を踏まえると、その政策の特徴もさらにはっきりと見えてくる。内政面では、広く知られるように野田

表 2　菅直人内閣発足時の閣僚と所属政党

菅直人内閣総理大臣	社民連→新党さきがけ→旧民主
原口一博総務大臣兼内閣府特命担当大臣	自民→新進→国民の声→民政→新民主
千葉景子法務大臣	社民→旧民主
岡田克也外務大臣	自民→新進→国民の声→民政→新民主
野田佳彦財務大臣	自民→新進→国民の声→民政→新民主
川端達夫文部科学大臣兼内閣府特命担当大臣	民社→新進→友愛→新民主
長妻昭厚生労働大臣兼年金改革担当	新党さきがけ→旧民主
山田正彦農林水産大臣	新生→新進→自由→民主(2003)
直嶋正行経済産業大臣	民社→新進→友愛→新民主
前原誠司国土交通大臣	日本新→新党さきがけ→旧民主
小沢鋭仁環境大臣	日本新→新党さきがけ→旧民主
北澤俊美防衛大臣	自民→新進→太陽→民政→新民主
仙谷由人内閣官房長官	社会→旧民主
中井洽国家公安委員会委員長兼内閣府特命担当大臣兼拉致問題担当	民社→新進→自由→民主(2003)
自見庄三郎郵政改革担当兼内閣府特命担当大臣	国民新党
荒井聰国家戦略担当兼内閣府特命担当大臣	日本新党→新党さきがけ→旧民主
玄葉光一郎公務員制度改革担当兼内閣府特命担当大臣	新党さきがけ→旧民主
蓮舫内閣府特命担当大臣	民主(2004 初当選)

表 3　野田佳彦内閣発足時の閣僚と所属政党

野田佳彦内閣総理大臣	日本新→新進→(国民の声)→新民主
川端達夫総務大臣兼内閣府特命担当大臣兼地域活性化担当	民社→新進→友愛→新民主
平岡秀夫法務大臣	民主(2000 初当選)
玄葉光一郎外務大臣	新党さきがけ→旧民主
安住淳財務大臣	社民→旧民主
中川正春文部科学大臣	日本新→新進→国民の声→民政→新民主
小宮山洋子厚生労働大臣	民主(1998 初当選)
鹿野道彦農林水産大臣	自民→新党みらい→新進→国民の声→民政→新民主
鉢呂吉雄経済産業大臣兼原子力経済被害担当	社民→旧民主
前田武志国土交通大臣兼海洋政策担当	自民→新進→太陽→民政→新民主
細野豪志環境大臣	民主(2000 初当選)
一川保夫防衛大臣	自民→新進→自由→民主(2003)
藤村修官房長官	日本新→新進→国民の声→民政→新民主
山岡賢次国家公安委員会委員長兼内閣府特命担当大臣兼拉致担当	自民→新進→自由→民主(2003)
自見庄三郎郵政改革担当兼内閣府特命担当大臣	国民新
古川元久国家戦略担当兼内閣府特命担当大臣兼社会保障・税一体改革担当兼宇宙開発担当	旧民主
蓮舫内閣府特命担当大臣兼公務員制度改革担当	民主(2004 初当選)
平野達男東日本大震災復興対策担当兼内閣府特命担当大臣	自由→民主(2003)

内閣は消費増税を柱とする社会保障と税の一体改革を遮二無二推進し、関連法案を成立させ、一四年四月と一六年一〇月に消費税の税率をそれぞれ八％と一〇％にすることを決める。また野田内閣は一一年一一月にＴＰＰ交渉参加に向けて関係国と協議に入ることを発表する。

安全保障政策の面では、野田内閣は一一年一二月に普天間飛行場の辺野古移設を推進するため、沖縄県に環境影響評価書を提出する。また、同じ月に、武器輸出三原則を見直し、アメリカや友好国との武器の共同開発を可能にした。

こうした政策は自民党と親和性が高かった。もっとも、野田内閣の政策のほとんどは菅内閣のそれを踏襲するものであった。したがって、菅内閣と野田内閣の構成メンバーの違いはそれほど政策には現れてはいないと見ることもできる。

ただ、こうした政権の性格が野田内閣の最重要政策であった一体改革関連法案の成立に貢献したことは確かであろう。例えば、自民党の額賀福志郎元財務相は「与野党の人脈をフル活用して、環境づくりに汗をかいたのです。民主党代表が鳩山由紀夫さんや菅直人さんだったら、できていなかったかもしれません」と回想している[18]。藤村氏によれば、麻生太郎元首相も「その前の二人よりは野田総理をかなり評価して」いたそうである[19]。

当時、与党の民主党と国民新党の参議院における議席は過半数に達しておらず、法案を成立させるためには野党の協力が必要であった。このため野田内閣は自民党や公明党に協力を求めたのであった。麻生太郎首相は〇九年の総選挙に際し、消費税引き上げを含む税制改革を行うことを約束していた。また、自民党は一〇年の参議院議員選挙において消費税を一〇％に引き上げることを公約として掲げていた。したがって、もともと民主党が自民党と折り合う余地は大きかった。自民党内にも額賀派を中心に消費増税を支持する勢力があった。

野田内閣は一二年三月三〇日に一体改革関連法案を国会に提出する。その後、六月八日に民主党は自民党、公明党と修正協議に入り、一五日に協議はまとまる。この結果、法案は二六日に衆議院を通過する。しかしながら、七月に参議院で法案の審議が始まると、自民党内で法案成立の条件として野田首相が早期の衆議院解散を約束することを求める声が強まる。最終的には野田首相と谷垣禎一自民党総裁が会談し、首相が「法案が成立した暁には、近いうちに国民に信を問う」ことを約束、八月一〇日に法案は成立する。[20]

法案審議や修正をめぐる正式な協議は、民主党の城島光力国対委員長と自民党の岸田文雄国対委員長の間や、民主党の前原誠司政調会長、藤井裕久税制調査会長、細川律夫前厚労相らと自民党の伊吹文明社会保障と税の一体改革特別委員会筆頭理事、野田毅自民党税制調査会長、町村信孝元官房長官、鴨下一郎元環境相らの間で行われた。[21]ただ、実際にはこれ以外に野田首相と谷垣総裁の直接ルートを含め、いくつもの接触ルートがあった。[22]藤村氏も自民党要人と頻繁に接触していた。インタビューの中で、法案の修正協議が行われている間や解散の時期を約束するかどうかについて駆け引きが行われている間、額賀元財務相、大島理森自民党副総裁、麻生元首相、河村建夫選挙対策局長を通じて意思疎通をしていたことを明かしている。

こうした接触が一体改革関連法案の成立する環境を整えた。額賀氏の回想にも現れているように、野田内閣の性格が自民党との意思疎通を容易にしたことは間違いない。

(4) 民主党の分裂

さらに、民主党内の人間関係を把握すると、同党の分裂劇をより深く理解することも可能となる。

一体改革関連法案が六月二六日に衆議院で可決されると、七月二日に小沢一郎元代表をはじめ衆議院議員四〇名、参議院議員一二名が離党届を提出する。小沢元代表は、最終的に衆議院議員三七名、参議院議員一二名を集め、「国民の生活が第一」を発足させる。[23]

小沢元代表は、菅直人前首相が一〇年七月の参議院議員選挙に際し消費増税の意向を表明した頃から、消費増税に反対の姿勢を示していた。野田内閣発足後もこの考えを変えず、一二年二月に、野田内閣が提出を目指す一体改革関連法案について、採決の際には造反する考えを明言する。[24]その後、五月末と六月初めに野田首相は小沢元代表と会談し、法案成立への協力を求めるが拒まれる[25]。

藤村氏のオーラル・ヒストリーから判明するのは野田首相と小沢元代表の関係はもともと決して良好なものではなかったということである。さらに野田内閣の主要なメンバーと小沢元代表との間には長年にわたる確執があった。

野田首相と小沢元代表の関係が微妙になったのは、九六年の総選挙がきっかけだったそうである。この総選挙で野田氏は千葉四区から出馬し、わずか一〇五票差で落選した。この時、新進党は小沢党首の方針で比例区における重複立候補を認めていなかった。藤村氏は「本人〔筆者注：野田氏〕は一言も言いませんでしたけれど」と留保しながらも、「重複立候補制度があるのになんで使わなかったのか」という思いは多分あったと感じています」と述べた上で、野田首相と「小沢さんとの距離はうんと遠かった」と評価する[26]。

官房長官だった藤村氏自身が小沢氏とは疎遠であった。新進党の二回の代表選では、小沢氏と戦った羽田孜陣営と鹿野道彦陣営に所属していた。また、野田氏が落選したため、藤村氏は小沢党首に対し総選挙以降「若干距離を置き始め[27]」、小沢氏が新進党の解党を主導したことに対して「怒り心頭」だったと回顧する[28]。さらに、〇三年九月に民主党が自由党に合流したことについては「僕たち新進党を経た人たちは、小沢さんと聞くだけで「とんでもない」というのがまず基本です」と突き放し、受け入れ難かったと告白する[29]。

繰り返しになるが、この「新進党を経た人たち」が野田首相や藤村氏以外にも野田政権の中核に位置していた。

岡田克也氏や鹿野道彦氏である。岡田氏は野田内閣発足時こそ、閣僚ではなかったが、一二年一月の内閣改造で副総理・社会保障と税の一体改革担当大臣として入閣する。鹿野氏は一一年九月から一二年六月まで農水大臣だった。すでに述べたとおり鹿野氏は新進党時代に党首選を小沢氏と戦った。岡田氏は新進党解党に反対し、解党を決めた両院議員総会が開かれた際に「こんなのは許せないというビラ」を入り口で配っていたそうである[30]。

野田内閣の核となる政治家と小沢氏との関係を踏まえると、野田首相と小沢氏がなんらかの形で妥協を図ることは非常に難しく、離党につきすすむ小沢氏たちを翻意させようとする熱意が果たしてどれだけあったのかは疑問である。

四　結論

冒頭で述べたようにオーラル・ヒストリーがもたらす知見にはいくつもの種類がある。本章はその具体例として藤村修元官房長官のオーラル・ヒストリーから得られる知見について、特に組織のあり方や政治過程の中の人間関係に関して学べたことに焦点を当てながら紹介してきた。

より具体的に言えば、藤村氏の政治家としてのキャリアをたどることで、次の二つの事象についての理解を深化させることが可能となる。第一は、九二年の日本新党の結党以降の非自民系の政党の合従連衡が民主党の性格や党内の人間関係に及ぼした影響。第二は、野田内閣の性格や政策決定過程である。

九七年一二月に新進党は解党し、新進党の多くの議員は九八年四月に民主党に合流し、新・民主党が発足する。新進党から民主党に合流した議員は小沢一郎氏と袂を分かった保守政治家が多かった。彼らは関係が近く、民主党の「保守派」と捉えることができる。以降、民主党の中には九六年九月に民主党が発足した時からの「旧民主党派」の政治家と「保守派」の政治家の二つの系譜ができる。「旧民主党派」は鳩山由紀夫、菅直人両内閣の中心となり、「保守派」が野田内閣の中核を形成する。「保守派」が野田内閣の中核となったことは社会保障と税の一体改革関連法案が審議される過程で自民党との交渉を容易にし、法案の成立に貢献した。この「保守派」議員の多くは新進党の時にも小沢一郎氏と決定的に対立し、以来の確執があった。このことが両者のあいだの妥協を一層難しくしたことは間違いない。「保守派」議員と小沢氏の確執に着目すると、一二年の民主党の分裂劇は、公明党系議員が参加していないことを除けば、九七年の新進党の解散劇の再演とも言える。

オーラル・ヒストリーの一つの型は一人の政治家や官僚のキャリアを包括的に振り返りながら聞き取りを行うことである。これにはかなりの時間を要することになる。近年は時間をかけることの価値について疑問が呈されることもある。

ただ、組織の特徴や政治過程の中における人間関係を理解するためには、一定期間にわたる政治の流れを了解することが必要となる。民主党のあり方や民主党内の人間関係、そしてそれがさらに野田内閣の性格や政策過程に及ぼす影響をも把握することは藤村修氏に何回にもわたり、氏の政治キャリアを俯瞰してインタビューすることで可能となった。このことは一人の政治家や官僚に長期間にわたって聞き取りを行うことの意義を改めて示している。

(1)　御厨貴『オーラル・ヒストリー』中公新書、二〇〇二年、一一―一二頁。
(2)　御厨・前掲注1、六四―六六頁。
(3)　政策研究院政策情報プロジェクト編『政策とオーラルヒストリー』中央公論社、一九九八年、一一七頁。
(4)　御厨・前掲注1、五九頁。
(5)　政策研究院政策情報プロジェクト編・前掲注3、一〇三、一〇九頁。
(6)　御厨・前掲注1、五五―六六頁、原彬久・大嶽秀夫・御厨貴「オーラル・ヒストリー鼎談」『年報政治学　二〇〇四』七、九頁。
(7)　例えば、薬師寺克行編『証言　民主党政権』講談社、二〇一二年、山口二郎・中北浩爾編『民主党政権とは何だったのか』岩波書店、二〇一四年、黄川田徹「復興に与野党はない」『世界別冊　政治を立て直す』八四一号、二〇一三年、六五―六九頁、辻元清美「やはり「市民が主役」の政治を目指したい」同、五一―五七頁、松井孝治「政権交代における非連続と連続のバランスをどうとるか」同、三六―四三頁、馬淵澄夫「民主党に必要なのは冷静な状況分析と判断です」同、四四―五〇頁、渡辺周「「社会矛盾を正す」という原点に立ち戻らなければならない」同、五八―六四頁。
(8)　海江田万里『『海江田ノート』原発との闘争一七六日の記録』講談社、二〇一二年、菅直人『東電福島原発事故　総理大臣として考えたこと』幻冬舎新書、二〇一二年、仙谷由人『エネルギー・原子力大転換』講談社、二〇一三年、直嶋正行『次の、日本』時事通信社、二〇一二年、長島昭久『「活米」という流儀』講談社、二〇一三年、福山哲郎『原発危機　官邸からの証言』ちくま新書、二〇一二年、長妻昭『招かれざる大臣』朝日新書、二〇一一年、細野豪志『証言』講談社、二〇一二年、前原誠司『政権交代の試練――ポピュリズム政治を超えて』新潮社、二〇一二年、松井孝治「民主党の政権戦略とその挫折」『世界』八五八号、二二五―二三三頁。
(9)　藤村修／竹中治堅インタビュー・構成『民主党を見つめ直す　元官房長官・藤村修回想録』毎日新聞社、二〇一四年、二三一頁。
(10)　藤村／竹中・前掲注9、三一九頁。

(11) 藤村／竹中・前掲注9、二四三頁。
(12) 藤村／竹中・前掲注9、二〇二頁。
(13) 藤村／竹中・前掲注9、六六頁。
(14) 例えば、『朝日新聞』二〇一一年八月三〇日。
(15) 藤村／竹中・前掲注9、二三四頁。
(16) 藤村／竹中・前掲注9、三一九頁。
(17) 『朝日新聞』二〇一二年九月七日。
(18) 伊藤裕香子『消費税日記――検証　七八六日の攻防』プレジデント社、二〇一三年、三〇二頁。
(19) 藤村／竹中・前掲注9、一七三頁。
(20) 『読売新聞』二〇一二年八月九日。
(21) 読売新聞政治部『民主党瓦解』新潮社、二〇一二年、一六六―一六七頁。
(22) 読売新聞政治部・前掲注21、一七二―一七三、二四四―二四六頁、清水真人『消費税　政と官の一〇年』新潮社、二〇一三年、二七一、二八四―二八五頁、伊藤・前掲注18、三一一頁。
(23) 『朝日新聞』二〇一二年七月一二日。
(24) 『共同通信』二〇一二年二月四日。
(25) 『朝日新聞』二〇一二年五月三〇日、六月四日。
(26) 藤村／竹中・前掲注9、一六頁。
(27) 藤村／竹中・前掲注9、二三一頁。
(28) 藤村／竹中・前掲注9、二三三頁。
(29) 藤村／竹中・前掲注9、二六二―二六三頁。
(30) 藤村／竹中・前掲注9、二三二頁。

民主党政権の脱原発を巡る政策過程——オーラル・ヒストリーと自叙伝から検証する

高橋　洋

はじめに

二〇一一年の東京電力福島第一原子力発電所事故（以下、福島原発事故）は、歴史的な大事件であり、それを受けた政策過程は学術的にも重要である。既に国会や政府の事故調査報告書などで、直後の事故対応については一定の解明がなされている。しかし事故後のエネルギー政策の転換、即ち民主党政権による脱原発を巡る政策過程については、断片的な新聞報道はあるものの、学術的な検証は十分ではない(1)。これに試みるのが、本章の目的である。

そのために筆者が注目するのは、政権中枢の政治家によるオーラル・ヒストリーや自叙伝である。本政策事例に関連して、実に多くの書籍が出版されている。第三者による聞き書きとして、細野豪志（二〇一二）、藤村修（二〇一四）がある。本人による自叙伝として、海江田万里（二〇一二）、菅直人（二〇一二）、枝野幸男（二〇一二）、福山哲郎（二〇一二）、仙谷由人（二〇一三）がある。特定の政策過程について、総理大臣や経済産業大臣など多数の閣僚級の政治家による「証言」が出版されたのは、異例のことだろう。それは、原発の過酷事故が重大な政治的事件だったという理由以外に、関係者が自らの行動を正当化する動機もあったかもしれない。

そこで本章は、主にこれらの証言を活用し、福島原発事故後の脱原発を巡る政策過程を明らかにする。その際には、各証言の立場の違いに留意する。一般に自叙伝は、自らに都合の良いことを強調する傾向がある。また聞き書きについても、学術的なオーラル・ヒストリーとそれ以外を区別する必要があろう。さらに、主要関係者の中でまとまった証言がなかった古川元久国家戦略担当大臣については、今回筆者がインタビューを行った(2)。これらの文書の性質の違いや使い方を踏まえ、オーラル・ヒストリーの意義についても最後に再考したい。

なお、本章において「脱原発」とは、政府が一定の年限を区切って政策的に原発を廃止させ、以後その電力を利用しないことを指す。その典型例はドイツである。

一　脱原発を巡る政策過程の概要

まず本節では、本章の研究対象である脱原発を巡る政策過程の事実関係を、政府文書などから整理し、第二節以降の検証の前提とする。二〇一一年三月から菅内閣が総辞職する九月までを第一期、野田佳彦内閣が成立してから二〇一二年六月に「エネルギー・環境に関する選択肢」が発表されるまでを第二期、その後国民的議論を経て九月に「革新的エネルギー・環境戦略」(以下、エネ環戦略)が決定されるものの、一二月に政権交代に至るまでを第三期とする(表)。

(1)第一期：脱原発の議題設定(二〇一一年三月―九月)

二〇一一年三月に福島第一原発で電源喪失が起こり、水素爆発が発生し、広範な地域が放射能で汚染され、一六万人を超える避難者を出したことは、周知の通りである。直後は事故対応に忙殺された菅総理も、五月頃からエネルギー政策の抜本的な見直しを考え始めた。本章の政策過程もこの時期から始まる。

第一期の政策過程の舞台となったのは、総理官邸・内閣官房とエネルギー・環境会議(以下、エネ環会議)である。エネ環会議は、国家戦略大臣を議長、経産大臣と環境大臣を副議長として、二〇一一年六月に新設された。「革新的エネルギー・環境戦略を政府一丸となって策定するため」、経産省ではなく内閣官房国家戦略室が事務局となった点に、

表　脱原発を巡る政策過程

	主要関係者	年月	主要な出来事
第一期	○菅総理 ○枝野官房長官 ○福山官房副長官 玄葉国家戦略大臣 ●海江田経産大臣 ●経産省	2011年 3月	福島原発事故
		5月	浜岡原発の停止要請
		6月	エネルギー・環境会議の設置
		7月	エネ環会議「中間的整理」
		9月	菅内閣の退陣
第二期	△野田総理 △藤村官房長官 △齋藤官房副長官 ○古川国家戦略大臣 ○枝野経産大臣 ●細野環境大臣 ●仙谷政調会長代行 ●経産省	10月	総合エネ調基本問題委員会の設置
		2012年 6月	エネ環会議「エネルギー・環境に関する選択肢」
第三期		7月	意見聴取会の開催
		8月	討論型世論調査の実施
			国民的議論に関する検証会合「検討結果」
		9月	民主党「「原発ゼロ社会」を目ざして」の決定
			エネ環戦略の決定
		12月	第2次安倍内閣への政権交代

出所：筆者作成．○は脱原発派，●は原発維持派，△は中立派（関心が低い），無印は不明．

留意が必要である（新成長戦略実現会議決定「エネルギー・環境会議の開催について」二〇一一年六月七日）。

エネ環会議は閣僚級会議であり、その場で実質的な議論が行われた形跡はない[3]。一方で、本章の研究テーマに関する第一期のほぼ唯一の公的会議体であり、その後も司令塔としての役割を続け、第三期の政策決定の局面で重要な役割を果たす。二〇一一年七月二九日には、「「革新的エネルギー・環境戦略」策定に向けた中間的な整理」を発表した。この中で、「原発への依存度低減のシナリオを描く」、「「反原発」と「原発推進」の二項対立を乗り越え国民的議論を展開する」など、その後の過程を規定する方向性を打ち出している。同文書を策定したのは国家戦略室の官僚と思われる。

(2) 第二期：脱原発を含む選択肢の策定（二〇一一年九月―二〇一二年六月）

しかし、菅内閣は九月二日に総辞職し、野田内閣が誕生する。ここから第二期の本格的な政策論議が始まる。野田内閣において、エネルギー政策の議論はいったん各省庁に分散される。例えば、各電源の数値目標などのエネルギーミックスは経産省の総合資源エネルギー調査会基本問題委員会に、核燃料サイクルのコストは原子力委員会の新大綱策定会議に、審議が委ねられたのである。

とはいえ、内閣官房のエネ環会議がエネルギー政策への関与を手放したわけではない。これら各論の政策論議を総合して、エネ環会議が二〇一一「年末」に「基本方針を公表し」、二〇一二年「春頃」に「戦略の選択肢を提示」し、「国民的議論を経て、夏頃に戦略を決定する」流れが、当初より描かれていた（国家戦略室「革新的エネルギー・環境戦略のこれまでの議論及び今後の進め方について」二〇一一年一〇月三日）。そして発電コストについては、内閣官房にコスト等検証委員会が新設され、これも各論的審議会の一つに位置づけられた。

これらの審議会の中でも、脱原発というテーマから重要なのは、経産省の基本問題委員会である。同委員会は、エネルギー基本計画を策定するための経産大臣の諮問機関であり、「昨年（二〇一〇年）六月に閣議決定しましたエネルギー基本計画については、ゼロベースで見直[4]」すため、二〇一一年一〇月三日から議論が開始された。約一年間で三三回開催され、ほぼ毎回二―三時間の議論を続けた。その結果が、二〇一二年六月に取りまとめられた「エネルギーミックスの選択肢の原案」である。

この基本問題委員会の選択肢案はエネ環会議に報告され、二〇一二年六月二九日に「エネルギー・環境に関する選択肢」として決定された。それらは、二〇三〇年時点の発電電力量に占める原発の割合に応じ、①ゼロシナリオ（脱原発）、②一五シナリオ、③二〇―二五シナリオの三つである。

(3) 第三期：脱原発の政策決定（二〇一二年六月―一二月）

第三期に入ると、再びエネ環会議や内閣官房が政策過程の前面に出る。「三つのシナリオに関して国民的議論を開始し、その上で、エネルギー選択、それと表裏一体の地球温暖化国内対策に関して責任を持って結論を出す」（エネルギー・環境会議「エネルギー・環境に関する選択肢」二〇一二年六月二九日）段階へ移行したのである。

国民的議論とは、エネ環会議が各地で主催した意見聴取会やパブリックコメント、討論型世論調査などの総称である。エネ環会議は、三つのシナリオに対する国民の声を集め、「少なくとも過半の国民は原発に依存しない社会の実現を望んでいる」と結論づけた（国民的議論に関する検証会合事務局「戦略策定に向けて〜国民的議論が指し示すもの〜」二〇一二年八月二八日）[5]。

この頃、与党民主党内でも脱原発を巡る議論が行われていた。エネ環会議の党側の受け皿であるエネルギー環境調査会が、「「原発ゼロ社会」を目ざして」と題した提言をまとめたのは、九月六日である[6]。会長の前原誠司、顧問の菅、事務総長の仙谷らの結論は、「二〇三〇年代に原発稼働ゼロを可能とするよう、あらゆる政策資源を投入する」だった。そのための三原則が、「四〇年運転制限制を厳格に適用する」、「原子力規制委員会の安全確認を得たもののみ、再稼働とする」、「原発の新設・増設は行わない」である。

こうしてエネ環会議は九月一四日にエネ環戦略を決定する。「二〇三〇年代に原発稼働ゼロを可能とするよう、あらゆる政策資源を投入する」、「原発に依存しない社会の実現に向けた三つの原則」など、脱原発の根幹は民主党エネルギー環境調査会の提言と同じであった。こうして脱原発が決定されたのである。

(4) 政策過程に関する問い

以上が、脱原発を巡る政策過程の主な事実関係である。しかしこれだけでは、政治学的にはいくつかの疑問が浮かぶ。第一に、内閣官房のエネ環会議がエネルギー政策を統括するという、政府の分担管理原則（内閣法第三条）からすれば例外的な枠組みは、どのような経緯から案出されたのか。本来の所管である経産省との関係はどうだったのか。第二に、国民的議論という異例の過程は、どのように運用され、政策決定に影響を与えたのか。第三に、脱原発という歴史的決定を主導したのは誰か、そこには政治家の間、政官の間にどのような交渉や対立があったのか。

これらが、本章の政策過程に関して筆者が掲げる問いである。このような舞台裏に関する疑問に答えるには、オーラル・ヒストリーや自叙伝が有効であろう。以下、節を改めて、第一期のエネ環会議の設置の経緯から解き明かしていきたい。

二　第一期：菅総理とエネルギー・環境会議の設置

第一期の政策過程は、菅総理を軸に官邸や内閣官房という場で展開され、エネ環会議の設置へと帰結する。その中心となる証言は、菅自らの自叙伝である。同書の過半は過酷事故直後の対応についてで、海水注入問題などに関する批判への反論という性格がある。後半では、脱原発に傾いていく経緯が描かれている。本節では、同書を中心として他の文献で裏を取りつつ、本章の政策過程の出発点を再現する。

(1) 脱原発の出発点となった菅総理の決意

脱原発を巡る政策過程が始まったのは、過酷事故に直面した時の総理の決意からであろう。それは、自叙伝の中で具体的に記されている。「原発についての考えを、私は三月一一日の原発事故を経験して変えた。国家が崩壊しかねないほどの原発事故のリスクの大きさを考えたら、「安全な原発」とは原発に依存しないことだと確信した」(菅二〇一二、一五〇頁)。その後の一貫した行動を見ても、菅が早い段階から脱原発の意思を固めたのは間違いない。

しかし、総理一人が決意しても、脱原発を議題設定して政府全体の方向性を転換することは容易でない。立地自治体や経済界の意向も多様である。他分野と比べても閉鎖的な原子力政策分野では、典型的な政官財の鉄の三角形の構図が維持されてきた。

中でも経産省は、国策として原発を推進してきた経緯からも、経済活動のための電力の安定供給という立場からも、脱原発に反対であった。例えば、二〇一八年三月一七日の朝日新聞では、福島原発事故直後に松永和夫事務次官が原子力・安全保安院の幹部を呼び、「再稼働を考えるのが、保安院の仕事だ」と、その前提となる緊急安全対策を促したことが、報道されている。

当時の海江田経産大臣もこれに近い立場であった。脱原発に傾く菅に対して、「日本は非核保有国でありながら、ここまで原子力の技術を培ってきました。現時点で、そうした技術を全て捨ててしまっていいのか、私にはいますぐに結論を出せません」と直接訴えている（海江田二〇一二、二六七頁）。したがって、経産省の大臣と官僚の考えは概ね一致していた。

（2）浜岡原発の停止問題を巡る経緯

脱原発を決意した菅総理が最初に経産省と対立するのは、浜岡原発の停止問題からである。すなわち、二〇一一年五月九日に、その立地場所の重要性に鑑みて、政府が中部電力に浜岡原発の運転停止を要請した。これは、元々は海江田経産大臣のアイディアのようである。二〇一一年四月二八日に海江田が松永次官に相談したところから始まり、五月六日に菅に進言し、菅は「私も同感だ」と応じている（海江田二〇一二、二一五、二二一―二二二頁）。この経緯は、菅（二〇一二、一五五頁）とも齟齬はない。

齟齬が生じるのは、その記者会見を巡ってである。菅（二〇一二、一五六頁）によれば、「経産省が用意していた会見内容では、明らかに、「浜岡は危険だから止めるが他は安全なので再稼働も含め稼働し続ける」と受け取れるものだった」。そのため、当初は海江田が停止要請の記者会見をするつもりであったが、代わりに菅が行い、他の原発についてはあえて触れなかった。「経産省はあれだけの事故を目の当たりにしながらも原発推進の方針を変えていなかった」ため、「私が自ら会見を行い、経産省の狙いをひっくり返した」（菅二〇一二、一五五、一五七頁）。菅の側近であり脱原発派だった福山内閣官房副長官も、「いわば、浜岡の停止と他の原発稼働とのバーター」と、同様の認識を示している（福山二〇一二、一九九―二〇〇頁）。

しかし、海江田はこの点を否定している。「他の原発再稼働の件と、浜岡原発を結びつけるのは恣意的な話で、この時点では、私の頭の中には浜岡原発だけ止めて他の原発は全部原発再稼働するとの考えはなかった」（海江田二〇一二、二一六頁）。そのため海江田（二〇一二、二五二頁）は、「浜岡原発の運転停止で脱原発に舵を切った菅総理に対し、海江田は経産省に取り込まれ」たとの「菅総理の側近」の見方に対して、不快感を示している。

このように両者の意見は真っ向から対立しており、自叙伝からはこの辺りの事実関係は判別できない。菅（二〇一二、一五六頁）は、前述の「経産省の狙い」について、「海江田大臣がどこまでそのシナリオを承知していたかどうかは私にも分からない」とも言及している。重要なのは、経産省に「バーター」という狙いがあったかどうかよりも、この浜岡原発問題を端緒として、菅が、経産省の大臣というより官僚との対立関係を意識するようになったことであろう。

(3) エネルギー・環境会議の設置の経緯

総理が所管省庁に対抗して政策転換を成し遂げるには、直接国民に支持を訴えつつ、内閣官房など直属に諮問機関や担当部署を作り、「総理主導」で突破する方法が考えられる。(7) エネ環会議は閣僚級会議であり、諮問機関ではないものの、果たした役割はこれに近いと考えられる。

具体的には浜岡原発問題以降、「菅総理を中心とする官邸と国家戦略室の玄葉光一郎国家戦略担当大臣を中心に、エネルギー基本計画の本格的見直しの機運が高まって」きた（福山二〇一二、二〇二頁）。その帰結が、二〇一一年六月七日に設置されたエネ環会議である。菅（二〇一二、一六八頁）は、「国家戦略室の中に「エネルギー・環境会議」を設置し、従来は経産省に委ねられていたエネルギー政策を、環境省や農林水産省など全省庁にまたがる政策に転換し」たと述懐している。福山（二〇一二、二〇二頁）も、「これまでの経産省、資源エネルギー庁の独壇場であったエネルギー政策の決定過程が音を立てて崩れた」と指摘している。

菅やその側近が自叙伝で総理の主導性を強調するのは、自然なことだろう。他方、当時官房副長官だった仙谷（二

○一三、一二頁）も、エネ環会議の設置の経緯について、「脱原発の意思を固めていた菅さんは、福島第一原発事故の対応をめぐって不信感を募らせた経産省から政策立案の権限を奪い、自ら脱原発シナリオを描こうとした」との認識を示している。脱原発に慎重な仙谷（後述）が同意見なわけだから、やはりエネ環会議の設置については、菅の意思が強く働いた「総理主導」であったと結論づけたい。

総理が経産省に対抗して政策転換を目指す動きは、さらに続く。五月一〇日、七月一三日と、菅は記者会見を通して、内閣としての合意形成を経ずに脱原発へ向けた意向を表明していく。「素案はもちろん、菅総理と総理秘書官がつくった。内容については、枝野官房長官や寺田補佐官を中心に、私も何度もミーティングに参加した」（福山二〇一二、一九八頁）とのことである。

他方、興味深いのはエネ環会議の事務局である国家戦略室の役割である。国家戦略室は、二〇〇九年の政権交代を経て鳴り物入りで内閣官房に新設された、総理直属の戦略的部署である。前述の「中間的な整理」の策定など、政策形成に大きな役割を果たすが、その中でもエネ環会議の事務局は、経産省出身の内閣審議官が統括していた。「日下部聡内閣審議官を中心とする国家戦略室のメンバーは、各政党や各省庁、業界からの多様な意見やプレッシャーを受けながらも、何とかまとめあげてくれた」と、脱原発派の福山（二〇一二、二〇六頁）はその役割を評価している。

こうして、総理の決意を中心として、その直属の政治家や部署が脱原発を目指す動きは加速化していく。他方で、閣内や党内の合意形成は進まず、所管省庁との溝も広がって行く。このような中で菅内閣は九月二日に総辞職し、野田内閣が成立する。政策過程の主役が大きく変わったのである。

三　第二期：3プラス2と関係大臣らの考え

第二期における公式の政策論議は、第一節で触れた通り、経産省の基本問題委員会で展開された。三つのエネルギーミックスの選択肢の原案を策定した同委員会は重要であるが、本章の観点から注目すべきは、非公式ながら意思決定を担った「3プラス2」の会合や、関係大臣らの個別の考えである。これらの情報は十分に公開されていないが、仙谷の証言が多くの情報を提供してくれる。

(1) 3プラス2と仙谷政調会長代行

3プラス2とは、野田内閣の発足と同時に設置された、古川国家戦略大臣、枝野経産大臣、細野環境大臣と、官邸から齋藤勁官房副長官、与党民主党から仙谷政調会長代行という政治家五名からなる会合である。仙谷(二〇一三、三二頁)によれば、「この非公式会合は、野田佳彦内閣が発足した前年九月に始まり、すでに三〇回近く行われていた」[8]。これは二〇一二年六月時点の話であるため、月二、三回の頻度になる。エネ環会議はこの時点までに一〇回開催されたが、「規制・制度改革アクションプラン」や「電力需給対策」といった議題も多く、エネルギーミックスに関わる議題を扱ったのは四回にすぎない。それらも短時間で文書を承認する段取りであるため、別途の場で実質的議論がされていたと考えられる。

実際に仙谷(二〇一三、三三頁)によれば、3プラス2は「政府と党の水面下の連絡機関であり、電力改革の重要案件はほとんどこの場で調整された」。そして、「原子力政策を含む電源ベストミックス」については、「「3プラス2」会合で何度も調整しており、経済産業省を中心とする事務方スタッフとも情報交換を密にしてきた」(仙谷二〇一三、一七八頁)。そのスタッフとは、「仙谷三人組と呼ばれる一九八二年同期入省の経産官僚三人、すなわち、嶋田隆君、日下部聡君、今井尚哉君」である[9]。したがって、エネ環会議の論点は経産省も了承し、むしろその策定に関与してきたのである。

仙谷は、脱原発には反対であった。それは、「一時のセンチメントで原発ゼロを決めるのは、将来世代に対し僭越」、「基幹電源である原発の稼働ゼロの期限を決めるというのは無責任すぎる」(仙谷二〇一三、五、二七頁)からである。それでは、3プラス2の他のメンバーの考えはどうだったのだろうか。

(2) 枝野経産大臣、細野環境大臣と脱原発

菅内閣の官房長官から野田内閣の経産大臣に異動した枝野は、明らかに重要なメンバーであった。枝野(二〇一二、七七頁)では、本章の政策過程について詳しく語っていないが、「私は一日でも早く原発を廃絶したい」と、脱原発に明確に賛同している。これは、海江田経産大臣の考えとは対照的であろう。

経産大臣がそのような考えの持ち主だとすれば、原発維持の経産官僚との関係はどうだったのだろうか。それを明示する証言はない。しかし、前述の基本問題委員会は、経産省の事務局が一定の結論に誘導するような一般的な審議会の運営をしていない。脱原発を含む複数のシナリオを案出する手法も、官僚の常識からすれば異例であろう。ここには、枝野の指示が働いていた可能性がある。これまでの原子力政策分野の閉鎖性の反省に立ち、有識者の自由な議論に委ね、国民的議論のために複数の選択肢を確保させたのではないか。

もう一人の大臣である細野は、脱原発に慎重だった。細野(二〇一二、二四三頁)は、「二〇三〇年に、総発電量に占める原子力発電の比率は一五%程度になるんですね。この「一五%」が一つのベースになると考えています」と、前述の一五シナリオの支持を明言している。細野は原発維持派であり、仙谷に近かったと見られる。

(3) 野田総理と官邸の関心

3プラス2の官邸からの代表者であった齋藤官房副長官の考えについては、ほとんど情報がない。各種証言の中に登場しないということは、その役割は小さかったと推測される。それは、齋藤が代表する官邸、そして野田総理自身の関心が低かったからであろう。

例えば、齋藤の上司である藤村官房長官のオーラル・ヒストリーでは、原発やエネルギー政策に関する証言がほと

んどない。大飯原発の再稼働のくだりを除けば、「党内はＴＰＰと言えば、これは原発と似ているんですが真っ二つでした」（藤村二〇一四、一一二、一四五頁）と、短く他人事のような指摘がなされているのみである。同書は人物オーラルであるため、原発問題に特化した証言ではないが、それにしても少な過ぎる。

そして原発問題に深く関与した仙谷（二〇一三、一六〇頁）は、「野田総理とその周辺が、原発問題の持つ課題の大きさ・深さをどう捉えているのか、もう一つよく見えなかった」と述懐している。野田内閣において、原発問題は最大の政策課題の一つだったはずだが、菅内閣と異なり、総理自身や官邸の積極的な意思や関与はなかったのであろう。

（4）古川国家戦略大臣の証言

残る重要人物は、古川国家戦略大臣である。古川は、結論を先取りすれば、脱原発の政策決定を主導した人物である。以下に筆者によるインタビューの証言を紹介する。

古川によれば、３プラス２は仙谷の言う通り頻繁に開催され、「東電の話だとか、大飯の再稼働だとか、原発がらみの話は全部そこでやっていた」。しかし原発を含む長期的なエネルギーミックスについては、二〇一二年六月頃までは「段取りの話だけで、それをどうこうするというのはなかった」。本質的な議論が始まったのは、選択肢を決定して以降だという。また、エネ環会議の事務局は、日下部内閣審議官以下、経産省からの出向者が多く、「国家戦略室という看板は掲げていたけど、経産省の別働隊みたいな感じではあった」。

古川本人の脱原発への考えは、最終的には二〇一二年八月頃に固まったという。それ以前は、原発を減らすことには賛成していたが、電力自由化を進める中で政府が期限を切ってゼロにすることを約束するのは難しく、「そもそも割合を決めることに意味はあるのかと、僕はずっと言っていた」。しかし、放射性廃棄物の問題など、「理論的に考えて行くと、いつか動かせなくなる。だったら計画的にやらないと」と、八月以降は脱原発を決意したという。

四　第三期：国民的議論と脱原発を巡る攻防

脱原発の政策決定過程で特筆すべきは、政府が三つの選択肢を示し、それについて国民的議論を行い、その結果を踏まえて決定した点だろう。地方自治体には条例に基づく住民投票制度があるが、国の政策でこのような事例はかつてなかった。この国民的議論は、どの程度決定に影響を与えたのか、そして誰がどのような形で脱原発の決定を主導したのだろうか。

（1）国民的議論の経緯と影響

国民的議論の経緯についても、古川が証言してくれた。国家戦略大臣に就任した際に、自身の部下であるエネ環会議の事務局に「国民的議論は何をするのかと聞いたら、これから考えるんです」と答えられ、その段取りの不十分さに元財務官僚でもある古川は驚いたという。とはいえ実施すること自体は既定路線であり、二〇一二年五月頃から事務局と議論し、意見聴取会や討論型世論調査の開催を短期間で準備したという。

ここでの最大の疑問は、国民的議論の結果をどの程度尊重するつもりだったかである。細野のように一五シナリオを本命と考えていた場合に、ゼロシナリオの支持が高ければ、収拾が付かなくなる。しかし古川によれば、「国民的議論をやる以上は」、「その結果を尊重しなければ意味がない」と覚悟していた。そのために、「特定のシナリオに誘導しないよう」事務方に指示もした。この点について、3プラス2でも異論はなかった。だとすれば、国民の生の声は政策決定に大きな影響を与えたことになる。

(2) エネ環戦略の原案の起草と変容

国民的議論の結果が概ね明らかになった八月下旬に、エネ環戦略の起草が始まろうとしていた。エネ環戦略の責任者であった古川は、経産省の官僚でなく、政治任用された内閣官房の官僚や外部の有識者らに、非公式ながら原案の執筆を任せようとしていた。これが、「六人衆」である。『東京新聞』(二〇一二年一一月二三日、二三日)によれば、八月二二日に古川が、原発に「懐疑的な」「六人衆」を招集し、自ら「原発ゼロ」を明記した起草方針を提示した(10)。

エネ環戦略の起草は、3プラス2の事務局を務めてきた経産官僚(仙谷三人組)が適任だったはずである。これまでの経緯を熟知しており、この手の政府文書の執筆に精通している。しかし古川によれば、経産官僚に脱原発の戦略を「書かせるのは可哀想だ。経産省は脱原発など考えていなかったのだから」という。「最初のドラフトは、各省庁に行ったらそのままで済まないのだから、一番高めの球を」投げる必要があった。これは、ある意味「政治主導」の判断だったかもしれないが、エネ環会議の責任者とその事務局の関係は難しいものになった。そしてこの古川の判断は、仙谷らからも大きな反発を受けた。

同じ八月二二日の3プラス2で、古川は前述の脱原発の起草方針と「六人衆」に原案を執筆させることを、他のメンバーに伝えた。これに対して仙谷は、「これは野党の国民運動じゃない。政治をやっているんだ」と、強く反発した(『東京新聞』二〇一二年一一月二二日)。仙谷(二〇一三、三二頁)本人の証言でも、「細野さんと私は、このドラフトは通らない、と主張した。しかし、枝野さん、古川さんは「これでいきたい」と譲らない。とりわけ、枝野さんは言い切った。「今の政治状況では、原発ゼロしか選択肢はありません」」とある。仙谷(二〇一三、三三頁)は、「この件に関する限り当初から四人の間には温度差があった」とも証言しているが、この時点で古川・枝野と仙谷・細野の考えの相違が決定的に顕在化したのである。

それでも「六人衆」は、古川の指示に基づいて九月上旬までに原案を書き上げた。しかしその後、「核燃料サイクルの見直し」の文案などが、「さまざまな横やりで」消えていった(『東京新聞』二〇一二年一一月二二日)。ここで大きな役割を果たしたのが、第一節で触れた民主党エネルギー環境調査会である。「資源エネルギー庁や原子力安全委員会など関係行政機関に対する菅さんの全否定の気持ちは強く」、「党内議論を一気に脱原発へ持っていく腹だったのだろう」と、仙谷(二〇一三、二二三、二二五頁)は当時党内にいた菅と特に激しくやり合ったようだ。脱原発の賛成派と反対派の妥協の産物として、古川らによる原案は変容していったのである。

(3) 脱原発の政治決定?

ここまでの政策決定過程の検証結果を総合すると、果たして民主党政権は脱原発を決定できたと言えるのかという疑問が湧く。それは第一に形式面から、民主党が掲げてきた「政治主導」と言えるのだろうか。脱原発について、時の総理の関心は低く、主要二大臣が主導した様相が強い。党内の意見はまとまらず、党の調査会により一定程度骨抜きにされた。これは、民主党が批判してきた政府と与党の二元体制的な過程ではなかったか。

第二に内容面からも、明快な脱原発と言いがたい。「三〇年代に原発稼働ゼロを可能とする」といった幅のある表現であり、仙谷(二〇一三、二二九頁)は、「脱原発はあくまで〝目指す〟のであって、〝決定〟したわけではない」と強調している。脱原発なのに原発のために必要な核燃料サイクルは続けるという矛盾もあり、妥協の跡が強くうかがえる。

第三にこのように原案が変容した背景に、脱原発に反対する官僚の行動があった。古川によれば、原案を「検討している段階で、経産省の方から意図的に情報が漏らされた」結果、関係自治体などからも反対の声が上がり、譲歩せざるを得なくなった。そして九月一九日には、エネ環戦略自体ではなく、「今後のエネルギー・環境政策について」という一ページの書面が閣議決定された。「今後のエネルギー・環境政策については、「革新的エネルギー・環境戦略」を踏まえて、(中略)不断の検証と見直しを行いながら遂行する」のであり、内閣としてエネ環戦略を決定していないと、読むことができる。ここでも行政手続きに精通する官僚が動いたことを、古川は指摘している(『朝日新聞』二〇一三年四月二九日)。

一方で古川は、インタビューにおいてこう反論した。「エネ環戦略は、面舵一杯で原発を止める方向に大号令をかけるのが目的。細かいところまでやろうなんて、あの時間の中では無理な話」。「国家戦略室ではなくて経産省でやっていたら、絶対脱原発に舵を切れなかった」。「骨抜きになったと言われるけど、そこは想定の範囲内」だった。

エネ環戦略を批判する仙谷と胸を張る古川の考えの隔たりは大きい。それだけ関係者の中でも対立の激しい政策決定過程だったのだろう。そして曲がりなりにも決定された脱原発戦略は、年末の政権交代により完全に否定されることになる。

おわりに

ここまで、オーラル・ヒストリーや自叙伝などの証言を利用することで、民主党政権の脱原発を巡る政策過程を再現してきた。第一節の最後に示した問いへの答えをまとめると、次の通りである。

第一に、エネ環会議がエネルギー政策を統括するという枠組みは、菅総理が脱原発への転換を強く志向し、官邸が主導した結果だった。それは、経産省との対立関係も生み出したが、内閣官房国家戦略室の事務局は一定の橋渡し役を担った。第二に、その橋渡しの産物でもある国民的議論という手法は、国家戦略大臣を中心に中立的に実施され、脱原発の意思決定に大きな力を与えた。とはいえ野田内閣に移行した第二期以降においては、総理や官邸の政策転換への熱意は薄れ、関係大臣や与党の間でも意見は対立した。第三にその結果、国家戦略大臣や経産大臣は脱原発の決定を主導したものの、官僚や党内からの反対にも遭い、その内容は不十分な面も少なくなかった。

最後に、多様な証言を活用した今回の検証作業を踏まえ、その使い方について考察しておく。

第一に、クロスチェックの重要性である。一般に狭義のオーラル・ヒストリーは、学者が行うため中立性を確保しやすいが、自叙伝は自己正当化が強くなりがちで、活用に注意を要する。一方で本章の試みからは、自叙伝や学者以外の聞き書きでも複数をクロスチェックすることで、政策過程の再現に力を発揮することが、改めて確認できた。さらに、同じ事象について異なる立場の証言を比較検討することで、両者の対立関係を浮き彫りにすることもできる。オーラル・ヒストリーといえど完全無欠ではなく、やはり複数の文献の活用は大切なのだ。

第二に、足りない部分を補足するインタビューの重要性である。既存のオーラル・ヒストリーや自叙伝だけでは、事実関係を十分に再現できないことは少なくない。既存の証言が不十分であれば、可能な場合には追加的なインタビューを実施すべきであろう。特に人物オーラルの場合には、特定の政治家について幅広く証言を求めるため、特定の政策過程の検証の観点からは不十分なこともある。それを個別のインタビューで補うことで、オーラル・ヒストリーの価値が向上するとも言えよう。

本章の試みについて言えば、一定の成果を上げたと自負しているが、これで脱原発を巡る政策過程が完全に解明されたわけではない。さらなる対応として、玄葉光一郎国家戦略大臣や経産官僚へのインタビューが考えられるだろう。このような証言を増やす努力を積み重ねることで、さらに真実に近づくのである。

引用文献

枝野幸男(二〇一二)『叩かれても言わねばならないこと。』東洋経済新報社
海江田万里(二〇一二)『海江田ノート』原発との闘争一七六日の記録』講談社
上川龍之進(二〇一八)『電力と政治』上・下、勁草書房
菅直人(二〇一二)『東電福島原発事故　総理大臣として考えたこと』幻冬舎
仙谷由人(二〇一三)『エネルギー・原子力大転換』講談社
高橋洋(二〇〇八)「総理主導の政治における諮問機関の役割~IT戦略会議を事例に」『公共政策研究』八号、有斐閣、九九—一一一頁
福山哲郎(二〇一二)『原発危機　官邸からの証言』筑摩書房
藤村修(二〇一四)『民主党を見つめ直す　元官房長官・藤村修回想録』毎日新聞社
細野豪志(二〇一二)『証言　細野豪志「原発危機五〇〇日」の真実に鳥越俊太郎が迫る』講談社

(1)　例外的に、上川(二〇一八)は、新聞報道などを基に経緯を概括し、歴史的制度論の観点から考察を加えている。
(2)　二〇一八年三月二三日に議員会館へ赴き、一時間のインタビューを行った。本章で特に明記がなければ、古川の証言はこれに基づく。快くお引き受け下さった古川氏に心より感謝申し上げたい。
(3)　計一七回の開催時間は平均二八分だった。
(4)　二〇一一年一〇月三日の第一回会議での枝野経産大臣の発言。二〇一〇年のエネルギー基本計画は、原発の電源ミックスを二〇三〇年に五〇%に倍増させるものであった。
(5)　国民的議論に関する検証会合の座長は古川国家戦略大臣、座長代行が枝野経産大臣と細野環境大臣、その他メンバーが大学教授など五名である。
(6)　この調査会の役員であった田嶋要衆議院議員のウェブサイトによれば、「原発に対する考え方がかなり違う立場の議員らの集まりで、取りまとめは困難を極め」たという。
(7)　拙稿(二〇〇八)を参照のこと。小泉内閣における郵政民営化は、その典型例であろう。
(8)　なお、古川によれば、菅内閣時代から3プラス2に該当する会合は開催されており、この時期にメンバーが交代したという。
(9)　嶋田原子力損害賠償支援機構事務局長、日下部内閣審議官、今井資源エネルギー庁次長。
(10)　民間出身の内閣官房の審議官、企画調整官、大学教授、シンクタンクの研究者ら六名。

実践的オーラル・ヒストリー方法論と一九九〇年代日本政治における保守——野中広務オーラル・ヒストリーを中心に

佐々木雄一

はじめに——近代史研究と現代オーラル・ヒストリー

現代日本政治と明治時代や大正時代の日本政治、どちらについてわれわれはより多くのことを知っているかと聞かれれば、普通は「現代」と答えるだろう。しかし、政策決定過程の中枢や政治指導者の思考、信条、人間関係といったことを詳しく調べようとした場合、かえって、明治時代や大正時代の方がよくわかるというところがある。公文書や新聞とともに、政治家・官僚の手もとに残された書類や書簡(私信)、日記などの資料が存在するからである。

現在でも、日記をつけている人はいるだろう。それでも、政治の中枢に関わる人物たちの多くが日常的に手紙を送り合い、あるいは意見書を起草し、長年にわたり日記をつけ、それがわれわれの目に触れるという資料状況は、現代政治分析では望み得ない。現代政治の場合、政治過程の細かい動きや個々の政治指導者について分析しようとすれば、公表された声明・文書や議事録、各種新聞・雑誌記事、証言録・回想録類、情報公開請求、インタビューなどを頼りにすることになる。そして、それらに加えて主要な資料の一つとして期待されるのが、オーラル・ヒストリーである(1)。

「インタビュー」と「オーラル・ヒストリー」を分けて書いたが、その境目は曖昧である。聞き取りの記録が残され広くその利用が可能かどうか(飯尾二〇〇五)、というのは一つの有力な指標だろう。ただ本稿では、これはむしろオーラル・ヒストリー内のタイプの問題かもしれないが(飯尾二〇〇五、御厨二〇〇五)、主な目的の違いも意識している。特定のテーマで記事や論文を書くために必要なことを聞くのか、記録を残すために聞くのか、ということである。両方の目的を兼ねている場合、あるいはどちらとも言いがたい場合ももちろんあるが、ともかくも本稿では後者の方、つまり歴史資料としての口述記録をどのようにしてつくり、使うかというところを論じる。

他方で、ある人物が語った内容を記録するという点から見ると、回想録類とオーラル・ヒストリーの差が気になるかもしれない。これははっきりしていて、オーラル・ヒストリーの場合、問いが重要な要素になっている。言い方を変えると、聞き手もともに資料をつくり上げている。オーラル・ヒストリーの「つくり方」に関わる話であり、主に次節で取り上げる。

さて、近代の書簡や日記とオーラル・ヒストリーを比べると、現時点では研究上の使われ方に差があるように思われる。書簡や日記は読み込まれているが、オーラル・ヒストリーの記録は読み込まれていない。例えば、伊藤博文が書いた書簡、受け取った書簡、あるいは原敬の日記といったものは、長年にわたり多くの研究者が読み、研究に用いている。そのなかで、記述内容を詳しく分析して解釈に違いがあれば先行研究に異を唱えるとか、他の資料とつき合わせて厳密に検討するといった作業は、当然のこととして行われている。それに対してオーラル・ヒストリーは、とりわけ研究蓄積の薄い内政面において、証言の内容を紹介する、典拠として挙げる、という使い方にとどまりがちである。そこで本稿では、この「使い方」の部分、すなわち、読み込みや資料批判といったことについて、近代史研究の方法と同様に考えて現代オーラル・ヒストリーの記録を扱うことを試みる(2)。

以上のようなオーラル・ヒストリー方法論の検討を兼ねて、本稿では、政治過程の分析も行う。一九九〇年代以降の日本政治は、政治改革、選挙制度改革、そして省庁再編、内閣機能強化などが行われ、それ以前とは大きく異なる政治運営がなされている。自民党では派閥が弱体化し、選挙は政党本位で争われるようになった。与野党間の政権交代も何度も生じた。それらはおおむね、政治の権限や機能に関するもの、つまり「何を」するかではなく、「誰が」、あるいは「どのように」するかという点に関わる変化である。

しかし同時に、日米安保体制や自衛隊の運用などにも変化が見られ、その他一般的に、左右軸上のより右側の主張や政策が採用される傾向が出てきた。それは、一九九〇年代の改革で政治的リーダーシップの意義が強調されたとき、湾岸戦争時の不決断・不行動や冷戦後の国際情勢への対応といった課題が意識されていたことを考えれば、政治の権限や機能に関する変化と表裏一体なのかもしれない。他方で、政治改革とはあまり関係なく、実際の国際情勢の変動や国内世論の変化が主な要因かもしれない。あるいは、政治改革を主導した政治家たちが、論理的な連関はないものの、伝統や国家、共同体を重視する思想に親和的だったのかもしれない。

それらの点を考えるとき、一九九九年、自民党が一九九〇年代の政局の中心にいた小沢一郎を党首とする自由党と組み、その連立政権のもとで、周辺事態法、通信傍受法、改正住民基本台帳法、国旗・国歌法など激しく論争が起こりそうな法案が次々に成立しているのは注目に値する。そこで本稿では、オーラル・ヒストリー方法論と関連づけながら、一九九〇年代日本政治における保守、そして自自連立について、基礎的検討を行う。

本稿中、「藤井オーラル・ヒストリー」と書いてあるものは、二〇一三年五月から二〇一六年六月まで計三四回、主に牧原出氏、竹中治堅氏、筆者が聞き取りを行った、藤井裕久氏のオーラル・ヒストリーである。同記録の一部は岩波書店から刊行予定であるが、二〇一八年四月現在、原稿化されていないため、関係各位の許可を得て原記録から引用する。コロン(:)に続く数字は当該ページ数である。

一　オーラル・ヒストリーを「つくる」、読む

本節ではまず、歴史資料の解釈方法を踏まえながら、オーラル・ヒストリーを「つくり」、読む方法について、重要と思われる点を記す。一九九〇年代日本政治における保守と自自連立についての分析は次節以降で行う。

なお、以下に記すようなオーラル・ヒストリーの読み込み方は、記録が原型ないしそれとほぼ同じかたちで残されていることを前提としている。記録が商業出版される場合、一部のみ刊行、あるいは大幅な編集が加えられるといったことが珍しくないが、そのようなときには記録全体は別途報告書としてまとめ、大学図書館などに収めるのが望ましい。記録の保存、管理、公開をめぐる諸問題に関しては、本書所収の他の論文も参照されたい。

①事実の確定

歴史資料を読んでいると、有益な情報を含んでいるものの主語や日時がはっきりしないため使いづらい、ということが少なくない。その点、オーラル・ヒストリーは、自分が聞き取りに参加することでより使いやすい資料を「つくる」ことができる。

例えば筆者の場合、聞き取りのときに最も発している問いの一つは、「それはいつのことですか」である。それですぐに明確な答えが出てこない場合、「○○より前ですか」という聞き方をすることもあるし、あるいは、こちらは単独でもしばしば投げかける質問だが、「その話はどこで聞きましたか」、「誰が一緒にいましたか」などと尋ねることもある。前後の文脈からほぼ答えがわかっていたとしても、発言内容を明確にして記録に残すためにあえて、「それを言ったのは△△さんですか、××さんですか」といった確認をすることも多い(3)。

②話を「引き出す」

右に書いたような、やりとりを重ねることでより明確な記録にしていくという作業ともある程度重なるが、聞き手の側から適切に情報を示すことで聞き取り対象者の記憶を「引き出す」ことも期待できる。例えば、まずは「このとき誰と協力していましたか」といったより開かれた質問を投げかけ、そのうえで、「○○さんはどうですか」、「××さんはどうですか」と詳しく尋ねていく。あるいは、対象者の個性や聞き取りの予定回数などにもよるが、官僚の職員録や内閣・政党の人事一覧などは、提示した方がスムーズに話が進む場合も少なくない。

同様に、対象者の当時の考えを聞き出そうとする場合も、まず「どのように考えていましたか」と尋ねたうえで、こちらから仮説を示していくというのがしばしば有力になる。これは一種の「誘導」だが、近年の研究ではその意義が肯定的に捉えられている（ホルスタイン、グブリアム二〇〇四、清水・諏訪二〇一四）(4)。筆者の場合、「当時の新聞記事によればこのように書かれているのですが」などと、一般的に言われていることというかたちで具体的な事実や仮説を示すことが多い。

③ 話者の立場

人はたいてい、立場に応じてそれぞれ偏ったものの見方をするし、自分の立場に沿った、あるいは自分にとって有利なことを言おうとする。したがって記録を読むときには、そうした偏りやゆがみを見定めながら解釈していく（原二〇一五）。また逆に、次の④とも関わるが、一般に、異なる立場や対立する陣営にいる複数の人物が同じことを述べている場合、より信憑性が高いと判断できる。

以上の理解は、聞き取りを行ううえでの前提としても重要である。例えば、聞き取り対象者が改憲論者だったとしよう。「当時は党内で改憲に向けた流れが強まっており、このような動きがあった」などと述べたとする。それは、対象者の当時の認識とみなすことができるのであれば、かりに客観的な事実に反していたとしても問題ない。

しかしながら、例えば、一九九〇年代には改憲論であったが現在では護憲論の陣営に立っている人物に話を聞いたとする。そこで一九九〇年代の改憲に向けた動きにあまり関与していないように語られた場合、これは取り扱いに注意を要する記録である。記録を「読む」という観点では、現在の党派的立場から影響を受けた発言かもしれないと慎重に解釈することになる。逆に言うと、それ以上のことはできない。

それに対し、記録を「つくる」側、つまりインタビュアーであるならば、より有益な記録となるよう関与していくことが可能である。一九九〇年代の改憲に向けた動きの実態を明らかにすることに意味があり、対象者がその重要人物ならば、現在の立場に引きずられずに当時の考えや行動について語ってほしいわけである。

とはいえ、「当時は本当はもっと積極的に活動していたのではないですか」などと直接的に尋ねても、それで発言内容が修正されることはまずない。そこで、単純な記憶違いであれば、記憶を呼び覚ますべく、周辺的な事実から順々に聞いたり、聞き取り対象者の発言を掲載した当時の新聞を見せたりする。対象者が意識的に現在の立場に沿った発言を行っている場合は、聞き方を変える、複数人での聞き取りであれば別の聞き手が尋ねるなど、様々な手段を講じ、それでもうまくいかないときは、現在の立場から影響を受けた発言であると読み取れるような記録にする。もちろん、こうした駆け引きや揺さぶりを頻繁に行っていては、時間もかかり、また対象者との関係が悪化してかえって話を引き出しにくくなることもあるので、どこに重点を置くか、またどの程度行うか、といったことは、状況に応じた判断が必要となる。

④クロスチェック

一つの資料に書かれている内容は、偏っている、あるいは間違っている場合もあるので、他の資料とつき合わせて検討するということが歴史研究では日常的に行われている。例えば、一九一八年三月一三日の原敬の日記には、「自分も十分書類を閲見せざりしは間違《まちがい》の本なるも、本野の様にては困る」、「本野には直接厳談したることもあれども、兎に角軽卒にて困る」、といった寺内正毅首相の言が記されている。これは、単独では信を置いてよいか判断に迷う記述である。原宛寺内書簡ならば問題はない。しかしこれは、原の日記である。このとき、シベリア出兵を推進する本野一郎外相に批判的な原は、寺内の本野批判の言を誇大に書き記しているかもしれない。そこで寺内側の資料を見ると、翌一四日の日記に、「外交上の議、外相との間面倒《あいだ》となれり。今朝長く会談せり」と書かれており、寺内・本野間には本当に疎隔があったらしいということが裏づけられる(佐々木二〇一七)。現代のオーラル・ヒストリーの記録を読み解く際も、同様の作業が求められる。

さらに、オーラル・ヒストリーの場合には、記録を「つくる」時点でこれを応用することができる。つまり、既に他の関係者への聞き取りが行われていることも少なくないし、あるいは、聞き取り対象者自身のオーラル・ヒストリーや回顧録が刊行されている場合もある。そうした記録を踏まえて、不明確な部分について質問を重ねるとか、話が食い違っている部分を詳しく尋ねていくことで、より実態や全体像の解明に資する記録ができあがっていく。

⑤イエスよりノー

「○○ですか?」という質問に対して、「そうそう」、あるいは「○○です」といった答えが返ってきている場合、必ずしも信頼できる情報ではない。質問に誘導されている、質問者に合わせている、という可能性が少なからずあるからである。逆に、「それは違う」、「いや××です」などと答えているときの方が、信憑性が増す。同様に、質問者と話がうまくかみ合っていないところも注目すべきで、次節の野中広務の記録など、その例である。

記録の解釈の仕方としてはそのようになるが、裏返すと、聞き取りを行う際には、いかにうまく「ノー」を引き出すかというのが重要になってくる。対象者がなめらかに語り、時々はさまれる質問に対しても「そうそう」と答えているような場合、あえて語りの速さを落とさせる質問や、「それは違う」と言われそうな質問を投げかけるというのが有力になる。ただし、対象者にストレスなく語ってもらうというのも必要なことなので、そのあたりは見極めなくてはならない。

二　自由党の成立と「保保」の再検討

一九九七年一二月、新進党の解党が決まり、翌一九九八年一月六日、自由党が結成される。党首は小沢一郎である。

自由党は、「保守的な急進改革を唱える小沢氏の自由党」（『朝日新聞』一月一日朝刊）などと、当初から「保守」的とみなされていた。ただしその言葉の意味ははっきりしない。党の支持層や左右軸上のおおまかな位置どりの問題として「保守」という言葉が使われることがある一方で、「政策では行財政改革をはじめ多分野にわたる過激な構造改革、理念としては小さな政府と自己責任原則に基づく新保守主義」（『読売新聞』一月七日朝刊）と、小沢ないし自由党の政策理念が（新）保守と評されることもあった。あるいは、「小沢氏は憲法改正を容認しており、同党は「自民党の右に位置する急進的保守政党」（野党幹部）」（『毎日新聞』一月四日朝刊）と憲法改正への意見や自民党との相対的な位置関係が注目されることもあったし、「我々が掲げる真の民主主義・自由主義は、日本の良き伝統・文化・歴史を大事に守っていくことだ」という結党議員総会での小沢の挨拶が、「保守的色彩を鮮明にした」と報じられることもあった（『朝日新聞』一月七日朝刊）。

そうしたなかで、自由党と自民党の一部が接触する動きは、「保保」として論じられた。もともと、「保保」、あるいは「保保連合」といった言葉は、新聞上では一九九四年六月頃から使われている(5)。連立政権から最大勢力の社会党が抜けた羽田内閣が事態をどのように打開するかというなかで、自民党との間に生じた、あるいは一部で期待された連携の模索が、そのように取り上げられた。結局、羽田内閣はその月のうちに退陣となり、自民・社会・さきがけを与党とする村山内閣が成立する。そしてその後、自民党内の路線対立を説明する際に「自社さ」対「保保」という構図が用いられ、また自民党と保守系野党勢力との接触や提携の動きが見られる度に、「保保」という言葉で論じられた。

しかしながら、それらの言葉がいかなる意味なのか、また政治過程を分析するうえで有効な用語なのか、というのは改めて考えてみる必要がある。

野中広務のオーラル・ヒストリーである五百旗頭ほか編（二〇〇八）では、橋本内閣期の政治情勢について、聞き手の側が明確に、「自社さ路線」と「保保路線」の対立という構図を基に質問を投げかけている。そしてまず、「梶山静六さんは「保保路線」に傾斜していったようですが、それはなぜだったんですか」と尋ねた。すると野中は、「梶山さんは橋本政権で官房長官のとき、橋本さんが外遊するときには必ず羽田まで見送りと出迎えにいっていました。〔中略〕ところが、梶山さんは途中から羽田に行かなくなってしまったんです。そのあたりから経済政策について橋本さんと完全に意見が分かれてくるんですね」と述べ、続けて沖縄駐留軍用地特別措置法改正案をめぐって「大政翼賛会的にならないよう」云々の発言をして梶山に怒られた話をした(五百旗頭ほか編二〇〇八：一六一―一六三)。梶山がなぜ「保保路線」に傾斜したのか、という質問に対する答えにはなっていない。

そして、「野中さんの発言は、政治的には新進党と一緒に行動する「保保路線」に対する牽制ともとれます」という問いには、「いいえ。この法律は沖縄の米軍用地の使用期限が切れた後も、仮に知事が反対しても国が暫定使用できるようにするための法律です。ですからある意味で非常に恐ろしい法律なんです」と否定した。結局、「いずれにしても、野中さんと梶山さんとの間にどんどん隙間ができていくわけですね。経済路線で橋本さんと梶山さんの間に距離ができたのはわかりますが、なぜ梶山さんは「保保路線」に傾斜したのですか」と重ねて問われると、「それはわからないですね」というのが野中の答えであった(同：一六三―一六四)。野中は、梶山の心中について尋ねられてもわからないという面もあったかもしれないが、そもそも、「自社さ」対「保保」という枠組みで語ろうとしていない。

森喜朗のオーラル・ヒストリーでも、似たようなすれ違いがある。聞き手の側が、「ハト派的な「自社さ」と、そうではない「保保」とのせめぎ合いが始まった」なかで一九九七年五月に森と小沢がロンドンで会ったことについて尋ねると、森は、「特別な目的があって会ったわけではない」、「あの会談に何かを期待していたわけではなかった」などと述べた(五百旗頭ほか編二〇〇七：一九八―一九九)。森自身に、「ハト派的な「自社さ」」路線と対抗する動きの一環、という意識はなかったように読み取れる。森やYKK(山崎拓、加藤紘一、小泉純一郎)が自自連立に消極的だったということに関しても、「われわれは旧田中派の人たちとの関係が必ずしもうまくいっているわけじゃあなかった。〔中略〕YKKは首尾一貫して保保に反対だし、田中派にも反対だった」と派閥論で説明している(同：二〇〇)。

一方、藤井裕久は、自自連立に至る流れとして、保保の重要性を繰り返し強調している。一九九七年三月、自民党側は谷津義男、新進党側は藤井が代表世話人となって、自民・新進両党議員による「日本の危機と安全保障を考える会」が発足する。主に自民党側は亀井静香、新進党側は小沢に近い議員たちであり、保保連合をにらんだ動きと目されていた（新聞各紙、三月二八日朝刊）。藤井は、「これが小渕連立の根っこになっているんです。「保保の会」が根っこになっているんです」と語る（藤井オーラル・ヒストリー第一九回：一六）。またこれとは別に、一九九八年、藤井が自民党の平沼赳夫と何度か会談を行ったことが報じられている（『朝日新聞』三月二六日朝刊、一一月一〇日朝刊など）。こうした動きはまさに、新進党の保守系勢力、あるいは「自民党の右」と言われた自由党が、自民党のなかでも特に保守色の強い議員たちに接触を図っているものだった(6)。

研究上も、一九九〇年代後半の日本政治を論ずる際に、「保保」という言葉や「自社さ」対「保保」の枠組みは広く用いられている。しかしそこに込める意味は、論者によって大きく異なる。

中北（二〇一四）は、一九九七年に自民党内で保保派と自社さ派の対立が激化し、当初は自社さ派が優位であったが、その後保保派が自社さ派を逆転していったとする。そしてそれはリベラル派に対する右派の勝利であり、また自自連立政権の成立は保保派の勝利を意味したと論じる。

それに対し、竹中（二〇一〇）は、中北（二〇一四）と異なりイデオロギー的な意味はほとんど含めず単に路線対立の呼称として「自社さ」や「保保」の語を使い、かつ、自自連立をそうした枠組みの延長線上には位置づけていない。自自連立が成立する契機としては政局面を重視しており、小沢は当初、小渕内閣倒閣を考えていたが、金融危機を利用して倒閣に追い込もうとしない民主党に失望し、自自連立に前向きになったとする。

山本（二〇〇九）や宮城（二〇一六）も同じく基本的には「自社さ」や「保保」を単に路線対立の呼称として用い、また自自連立と直接的なつながりがあるものとは捉えていない。ただ、山本（二〇〇九）は自自連立の背景について論じるなかで、小沢における安全保障政策の重要性を強調している。他方、宮城（二〇一六）は、駐留軍用地特措法改正に関しては、自民党の「自社さ」対「保保」の路線対立と結びつけて論じている。
つまり、様々な報道や証言、先行研究において、「自社さ」対「保保」という枠組みの意味、その対立構造と自自連立との連続性、自自連立の成立における政策理念や信条の意義といった点について、見解が大きく分かれている。この不一致を浮き彫りにするという点で、野中・森・藤井各オーラル・ヒストリーの検討は既にその目的を達しているが、そのうえで、以上の諸点についての本稿の理解を簡単に記しておく。まず、「自社さ」対「保保」というのは、イデオロギーの問題よりも自民党内の権力闘争や小沢との関係性といった点から理解する方が妥当である。何度も生じた自民党の一部と小沢系との連携構想は、報道上は「保保」と総称されたが、その時々で連携の性格も自民党側の主要な担い手も異なっており、研究上はそれぞれ分けて考える必要がある。そして自自連立に関しては、最も保守色の強い連携構想であった亀井・平沼系と自由党とのつながりが連立成立過程で一定の役割を果たしたこと、また連立に向けた協議のなかで小沢が安全保障政策を重視していたことから見て(いずれも後述)、政策理念や信条に着目した分析が求められる。

三　自自連立に関する基礎的研究①——連立合意への道と野中広務

一九九八年七月、参議院選挙で自民党は大きく議席を減らし、橋本内閣は退陣となり、小渕内閣が成立する。そして一一月一九日、自民・自由両党間で連立政権樹立の合意がなされる。

その過程で中心的な役割を果たしたのが、野中広務である(五百旗頭ほか編二〇〇六：一七〇、五百旗頭ほか編二〇〇七：二〇〇、二一〇)。反小沢として知られていた野中は、官房長官就任直後の八月六日、インタビューで、「小沢さんにひれ伏してでも」国会審議での協力を頼むと述べた(『朝日新聞』、『読売新聞』八月七日朝刊)。回顧録によれば、「この政権の命脈は自由党と連立を組めるかどうかにかかっている」と考えての発言だった。とはいえ積年の感情のもつれがすぐにとけるわけではなく、まずは「すでに京都の選挙などで、連携のあった公明党と接触をすることにした」。そして、冬柴鐵三に連立の相談を持ちかけたところ、「いきなり自公というわけにいかない」、「ワンクッション置いてもらわなければ」との返事であり、この「ワンクッション」というのが自由党であった。

そこで八月一五日、野中は加藤紘一、古賀誠と会って相談し、「最終的には公明党と連立する以外にない。けれどもストレートには難しい。だから、とにかく自由党とやらざるを得ない」と語った。すると加藤から、「何なら俺が小沢さんに会ってもいいよ。岩手、山形で親父の代からの付き合いだから」との申し出があった。しかし対小沢関係という問題は自分で解決しなくてはならないと考える野中はそれを断った。そして八月二〇日過ぎに亀井静香から小沢との会談を強く勧められ、八月末、高輪プリンスホテルで亀井同席のもと、小沢に会った。野中が、過去にいろいろとあったがここは一つ協力をお願いしたいといった趣旨のことを述べると、小沢は、そんなことはいいから国家のことを考えようと答えたという（野中二〇〇三：七四―七九）。

野中はオーラル・ヒストリーでも、日にちは明確ではないものの八月下旬に亀井から小沢との会談を勧められ、高輪プリンスホテルで三人で会ったということや、そこでの小沢とのやりとりについては、同じように述べている。八月一五日に加藤・古賀と相談した、という点も共通している。

しかしながら、それ以外の部分では話にかなり食い違いがある。(7) 五百旗頭ほか編（二〇〇八）では、八月一五日の相談について触れたところで、「その場ではいきなり公明党との連立はあからさまだから、まず自由党との連立をしようということになったのですか」という質問が出たのだが、これに対し野中は、「いやいや、そうではないです。自由党の話は実は公明党から出てきたのです」と答えている。そして、以下のように説明する。参議院が過半数割れしているなかでどうするかというところを国対委員長の古賀と相談し、一度公明党（当時は分裂中。一一月に公明党再結成）と話をしようということになった。そのうえで八月一五日に三人での相談があり、公明党との連立の話を持ち出すと、加藤は、「あなたたちは創価学会の池田大作名誉会長に面識があるのか」、「僕は池田さんと面識があるから、僕が話をしてもいいよ」と応じた。しかし、「こういう話は筋道が大変」ということで古賀を野中がバックアップするかたちで進めることになった。そのように公明党側に接触したところ、「まず自由党という座布団を間に置いてほしい」という反応だったため、自由党と先に連立を組もうということになった。そして野中は加藤に、選挙区は隣だし父親同士は縁があったのだから、連立について小沢と話をしてほしい、と頼んだというのである（五百旗頭ほか編二〇〇八：一六九―一七二）。もう一つのオーラル・ヒストリーで述べているのも基本的には同じで、八月一五日に三人で相談して公明党との連立という話になり、加藤が接触を買って出たのを押しとどめて野中・古賀が公明党側と話をし、「真ん中に座布団を置いて欲しい」とのことだったので今度は自由党へ、という展開である（御厨・牧原編二〇一二：二六五―二六六）。

以上見たように、回顧録と二つのオーラル・ヒストリーの間では話にズレがあり、野中は小渕内閣発足の時点でどの程度自由党との連立を意識していたのか、公明党系と接触したのはどの時点なのか、加藤は自由党との協力や公明党との協力に関してどのような姿勢だったのか、といった重要な点が不明確になっている。実際に聞き取りを行っていると、たしかに、その場の話の流れや雰囲気、時間的制約があり、すべてのことについて細かく尋ねるというわけにはいかない。それでも、やはりこれだけ異なる話がなされている場合には、どちらかのオーラル・ヒストリーの聞き取り時に、「回顧録ではこのように書かれているようですが」と尋ねた方がよかったように思われる。

四　自自連立に関する基礎的研究②――小沢一郎論

逆に、回顧録と両オーラル・ヒストリーで共通しているのが、個人的関係云々はもういいから国家、政策について語ろう、といったような小沢の反応である。野中はさらに、「小沢さんは原理原則の人ですから、（連立に向けての協議のなかで）特に外交や安全保障問題についていろいろ言ってきた」と言う（五百旗頭ほか編二〇〇八：一七三）。そして、

「連立を働きかける自民党の武器は「選挙協力」だったわけですか?」という質問に対しては「それもあったと思いますよ」と答えたものの、続けて「それをちらつかせたんですか」と問われると、「いや、ちらつかせはしませんでした。というのも、小沢さんはとにかく「政策だ、政策だ」と言いましたからね」と述べている(同：一八二)。これは、一つ目は質問に合わせたようにも見えるイエス、二つ目がはっきりとしたノーの答えであって、小沢との折衝の中心は政策であった、という野中の意識が見てとれる。野中はより詳しく、次のような説明も行っている。「〔連立交渉の会合は〕ずいぶんやりましたよ。また、難しいんだ。小沢さんの独創的なところもある。あの人は細かい政策については言わない。ところが、国家の有り様とか、防衛の在り方とか、そんなことよく言うな、というようなことを言ってくるわけです」(御厨・牧原編二〇一二：二七二)。これらは、小沢が、「僕たちは「我々の政治目的に合う政策を実行するのならば協力する」と言って、直ちに安全保障、行財政改革や国会議員の定数の大幅削減をはじめとする実行すべき政策をまとめて、「これでいいか」と提示した」と述べているのと(五百旗頭ほか編二〇〇六：一六六)、話が合致している。

さらに、野中の語る小沢論、小沢像は、長年小沢の側にいた藤井の見方ともかみ合っている。例えば、野中は小沢について、原理原則、政策、といった観点から説明する一方で、「まあ、変わる人だな、と思って僕は眺めているんだけれど。僕は、あの人は政局に強いと思うが、政策には一貫性がない。どう考えているのかわからんのです」とも述べる(御厨・牧原編二〇一二：二七二)。それは、小沢には政策と政局の両面があったと語る藤井の言葉では、「一貫性はあるんですが、選挙のたびごとにどっちが有利かを強く出す人だということですよ」となる(藤井オーラル・ヒストリー第一九回：三五)。両者は小沢との関係性が異なるため、表面的には、どの程度批判めいた言い方をするかという点で差が出てくる。しかしその分を差し引いて解釈すれば、実質的には同じことを言っているのである。

小沢に関して、「政策の人」か「政局の人」かという議論がある。それについて山本(二〇〇九)は、『日本改造計画』が出版された一九九三年以降に小沢や小沢が率いる政党が掲げた政策を分析した。そしてその結果、税率のような各論は選挙に合わせて融通無碍に変えているものの、内外政の制度面での改革を中心とする政策論についてはほとんど揺らぎが見えない、と論じた。野中・藤井両オーラル・ヒストリーの検討からも、この説明は支持される。

五　自自連立に関する基礎的研究③——政策

一九九八年一一月に連立政権樹立で合意した後、一九九九年一月に自自連立内閣が発足する。そして冒頭でも触れたように、この内閣のもとで、ガイドライン関連法や国旗・国歌法、組織的犯罪対策三法、改正住民基本台帳法など安全保障や国家観に関わるものも含め、多くの重要法案が成立した。

それについて竹中（二〇一〇）は、小渕内閣・自民党が公明党の修正要求を受け入れたことで法案が成立していったとする。自由党は、主要なアクターとはみなされていない。宮城（二〇一六）もほぼ同様である。

中北（二〇一四）も自自公の連携によって法案が次々に成立したと説明するが、同時に、自民党の右傾化を指摘している。国旗・国歌法や憲法調査会設置法について、日本会議やそれに近い議員集団が求めてきたものだとして、リベラル派の優位が急速に失われたと論じる。

樋渡（二〇〇二）は、自民党は法案成立のために公明党の支持を必要としており公明党には政権参入意欲があった、と論ずる一方で、安全保障政策をめぐる自民党とより右側の自由党との軋轢を強調している。自民党としては、公明党と自由党の双方に配慮する必要があった、という論である。中野（二〇一五）は、さらに明確に、小渕内閣・自民党は、公明党と手を組むうえでの緩衝材として重要な自由党の要求を聞き入れることで、左右軸上のより右側の政策を採用したとする。

つまり先行研究では、右に挙げたような重要法案がどの勢力や人物の考えに近いのか、いかなる力学を経て形成されたのか、といった点について理解が定まっていない。野中のオーラル・ヒストリーに基づくと、小沢・自由党の影響力が大きかったように見える。野中は、「自分が内閣の要にいて自由党との連立が大事だと言いながら、こんなにどんどん危ない法案を通していいのか、特にガイドライン関連法や住民基本台帳法は、私は自治大臣をやった経験があるだけに、こんなものをやっていいのかと自問自答しました」と述べる(五百旗頭ほか編二〇〇八：二二二)。そして、「僕は本来、小沢さんの考えに警戒心を持っていましたからね。「国連軍の名の下なら何でもできるんだ」という小沢さんの考えは危ないと思っていた」(同：一八九)などと、特に安全保障政策をめぐる小沢との考えの違いを繰り返し語っている。

もっとも、そうした語り方には、その後の小沢・自由党との別れの必然性や正当性を示そうとする意識が含まれているのかもしれない。小沢・自由党の主張と法案の内容が合致しているとしても、それはもともと自民党ないしその一部も目指していた政策である、という理解もあり得る。また、国旗・国歌法については、野中自身が主導したと述べている。自民党内の考え方の分布、そして各法案の形成・折衝過程について、さらなる分析が必要である。

おわりに

本稿は、より政治史研究に資するオーラル・ヒストリーを聞き手として「つくり」、また記録を読み解く方法を論じ、それを踏まえて一九九〇年代日本政治における保守、そして自自連立についての検討を行った。ただしそれはあくまで、限られた紙幅のなかでの基礎的検討である。個々の政策決定過程の解明、自民党・自由党その他各党の詳しい分析、国会や連立政権に関する一般的知見との接合など、取り組んでいくべき作業は多い。いずれも今後の課題としたい。

参考文献

飯尾潤（二〇〇五）「政治学におけるオーラル・ヒストリーの意義」（二〇〇四年度『年報政治学』二一―三二頁）
五百旗頭真・伊藤元重・薬師寺克行編（二〇〇六）『九〇年代の証言　小沢一郎　政権奪取論』朝日新聞社
五百旗頭真・伊藤元重・薬師寺克行編（二〇〇七）『森喜朗　自民党と政権交代』朝日新聞社
五百旗頭真・伊藤元重・薬師寺克行編（二〇〇八）『野中広務　権力の興亡』朝日新聞社
佐々木雄一（二〇一七）『帝国日本の外交 1894-1922　なぜ版図は拡大したのか』東京大学出版会
清水唯一朗・諏訪正樹（二〇一四）「オーラル・ヒストリーメソッドの再検討　発話シークエンスによる対話分析」（『Keio SFC Journal』第一四巻第一号、一〇八―一三二頁）
竹中治堅（二〇一〇）『参議院とは何か　1947〜2010』中央公論新社
トンプソン、ポール（二〇〇二）『記憶から歴史へ　オーラル・ヒストリーの世界』酒井順子訳、青木書店
中北浩爾（二〇一四）『自民党政治の変容』ＮＨＫ出版
中野晃一（二〇一五）『右傾化する日本政治』岩波書店
野中広務（二〇〇三）『老兵は死なず　野中広務全回顧録』文藝春秋
原彬久（二〇一五）『戦後政治の証言者たち　オーラル・ヒストリーを往く』岩波書店
樋渡由美（二〇〇二）「政権運営　政党行動と安全保障」（樋渡展洋、三浦まり編『流動期の日本政治　「失われた十年」の政治学的検証』東京大学出版会、一一五―一三四頁）
ホルスタイン、ジェイムズ、ジェイバー・グブリアム（二〇〇四）『アクティヴ・インタビュー　相互行為としての社会調査』山田富秋ほか訳、せりか書房
牧原出（二〇〇七）「政治談話とオーラル・ヒストリー記録　政治学から読むオーラル・ヒストリー」（御厨貴編『オーラル・ヒストリー入門』岩波書店、一一七―一五三頁）
御厨貴（二〇〇五）「特集にあたって」（二〇〇四年度『年報政治学』iii―vii頁）
御厨貴、牧原出編（二〇一二）『聞き書　野中広務回顧録』岩波書店
宮城大蔵（二〇一六）『現代日本外交史』中央公論新社
ヤウ、ヴァレリー・R（二〇一一）『オーラルヒストリーの理論と実践　人文・社会科学を学ぶすべての人のために』吉田かよ子ほか訳、インターブックス
山本健太郎（二〇〇九）「小沢一郎と政界再編　「政策」と「政局」のはざまで」（御厨貴編『変貌する日本政治　九〇年代以後「変革の時

代」を読みとく』勁草書房、四三―七三頁）

（1）　オーラル・ヒストリーには古くから社会学的・民衆史的な関心や研究蓄積が存在するが、本稿では政治史研究の資料としてのオーラル・ヒストリーについて論ずる。

（2）　近代史研究の資料を取り上げながらオーラル・ヒストリーの意義や特徴、解釈方法を論じたものとして、牧原（二〇〇七）。二〇〇四年度『年報政治学』所収各論文も参照。

（3）　オーラル・ヒストリーの観点からインタビューの技法について論じたものは多々あるが、一例として、ヤウ（二〇一一）。明確化のための質問についても端的に記している。

（4）　もっとも、それ以前のトンプソン（二〇〇二）なども、誘導するような質問は通常は避けるべきとしつつ、うまく質問を組み合わせて話を引き出していくことの重要性を説いている。

（5）『読売新聞』一九九四年六月一一日朝刊、『日本経済新聞』六月一二日朝刊、『朝日新聞』六月二四日夕刊、『毎日新聞』六月二四日夕刊。

（6）　自自連立に向かう「地ならし」としての二つのルートについて、以下の新聞記事は藤井の話と同旨である。「一つは「国会対策」という表の場で、自由党の二階俊博国対委員長と自民党の古賀誠国対委員長が連携。もう一つが、藤井氏と平野貞夫参院議員が、昨年の「保・保」連合構想のパートナーだった自民党反執行部グループの亀井静香元建設相、平沼赳夫元運輸相らと、二年以上も続けてきた政策協議だった。この「裏部隊」は、「保・保」構想の挫折後も、両党連携の日に備えて接触していた」（「六年目の復縁・自自連立の裏側／中　「小沢一郎氏撤退」を地ならし　自由党」『毎日新聞』一九九八年一一月二一日朝刊）。

（7）　野中が自由党との連立を考えた時期と経緯について、野中の回顧録の記述と五百旗頭ほか編（二〇〇八）での発言が食い違っていることは、既に竹中（二〇一〇）でも指摘されている。

「行革官僚」の成功と挫折

砂原庸介

はじめに

行政改革は、オーラル・ヒストリーの題材として用いられやすい。なぜならば、制度や組織を変更する行政改革の過程は、なぜ変化が生じるのかという観点から理論的・実践的な関心を喚起する一方で、通常の政策過程についての知識をそのまま行政改革の過程に当てはめることが難しく、観察者である研究者にとってよくわからない事実が多くなるために、改革に参加した当事者へのインタビューをもとに「出来事」について記述する必要が出てくるからである。日本における初期の行政改革である国鉄改革の記述と分析を嚆矢として(草野一九八九、飯尾一九九三)、これまでに税制改革や組織改革も含めた制度の変更を、インタビューデータを用いながら分析する研究が蓄積されてきた(加藤一九九七、戸矢二〇〇三、秋吉二〇〇七、高橋二〇〇八など)。また、とりわけ国鉄改革や道路公団民営化のような大きな行政改革においては、研究者によるインタビューとそれに基づく分析だけではなく、改革の当事者自らによる回顧も数多く発表され、ひとつの「出来事」について様々な説明が与えられることもある。

しかし、通常の政策過程とは異なるがゆえに、行政改革についてのインタビューデータをどのように利用するかは難しい。インタビューの対象者によって「出来事」の具体的な描写や重みの付け方は異なる可能性があるし、一回性が高いために過程が偶然に支配される部分が相対的に大きくなると予想されるからである。変化を説明するために、ゲーム理論などによってあらかじめモデルを構築し、決定的な分岐について検討する「アナリティック・ナラティブ」のようなアプローチも提案されているが（Bates et al. 1998, 戸矢二〇〇三）、あらかじめ理論に適合したインタビューの結果が用いられたり、逆に当事者の意図や信念の軽視につながったりする恐れも否定できない（Elster 2010）。そこで、理論的な負荷をかけずに複数のインタビューを並べることで、行政改革の背景や特徴などを明らかにして「今後の議論の素材となることを期待」したり（大嶽一九九七）、実務家の執務知識や行動様式を知るための資料を提供したり（林・武智二〇一五など）することを重視するものも発表されている。

行政改革を分析するときに、オーラル・ヒストリーのようなインタビューを利用することは簡単ではないと認めたうえで、それでもなお素材の提供や特定事実の確認以上の何かは可能になるだろうか。このような観点から、この小論では、行政改革を担当した二人の官僚、具体的には継続して行政改革に関わってきた田中一昭氏を中心に、黒野匡彦氏のオーラル・ヒストリーを交えて用いることで、特定の行政改革について何かを明らかにするのではなく、改革に共通するパターンの析出を試みる。具体的に対象となるのは、二人がともに関与して成功した行政改革とされる国鉄改革・航空規制緩和と、田中氏が参加したものの失敗と評される道路公団民営化である。それを通じて、この時代に「行革官僚」として活躍した田中氏から見た行政改革という営みについての含意を得ることができるだろう。

一　二つのキャリア

まず田中一昭氏と黒野匡彦氏がどのように行政改革に関わってきたかについて、簡単に整理しよう。田中氏は、一九六一年に行政管理庁に入庁した後、キャリアの早い段階から環境庁創設や資源エネルギー庁創設などの組織再編に関わり、課長級の行政監察局監察官として中曽根康弘行政管理庁長官のもとで創設当時から第二次臨時行政調査会（第二臨調）に関与した。その後、大臣官房の課長を経て、一九九〇年に設置された第三次行政改革審議会の事務局で担当審議官を務め、一九九四年に設置された行政改革委員会では事務局長として行政改革や規制緩和を推進すること

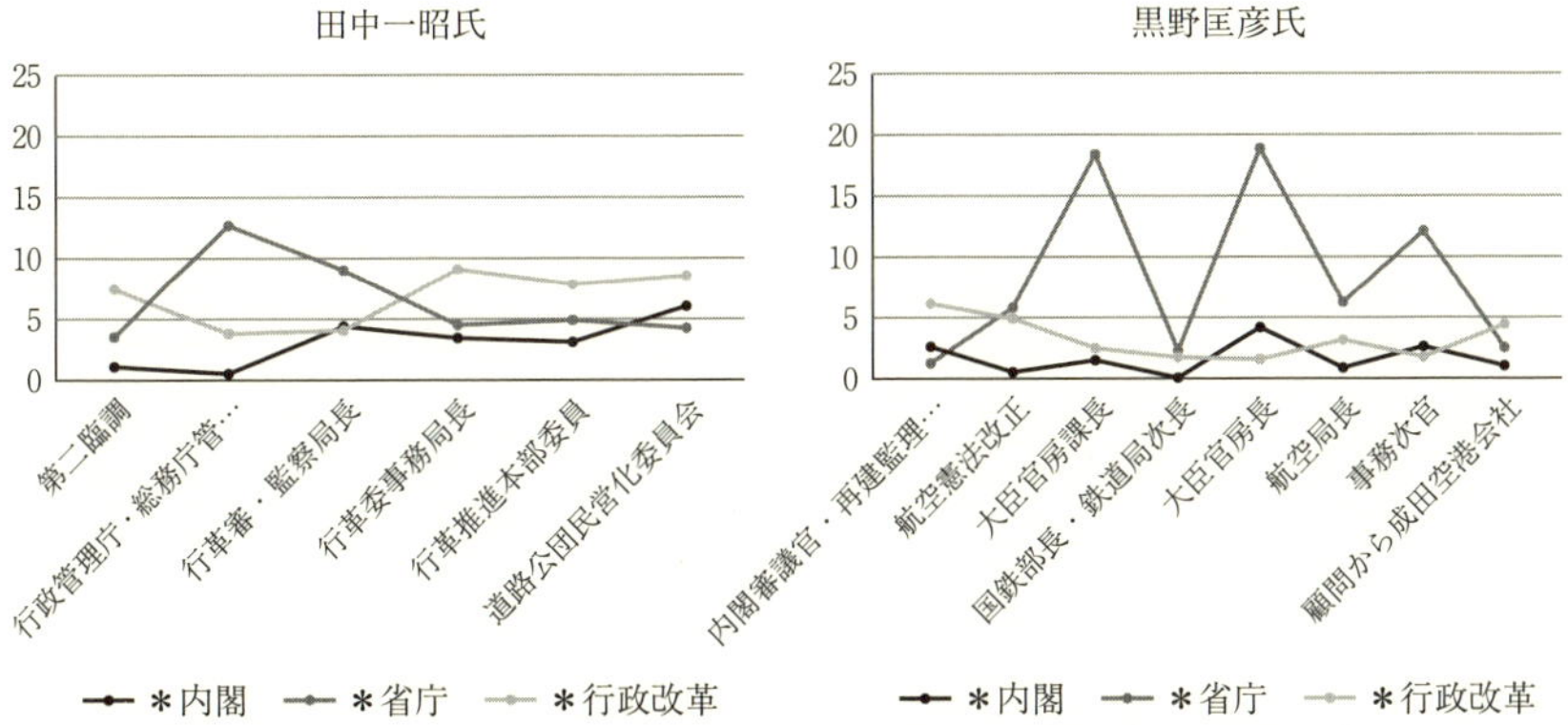

出典：両氏のオーラル・ヒストリーのテキストデータを用いて筆者作成．作成に当たってはKHコーダーを利用した．

注：「内閣」は内閣，内閣官房，閣議，閣議決定，総理，首相，官房長官，官邸，政権という単語，「省庁」は大臣，長官，事務次官，次官，官房長，官房，局長，総務課長，秘書課長，会計課長，人事課長，文書課長という単語，「行政改革」は民営化，規制緩和，規制改革，行政改革，行革，分割，上下分離，上下一体，特殊法人という単語の出現数をカウントした．

図 1　田中・黒野両氏のオーラル・ヒストリーにおける関連語の出現率

になる。一九九七年に事務局長の職を辞した後は、行政改革に関する審議会の委員を歴任し、特に二〇〇二年からの道路関係四公団民営化推進委員会（道路公団民営化委員会）の委員として、行政改革に関わり続けた。

他方、黒野氏は、「行革官僚」というよりは、運輸行政全般に通じた官僚であったというべきだろう。一九六四年に運輸省に入省した後、陸運や航空という運輸行政に携わり、一九七八年に日本鉄道建設公団の監理官として国鉄改革への関与が始まる。第二臨調が始まったときには内閣審議官の立場にあり、国鉄再建監理委員会担当の参事官と併任して二次にわたる緊急提言の作成を主導したという。その後、原局原課の長として航空規制緩和と国鉄改革の仕上げといった業務に関わる一方で、文書課長や大臣官房長を歴任し、一九九七年に運輸事務次官に就任した。退任後は新東京国際空港公団総裁として民営化に関わり、成田国際空港株式会社の初代社長としてリーダーシップを発揮した。

両氏はともに国鉄改革から出発し、それ以降のキャリアのほぼ全てにおいて規制緩和や民営化を中心とした行政改革に関わり続けているが、いくつかの無視できない重要な違いがある。まず、行政管理庁・総務庁の官僚であった田中氏が、改革の対象に対する外部者として接しているのに対して、黒野氏は国鉄・航空という運輸行政における極めて重要な対象を内部者として改革する役割を担ってきた。次に、田中氏は大臣官房秘書課長を経験しているものの、行政管理庁・総務庁のマネジメントに関与することは少なく、内閣をはじめとして他の省庁との関係を構築しながら行政改革に携わり続けている。それに対して黒野氏は、文書課長・会計課長と大臣官房長、事務次官といった運輸省の中枢を歩み続けた。

両氏のオーラル・ヒストリーのデータを用いて、行政改革や省庁、内閣についてどの程度言及されているかを確認してみると（図**1**）、黒野氏は官房系の職にあるときは省庁への言及が非常に増えることがわかる。田中氏はむしろキャリアの展開とともに省庁への言及は少なくなり、その代わりに内閣への言及が増える傾向にあった。グラフの傾向からわかることは、田中氏が行政管理庁・総務庁という立場をやや離れて、内閣と関わりながら行政改革に携わっていくのに対して、黒野氏の場合はあくまでも運輸官僚としての立場から、退任後の新東京国際空港公団総裁も含めて、担当する職についたときにその事務の改革を進める傾向があったと言えるだろう。同じように行革官僚と呼べるキャリアであっても、外からの改革者としての性格が強い田中氏と、内からの改革者としての性格が強い黒野氏という違いがあると理解できる。

二　行政改革の成功体験

(**1**) 国鉄改革

両氏がともに関与し、成功と評価されることになったのが、国鉄の分割・民営化である。すでに述べたように、国鉄改革については様々な研究や証言がなされている。この改革を成功させた要因としては、中曽根首相のリーダーシップや第二臨調（第四部会）委員の交渉力、さらには国鉄側で改革に協力した人々の努力などが指摘されている[1]。この小論で何が国鉄の分割・民営化を成功させた決定的な要素であるかを改めて論じることはできないが、オーラル・ヒストリーを通じて、この改革に参加した二人の官僚が重要だと考えている要因を指摘することはできるだろう。

国鉄を含む三公社の改革を担当する第二臨調第四部会の事務局の中心を担った田中氏は、臨調委員のみならず、国鉄内の改革派や自民党の政治家たちとの接触を持っていた。その田中氏が強調するのは、まず改革案である審議会の答申を細かく出して、その実行の監視に注力したことである。そして、そのような方針を採るからには、個々の答申が国鉄にとって実現可能であることが求められる。まとめて膨大な答申をしてしまった第一臨調は、その答申が実行に移されることがなく、第二臨調の反面教師となったのである。後述していくように、この実現可能性の重視は、田中氏が関わる行政改革にとって重要なポイントとなる。

第一臨調のときは三年かけて、最後のときに十六項目にわたって答申したんです。第二臨調はその反省に立って、一回一回が答申であると。だから仮の答申ではないんです。中間答申でも何でもなく、それぞれが独立した答申なんだと。だから早く答申して、政府がやるかやらないか臨調自身がそれを監視しようという姿勢をとった。ここがいままでの審議会と違うところです。わずか二年の間だけれども、その間にできることからどんどん答申して政府の対応を見る、というのが土光臨調のとった一つの方針ですね。（田中述、I、九八）

実現可能な提案を生み出すためには、審議会の委員と事務局に適切な知識を供給する必要がある。そこで田中氏が強調するのは、会議を「回す」ノンキャリア職員の役割である。第二臨調の事務局には、各省庁からキャリア職員が集められていたものの、提案を生み出すための企画や段取りをどのように組み立てていくかについての方法論を持たなかったという。そこで利用できたのが、「行政監察（あるいは行政評価）」という一歩引いた視点からテーマについての知識を収集し、解決策を取りまとめていくときの方法論であったという。

こういう仕事は、まず、段取りしなければいけないじゃないですか。例えば国鉄を扱うときに何をどうしたらいいのか。まず専門家からヒアリングしなきゃいけないだろう。あるいは国鉄当局からも話を聞かなければいけないだろうという話になりますね。国鉄当局からどういう聞き方をするのか、運輸省からどういう聞き方をするのか、何を聞くのか、いつ頃のタイミングで、どの順番で。それから専門家は誰を呼んだらいいのか。労働組合も呼ばなければいけないですが、下手すると反対反対ばかりになっちゃいますから、どういう人をどのタイミングで呼ぶか。おかげさまでそれが悉く成功したんです。（田中述、Ⅰ、一〇二）

第二臨調で分割・民営化を謳う最終答申を出した後、田中氏は国鉄改革に直接関与する立場からは離れて行政管理庁に戻る。他方、最終答申を受けて創設された国鉄再建監理委員会では、運輸省から出向した林淳司事務局次長のもとで黒野氏は主に委員会の緊急提言を担当することになる。黒野氏は、国鉄による整備新幹線計画を見合わせることを提起し(2)、臨調の方針に合わせて赤字を生み出す新規路線の建設を止めることを第一次緊急提言に盛り込んでいる。分割・民営化という方針が出ても、それを具体的に実現するためにはいくつかのステップを踏むことが重要であり、新幹線のように費用のかかる新規路線の建設中止はその最たるものである。それを進めるには、所管官庁である運輸省の意思決定が必要になるのである。黒野氏自身、内閣審議官になる以前には、日本鉄道建設公団の監理官（課長級）として赤字が予想される地方開発線および地方幹線（AB線）の建設凍結の決定に深く関与しており、このような提言を担当するのは極めて自然であったと言える。

その後黒野氏は、分割・民営化の方向を明確にする第二次緊急提言を用意した後で、再建監理委員会から離れて運輸省へ戻る。周知の通り、国鉄改革自体は、その後も国鉄内部で主に分割の是非をめぐり、政治家や労働組合をも巻き込んで、いわゆる「改革派」と「国体護持派」が争うことになるが、最終的に「改革派」が勝利して分割・民営化が実施された。このようにプロセスを振り返れば、まず田中氏が関わるような外部の専門家を巻き込んで提案の枠組みを作る段階があり、それを所管官庁である運輸省が受け止めて、最終的には実際鉄道を運営する国鉄で意思決定が行われている。改革を志向するプレイヤーの存在がそれぞれの段階で重要になることがわかるだろう。

(2) 航空規制緩和

次に取り上げるのは、やはり田中氏と黒野氏が関与した、航空分野での規制緩和である。航空分野での規制緩和は、一九七〇年代以降進められており(秋吉二〇〇七)、黒野氏は、航空局航空事業課長に在職時に、基本的に日本航空が国際線中心で、全日空が国内線中心という事業分野のすみわけを定めたいわゆる「航空憲法」の廃止に関わっていた。その後、一九九〇年代に航空分野での規制緩和は急速に進み、とりわけ需給調整は行政改革委員会が関与した「経済的規制で最大のもの」であり、「規制緩和の一里塚を越えた」という感覚を抱かせるほどのものであった(ともに田中氏の述懐による)。

第二臨調の事務局を離れ、行政管理庁に戻った田中氏は、主に行政監察局での業務を続けた後、一九八九年から総務庁審議官として行政改革審議会(第三次行革審)、そして行政改革委員会で規制緩和を担当していくことになる。行政監察局での職務以来、田中氏がしばしば強調するのは、国鉄改革と同様に、近い将来の実現可能な提案を行い、その結果を継続的に評価していくということであった。行政監察局の監察官を経て同局の企画調整課長となった田中氏が語るのは、向こう三年間の行政監察の中期計画を公開するようになったことである。事前に監察テーマを公開することで、各監察官に継続的な調査を促すとともに、監察の対象となる省庁にも公開されたテーマに反応することを促すのである。そして、仮に各省庁の事前の対応によって監察が不要になれば新たなテーマを立てるなど、中期計画自体にも弾力的に見直しをかけていくことになる。

このような手法は、行政改革委員会における「論点公開」や、特に規制改革分野における「三カ年計画」へと受け継がれている。「論点公開」とは、論点となっている許認可の事項について、規制を維持すべきという省庁に現状維持の説明をさせ、それと並べるかたちで外部有識者などによる改革論を用意し、何度かのやり取りを経て社会に向けて公開するという手法である。そのポイントは、「現状維持論を先に書かせた点」であり、既存の規制の存在理由を各省庁に説明させることである。その説明が合理的であるとみなされなければ各省庁としては規制の維持が困難になる。規制の非合理性を社会に対して広く訴えかけることを、規制改革の推進力にしようとしたのである。

「三カ年計画」は、村山政権から現在に至るまで使われている手法であり、当初時限を切って設立された行政改革委員会・規制緩和小委員会が、「論点公開」によって必要な法律や政省令の改革をどのようなタイミングで用意するかをあらかじめ明らかにしたうえで、存続する期間中に改革がどの程度進んだかをチェックし、確実に改革を進めようという趣旨で始められたという。そして、「三カ年計画」の中で規制分野によって改革の進むスピードが違えば、それに応じて計画も練りなおしていくことになる。田中氏自身も以下のように述べて、このように計画を作って毎年改定していくという手法が臨調時代の経験を踏まえているものであることが示唆されている。

そういう発想もやはり過去の改革の経験に立っているんだろうと思います。例えば第二臨調で、国鉄の分割民営は七つぐらいに分けろと。詳細は今度は再建監理委員会に任せました。再建監理委員会では、どこからどこを分割する、財産をどういうふうにすると詳細に分けて、三年ぐらいでということで審議していって、たまたま急転直下で民営化されちゃったんですが。（田中述、Ⅱ、四九）

とはいえ、「論点公開」などの手法を使って改革の必要性を訴えても、当事者である省庁がそれを受け容れないと改革は進まない。そこでとりわけ重要になるのが、各省庁で上位のポストを占める人々の説得である。田中氏によれば、出向者などを中心に下位レベルの担当者間の調整で限定された部分のみの改革にとどめる「取引みたいなこと」

が行われる可能性があり、それを防ぐためにも上位者を説得して改革を進める必要があるのである。航空分野での規制緩和の場合、説得の対象となったのは黒野氏であったという。田中氏は言う。

要するに、上のポストにいる人間の役割は説得です。部下は命令だけでは動きません。説得しなければいかん。部下が取引みたいなことをやっている場合がありますからね。幾つかの改革課題があるとします。例えば運輸省なら運輸省の課題については、運輸省から出てきた人に私は担当させます。彼自身としては、そのうちの一つか二つできればいいと踏んでいるわけです。ところが、私が相手の官房長なりと電話でいろいろやって、全部通ってしまうことがあります。全部こっちの言うとおりです。そうすると、「局長、やり過ぎじゃないですか」と言ってくる。「おまえはどこを向いて仕事をしているんだ。何がおかしいんだ。規制緩和するためにやっているんじゃないか」と言う。取引みたいなことをしているやつがいるんです。彼は下のほうでそこで妥協しているんです。運輸事務次官までした人で、新東京国際空港の社長になっている黒野［匡彦］という人がいます。彼が航空局長のときに、改革案を電話で一気に了解してもらったことがあります。そうしたら、下でいろいろやっていた話を越えてオーケーになったわけでしょう。下の人は参っちゃうわけです。そうしたら出向者は親元から叱られるわけです。「それは、おまえのところの幹部が悪いんだ」と（笑い）。（田中述、Ⅱ、二二一―二二三）

同じことを黒野氏から見ると、上位者の個人的な判断というよりは、より組織的な決定であると捉えられている。つまり、需給調整の撤廃は、陸運・海運も含めた運輸省全体としての決定であり、航空は自動車などと比べて積極的な立場にあったに過ぎないというのである。とりわけ国鉄民営化以降、運輸省の中に、規制緩和に積極的な人々が少なからず存在し、当時の次官（豊田実）を中心に省としてそのような流れがあったという。もちろん、航空局長であった黒野氏が、一九九〇年代前半に需要を伸ばしていた航空業界を背景に規制緩和をリードするところはあっただろうが。そのような立場について、黒野氏は次のように語る。

仮に僕がこのとき航空局長ではなくて自動車にいたとしますね。そうしたらもう少し消極的になったでしょう、業界の実態から見てね。だからこのときに航空をやらせていただいていたのは非常に有り難い話で、それは格好がいいわけですよ。もちろん流れ弾は飛んできますけれどね。航空が先頭を切ってこれをやっていると、自動車のほうもそれにそんなに遅れるわけにいかないという流れにどうしてもなりますよね。（黒野述、二三一―二三二）

田中氏は、外部者である行政改革委員会・規制緩和小委員会が練った改革アイディア（＝需給調整の撤廃）を、運輸省の改革派（＝黒野氏）が受け容れることで改革が実現したというストーリーを強調する。それに対して黒野氏の側は、重要なのは運輸省自体の変化であり、少なくとも幹部クラスではもとより規制緩和のアイディアは少なからず共有されていたと述べる(3)。このような両氏の齟齬は、国鉄の分割・民営化の問題にも通じるものがある。田中氏から見れば、第二臨調で分割・民営化の答申が行われ、再建監理委員会へとバトンが渡されていく中で、分割・民営化の方向が固まっていったとされる。他方、黒野氏は、分割・民営化というアイディアを提出した第二臨調の重要性は認めつつも、再建監理委員会が発足した当初は分割・民営化（特に分割）は必ずしも現実的とはされていなかったとして、具体的な改革案は運輸省や国鉄といったより利害関係の深い当事者が中心となったその後の議論で形作られていったと述べる。同じように行政改革に取り組む官僚でも、外からの改革者と内からの改革者では、強調されるべきポイントが異なるのである。

三　行政改革の挫折――道路公団民営化の事例

国鉄の分割・民営化や航空規制緩和は、一九八〇年代以降の行政改革における典型的な成功例として取り上げられる事例であるといえるだろう。それに対して、政治的に極めて注目されるイシューとなりながらも、しばしば失敗だったと評価される事例として、二〇〇〇年代初頭の道路公団民営化の事例がある。鉄道路線を作りすぎて赤字に転じ、まずは新規路線の建設の中止が問題となった国鉄と同様に、高速道路建設を担う特殊法人である道路公団は、不採算路線が経営を圧迫しており、改革が迫られることになった。

道路公団は、一九九〇年代に提起された特殊法人改革のテーマのひとつとしてしばしば取り上げられてきたものの、本格的な改革が行われることがなかった。しかし一九九〇年代後半に、作家の猪瀬直樹氏による『日本国の研究』などでファミリー企業の問題が取り上げられるなどした影響もあって、その硬直性・非経済性に対する批判が強まってきた。そのような中で二〇〇一年に成立し、特殊法人の原則廃止・民営化を主張する小泉純一郎政権のもとで、道路公団改革が検討されることになる。小泉政権は、二〇〇一年六月に特殊法人改革を検討する行革断行評議会を設置し、田中氏は、道路公団への批判を続けてきた猪瀬氏とともにその委員となった。

行革断行評議会で、道路公団民営化についての答申が行われた後、具体的にその内容を審議するために、道路公団民営化委員会が設置され、田中氏は猪瀬氏などとともに委員となった。この会議で田中氏が主張したのは、国鉄と同様に道路公団の分割・民営化を行うことである。その主張の核心は、いわゆる「上下一体」での分割・民営化であり、民営化された会社は資産である土地や道路を自ら所有し、それを用いて利益を上げ、必要に応じて税を払うというものである。田中氏は以下のように述べる。

道路の場合でも、所有してこそ、あるいは借金を皆背負ってこそ、それをフルに活用して利益を上げようとする。そこから国は税金を取る、というのが正常ではないのかなという考えを私はずっと持っていました。〔中略〕財産と借金を自分が抱えて、経営の状況によってそれを返していく。（田中述、Ⅱ、一一〇）

田中氏は、主にマッキンゼー・アンド・カンパニーの川本裕子氏と歩調をあわせながら、委員会の中で道路公団の民営化を主張する。このような民営化についてのアイディアは、委員会の事務局次長を務めた片桐幸雄氏のような道路公団内の改革派と一致する一方で、(4) 道路公団を所管する国土交通省（旧建設省）には受け容れられなかった。道路公団は、もともと高速道路の債務を償還した後の無料化を謳っており、永久有料制とも言える民営化とは根本的に異なる発想で運営されていたからである。旧建設省としては、増加する道路公団の債務問題に取り組む必要を認めるとしても、道路を建設するかどうかを決めるのはあくまでも国の判断によるものであった。そのため、旧建設省が賛成できる民営化の提案は、会社が土地や道路などの資産を持たずに道路の維持管理を行う「上下分離」であった。

道路公団のように巨大な資産と負債を抱える特殊法人を「上下一体」で民営化しようとすれば、民営化された会社が莫大な債務を背負うことになる。基本的に「上下一体」で民営化された国鉄についても同様の議論があり、最終的には新幹線については新幹線保有機構の設置というかたちで部分的に「上下分離」が取り入れられていた。しかし、道路公団民営化の議論では、「上下一体」と「上下分離」のどちらを志向すべきかについて、委員間の意見の一致を見ることができなかった。旧建設省が中心の事務局は今井敬委員長や中村英夫委員を擁して「上下分離」を主張したのに対して、最終的に田中氏や川本氏が実質的に中間派的な存在であった松田昌士氏や猪瀬氏を取り込むことで「上下一体」を強調するかたちの意見書がまとめられた。しかし、委員会が割れたことで、この意見書は実質的に無視されることになり、「上下分離」の道路公団民営化が実現することになった。(5)

道路公団民営化委員会における田中氏の主張やふるまいは、提案の実現可能性の高さを重視していた官僚時代とは大きく異なる。特定の民営化についてのイメージに基づいて、政策を主張する外部の専門家としての立場が強くなっている。そのような観点からは、「担当の役所が納得する案でなきゃダメだ」という今井氏や、行革官僚としての田中氏の正統な後継者にあたる行政管理庁・総務庁出身の官僚が運営する事務局は批判の対象となり、田中氏が本来望ましいと考える民営化の阻害要因として理解されることになる。次の田中氏の述懐は、田中氏自身の変化を象徴的に表現しているとも言えるだろう。

事務局というのは、どうやったらまとまるかということに集中しますから、形づくりを一所懸命考える。ですから、私の意見を聞くというよりはむしろ、どうしても私を事務局が考えるようなところに引きずり込もうとするという気持ちが強かったように思います。〔中略〕だから、あるときから、どのように妥協してまとめるかということに集中してしまって、本当の民営化云々ということを離れたのではないかと思います。（田中述、Ⅱ、一二五）

おわりに——行革官僚と時代の変化

行政管理庁・総務庁の出身で、一九八〇年代以降の行政改革に携わった行革官僚の代表的な存在である田中氏は、それまで閉鎖的に討議が行われていた審議会に、いわば「社会の目」を持ち込むことを強調していたと考えられる。何が問われるべき論点であるかを広く公開し、そのうえで実現可能な勧告を打ち出してその実施を監督する。そのような過程を経て、官僚や改革対象となる特殊法人の内輪の論理を排除しながら改革案が練り上げられていくことになる。成功した行政改革である国鉄の分割・民営化や航空規制緩和は、このようなかたちで改革案が作成されていったうえに、改革の対象である中央省庁、すなわち運輸省の協力が大きかったと言える。運輸省は、民営化や規制緩和といった政策をある種の規範として内面化した「主導アクター」（木寺二〇一二）であり、それが外部から投入されたアイディアを消化し、実現していくことで、行政改革が成功していったと評価できるだろう。

道路公団民営化の議論においては、このような条件が全く揃わなかったわけではない。むしろ「社会の目」については、それ以前の行政改革と比べても飛躍的に重要なものとなっていた。しかし会議が公開で行われ、個々の委員の主張の一貫性もリアルタイムで評価されてしまうことは、むしろ各委員にとって妥協を困難なものにしたと考えられる。妥協を行おうとすると、それぞれの「転向」が「社会の目」に晒されてしまうからである。また、それまでの行政改革において練り上げられてきた「上下一体」を志向する「民営化」というコンセプトは、田中氏を含めた委員の一部を強く拘束し、(6) 改革を主導すべき旧建設省や道路公団との合意を難しくしたと考えられる(秋吉二〇一七)。言うなれば、以前の成功した行政改革の遺産が、道路公団民営化の議論を難しくしたのである。そして、運輸省を対象として成功した行政改革とは異なり、旧建設省からの具体的な協力者がオーラル・ヒストリーにおいて言及されることはなく、道路公団からの協力者であった片桐氏も、国鉄において改革を主導したとされる、松田氏をはじめとする「三人組」ほどの影響力を持つことはできなかった。

本稿ではオーラル・ヒストリーを通じて複数の行政改革を検討することで、ひとつのギャップが見えてきたように思われる。「行革官僚」として経験を蓄積し、成熟した田中氏は、いわば「正しい」行政改革のあり方を志向する一方で、現役の「行革官僚」や改革の対象となる旧建設省は、そのような志向を必ずしも共有していない。現役の官僚にとって行政改革は依然として状況依存的であり、成功した改革を経験した田中氏からは、そのような立場は物足りないものに映ると考えられる。そこに大きなギャップが生じていたのではないか。とはいえ、この小論で道路公団民営化について扱うことができたのは、田中氏のほか何らかのかたちで「改革」を志向する人々の回想に限られている。民営化委員会の事務局にいた以前の田中氏のような「行革官僚」や、旧建設省内の「改革派」が何を考え、どのように行動していたのかについての情報はほとんど得られていない。将来そのような人々からオーラル・ヒストリーの記録を得ることができれば、失敗だったとされる改革についてもより深い分析が可能になるだろう。

引用文献

秋吉貴雄(二〇〇七)『公共政策の変容と政策科学――日米航空輸送産業における2つの規制改革』有斐閣

秋吉貴雄(二〇一七)「高速道路事業改革におけるフレーミングの失敗——民営化アイディアの「感情価」による陥穽」『行政管理研究』一五七:四一一六。
秋山謙祐(二〇〇九)『語られなかった敗者の国鉄改革——「国労」元幹部が明かす分割民営化の内幕』情報センター出版局
飯尾潤(一九九三)『民営化の政治過程——臨調型改革の成果と限界』東京大学出版会
猪瀬直樹(一九九七)『日本国の研究』文藝春秋
猪瀬直樹(二〇〇三)『道路の権力——道路公団民営化攻防の一〇〇〇日』文藝春秋
大嶽秀夫(一九九七)『「行革」の発想』TBSブリタニカ
角本良平(一九九六)『国鉄改革——JR一〇年目からの検証』交通新聞社
葛西敬之(二〇〇一)『未完の「国鉄改革」——巨大組織の崩壊と再生』東洋経済新報社
葛西敬之(二〇〇七)『国鉄改革の真実——「宮廷革命」と「啓蒙運動」』中央公論新社
片桐幸雄[述]、東京大学先端科学技術研究センター御厨貴研究室・東北大学大学院法学研究科牧原出研究室編(二〇一三)『片桐幸雄オーラル・ヒストリー』東京大学先端科学技術研究センター御厨貴研究室
加藤淳子(一九九七)『税制改革と官僚制』東京大学出版会
木寺元(二〇一二)『地方分権改革の政治学——制度・アイディア・官僚制』有斐閣
草野厚(一九八九)『国鉄改革——政策決定ゲームの主役たち』中公新書
黒野匡彦[述]、東京大学先端科学技術研究センター牧原出研究室編(二〇一四)『黒野匡彦オーラル・ヒストリー』東京大学先端科学技術研究センター牧原出研究室
高橋洋(二〇〇八)『イノベーションと政治学——情報通信革命〝日本の遅れ〟の政治過程』勁草書房
田中一昭(二〇〇四)『偽りの民営化——道路公団改革』ワック
田中一昭[述]、東京大学先端科学技術研究センター御厨貴研究室・東北大学大学院法学研究科牧原出研究室編(二〇一二)『田中一昭オーラル・ヒストリー1』東京大学先端科学技術研究センター御厨貴研究室
田中一昭[述]、東京大学先端科学技術研究センター御厨貴研究室・東北大学大学院法学研究科牧原出研究室編(二〇一二)『田中一昭オーラル・ヒストリー2』東京大学先端科学技術研究センター御厨貴研究室
戸矢哲朗(二〇〇三)『金融ビッグバンの政治経済学——金融と公共政策における制度変化』東洋経済新報社
林秀弥・武智健二(二〇一五)『オーラル・ヒストリー電気通信事業法』勁草書房
星野眞三雄(二〇〇九)『道路独裁——官僚支配はどこまで続くか』講談社

牧久（二〇一七）『昭和解体――国鉄分割・民営化三〇年目の真実』講談社
Elster, J. 2010, "Rational Choice History: A Case of Excessive Ambition" *American Political Science Review*, 94(3): 685–95.
Bates, R. et. al. 1998, *Analytic Narratives*, Princeton University Press.

（1）　すでに挙げた草野（一九八九）、飯尾（一九九三）のほか、関与した人々による証言を中心とした主要なものに角本（一九九六）、葛西（二〇〇一、二〇〇七）、秋山（二〇〇九）、牧（二〇一七）などがある。
（2）　黒野氏によれば、「当面見合わせる」となった緊急提言の原案は「中止する」であったという。
（3）　興味深いのは、両氏ともに、下位レベルの官僚が規制緩和に抵抗する傾向があったことを指摘していることである。「取引みたいなこと」を指摘する田中氏だけでなく、黒野氏も需給調整を撤廃することで、特定の路線で価格競争が激化し、それを補塡するために独占路線で価格のつり上げを行うような懸念が部下たちから提起されたことを述べていた。
（4）　ただし、片桐氏ら道路公団改革派にとって、最も重要なのは赤字を垂れ流すことになる高速道路の建設を止めることであったとされる（片桐幸雄氏オーラル・ヒストリーでは、高速道路の建設に触れて「民営化が目的ではなくて、むしろとめるのが目的でした。民営化は手段にすぎなかったわけです」と述べられている（片桐述、一一三））。経営責任を持たない特殊法人のままではそれが困難であるから、民営化を通じて不要な道路の建設を止めさせるという論理がとられていた。
（5）　この間の経緯については、委員のうち田中氏（田中二〇〇四）と猪瀬氏（猪瀬二〇〇三）が手記を公表している。より客観的な立場からの優れた検証として星野（二〇〇九）を参照。
（6）　紙幅の都合で論じることはできないが、後年成田空港の民営化にも携わった黒野氏においても民営化を「上下一体」として理解する傾向は見られる。

文部官僚オーラル・ヒストリー

本田哲也

はじめに

本章では、旧文部省・文部科学省官僚(以下では文部省、文部官僚と呼称する)を対象にこれまで実施されたオーラル・ヒストリーについて概観し、その内容について比較を試みる。御厨貴は、オーラル・ヒストリーを「公人の、専門家による、万人のための口述記録」(御厨二〇〇二、五頁)と定義する。オーラル・ヒストリーは、国民の知る権利を保護し、民主主義の質を高めるための営みであるという説明は非常に説得的である。オーラル・ヒストリーの重要な役割の一つとして、当時の政策担当者らの認識を浮き彫りにすることが挙げられる。政策担当者は何を考えどのようなことに葛藤を感じたのか。自らの判断にどのような経験が影響を与えたのであろうか。社会経済環境や世論は彼らの認識をどのように左右したのであろうか。政策担当者らは対立する議論やアイディアをどのように受容し、もしくは退けたのか。このようなことは文書資料に加えて、当事者らによる口述により補われる必要がある[1]。

本章の構成は次のとおりである。一では、これまでの文部官僚を対象としたオーラル・ヒストリーの蓄積について概観する。二では、本章で取り上げる文部官僚オーラル・ヒストリーについて概観する。三では、前節で取り上げた文部官僚オーラル・ヒストリーの特徴や共通点について考察する。四では、これからの文部官僚オーラル・ヒストリーの課題について指摘する。

一　文部官僚とオーラル・ヒストリー

本節では、これまで文部官僚を対象にどのようなオーラル・ヒストリーが実施されてきたのかについて概観する。

文部官僚オーラル・ヒストリーの蓄積に大きな貢献があったのは政策研究大学院大学である。政策研究大学院大学では、文部官僚だけではなく様々な省庁や政策領域に関するオーラル・ヒストリーの蓄積がなされている。文部官僚では天城勲、木田宏、西田亀久夫を対象としたオーラル・ヒストリーが残されている。天城や木田は文部事務次官を務め、西田は文部省官房審議官として画期とされる「四六答申」に携わった。この後しばらく文部官僚を対象としたオーラル・ヒストリーは実施されてこなかったが、近年では荒井英治郎らにより精力的に取り組まれている。荒井らは、安嶋彌・元文化庁長官、高石邦男・元文部事務次官、菱村幸彦・元初等中等教育局長、辻村哲夫・元初等中等教育局長、御手洗康・元文部科学事務次官、銭谷眞美・元文部科学事務次官、樋口修資・元スポーツ・青少年局長を対象として取り組んできた。政策研究大学院大学で行われたように事務次官経験者らを対象としたのではない点に特徴がある。本章では、既に多くの人々に読まれてきた天城、木田や西田以降の文部官僚に関するオーラル・ヒストリーを広く紹介することを目的とする。そのため、荒井らが手掛けてきた高石、菱村、辻村、御手洗、銭谷、樋口の六名のオーラル・ヒストリーを取り上げる。

オーラル・ヒストリーの方法としては、職位ごとに区切り、当該ポストから捉えた教育政策の動向や取り組んだ政策、省内の様子や政治家との関係について聞き取りを行っている。後述するように、対象者らは出身も生年も最終ポストもそれぞれ異なるが、文部省内で同じ仕事に従事することや、前任者や後任者というつながりを通じて相互に接点を持つ。そしてそれが各人のその後のキャリアへつながるという人間模様を捉える上でも適切な人選である。このことは例えば、読み手に局長の視点と課長の視点では異なる風景が見えていたことを気づかせ、役所内の役割分担について改めて認識させてくれる。

表1　オーラル・ヒストリー対象者の一覧

氏名	出身県	生年	入省年次	最終ポスト
高石邦男	福岡県	1930年	1954年	文部事務次官
菱村幸彦	岐阜県	1934年	1959年	文部省初等中等教育局長
辻村哲夫	愛知県	1944年	1967年	文部省初等中等教育局長
御手洗康	大分県	1946年	1969年	文部科学事務次官
銭谷眞美	秋田県	1949年	1973年	文部科学事務次官
樋口修資	愛知県	1953年	1976年	文部科学省スポーツ・青少年局長

出典）　著者作成

二　オーラル・ヒストリーの概要

本章で取り上げる六名の文部官僚の出身県、生年、入省年次、最終ポストについては**表1**にまとめた。まず、対象となる文部官僚はそれぞれ出身地が異なる。高石は福岡県、菱村は岐阜県、辻村は愛知県、御手洗は大分県、銭谷は秋田県、樋口は愛知県にそれぞれ生まれる。入省年次を比較すると、高石は一九五四年(昭和二九年)、菱村は一九五九年(昭和三四年)、辻村は一九六七年(昭和四二年)、御手洗は一九六九年(昭和四四年)、銭谷は一九七三年(昭和四八年)、樋口は一九七六年(昭和五一年)と異なる。総じて一九五〇年代前半から一九七〇年代後半までの間に入省する。そして最終ポストについても、菱村と辻村は初等中等教育局長、樋口はスポーツ・青少年局長を最後に退職し、高石、御手洗、銭谷は事務次官を務めた。この他、オーラル・ヒストリーの回数も、高石は全一二回、菱村は全五回、辻村は全六回、御手洗は全一二回、銭谷は全二〇回、樋口は全八回と対象者により異なる。以下ではそれぞれのオーラル・ヒストリーについて概観していく。

(1) 高石邦男オーラル・ヒストリー(2)

表2では高石の入省以降の略歴を整理した。戦前生まれの高石は修身等自らの教育経験から道徳教育の必要性を認識する。また学徒動員も経験する。終戦後「学校はも

表2　高石邦男氏略歴

年	職　　名
1954年4月	文部省入省　初等中等教育局財務課法規係
1955年10月	初等中等教育局地方課教育委員会係
1960年4月	岐阜県教育委員会教職員課長
1963年7月	初等中等教育局地方課課長補佐
1966年4月	初等中等教育局総務課副長
1967年6月	北九州市教育長
1971年7月	体育局学校給食課長
1974年6月	管理局振興課長
1976年6月	大臣官房総務課長
1977年6月	初等中等教育局審議官
1979年6月	管理局審議官
1980年6月	社会教育局長
1981年7月	体育局長
1982年7月	大臣官房長
1983年7月	初等中等教育局長
1986年6月	文部事務次官
1988年7月	退官

出典）『教育政策オーラル・ヒストリー　高石邦男』iii頁から著者作成

う荒れ放題だった」という高校生活では生徒会長として規律の回復に努めたことを回顧する(高石一二頁)。朝鮮戦争終了後の不景気で就職難となり公務員試験受験のため大学院へ進学し、文部省に入省する。

初等中等教育局地方課教育委員会係では教育委員会法の改正に従事する。もっぱら係員としての仕事は、「何時間審議したのかという審議時間の記録係」で、「中身じゃなくて、そういう目に見えない、国会で十分審議をしたというデータを整理すること」だったと証言する(高石二八頁)。その一方で、「当時のこういう新しい法律のときには、学校経営や営造物管理の理念や学校管理規則はどういう理念でつくるかとか、そういうものを若いわれわれが中心になって理論構成をしていった」とも述べる(高石二九頁)。そして法律制定後は法の理念や考え方の「伝達講習」(高石三二頁)に携わり、勤務は五年にもわたった。出向から戻り、「副長になれば、だいたい課長になる」(高石四七頁)という予想を裏切り再度出向し、北九州市教育長に就任する。再出向後、「世にいう本流を歩いてきた」との自負があった高石は、体育局学校給食課長の内示があったときには「ショック」だったという(高石六二頁)。しかし「給食行政が動乱期に入って」おり、木田宏体育局長の説得もあり「あきらめたというか納得し」た(高石六三頁)。管理局振興課長として私立学校振興助成法の制定に携わり、法律制定の後押しのため、「江戸じゅうに火をつけて歩」くとして武道館での一万人の決起集会を仕掛けた(高石七四―七五頁)。初等中等教育局長在任中、臨時教育審議会(以下では臨教審)で教育の自由化論への反対表明を行ったことが新聞でも報道されたが、その反対に際しては、「局長が一局の意見として反論したら後でひどい目に遭わされる可能性があるというので、省議を開き（中略）文部省としてこういう意見陳述をするというペーパーを出して、了解を取って、局長としてやらざるを得ないから、私が代表で出て行った」と回顧する（高石一六八頁）。事務次官時代には生涯学習局の創設に伴い、同局を筆頭局と定めたことを回顧する。

表3　菱村幸彦氏略歴

年	職　名
1959年4月	文部省入省　初等中等教育局財務課法規係
1960年12月	管理局施設部助成課危険建物改築係
1963年6月	初等中等教育局中等教育課勤労青年教育係
1964年4月	初等中等教育局中等教育課勤労青年教育係長
1966年4月	島根県教育委員会学事課長
1968年4月	初等中等教育局初等教育課課長補佐
1969年2月	初等中等教育局教科書検定課課長補佐
1974年6月	初等中等教育局教科書検定課長
1976年6月	初等中等教育局高等学校教育課長
1980年4月	学術国際局ユネスコ国際部企画連絡課長
1982年4月	初等中等教育局審議官
1984年7月	大臣官房審議官（総務担当）併任
1986年7月	国際交流基金常務理事
1988年6月	大臣官房総務審議官
1989年4月	初等中等教育局長
1993年9月	国立教育研究所所長
1997年8月	退職

出典）『教育政策オーラル・ヒストリー　菱村幸彦』③頁から著者作成

(2) 菱村幸彦オーラル・ヒストリー

表3では菱村の入省以降の略歴を整理した。戦前生まれの菱村は小学校教師の父親に従い朝鮮半島へ渡る。「小学校だけで五回転校し」た菱村は終戦後、「一年半余の抑留を経て、日本に引き揚げ」てきた（菱村三頁）。収容所において建築家が重宝されていたこともあって、建築家も志望したが、編入した京都大学法学部の労働法の先生の勧めもあり公務員を志望し、文部省に入省する。

菱村は若い頃より教育雑誌での連載等原稿執筆が多く、著作論文の目録が膨大にある。教科書検定課課長補佐時代からいわゆる「家永裁判」への対応として「もっぱら家永裁判の準備書面書きと、証人調べの準備」を行い、「証人一人あたりだいたい五、六冊、証人の書いた図書を調べ、弁護士に法廷で質問してもらう材料を準備する仕事」に従事する。「仕事であんなに本を読んだことは、それ以前も、それ以後もありません」と述べる菱村は、「五年間、大学院の博士課程で勉強をしたようなものだと思っています」と回顧する（菱村四五頁）。異動希望を伝えていたものの、その後も裁判は続き、教科書検定課長としてこの裁判に合計七年も関与する。一連の裁判による一〇の判決のうち、菱村は課長補佐から局長時代までを含め八の判決の現場にいたという（菱村五一頁）。その後、このような労苦の多い仕事への「労い」か、当時の教科書問題への対応もあってか、「三階級特進」（本人は二階級と証言）とも言われる異例の初等中等教育局審議官への昇任を果たす（菱村六六頁）。そこで教科書無償廃止論への対応や歴史教科書問題、臨教審への対応に追われるが、その中でも重要な証言として教科書無償廃止論への対応がある。当時の宮地貫一事務次官から、「教科書無償の経費を高等教育に使いたい、そのほうが文部省のためであるという考え」により、高石邦男初等中等教育局長（当時）ではなく菱村に対して「教科書無償を段階的に廃止していく案」を検討するよう指示があった。菱村は当時の教科書課長にはこのことは伝えず、次官へ「それはできないし、やるべきではないと進言した」と証言する（菱村七二―七三頁）。この他にも女子差別撤廃条約との関係で家庭科の男女共修への対応を行う。初等中等教育局長としては、高校社会科の再編や学校週五日制について局長の私的諮問会議で対応したことを回顧する。

(3) 辻村哲夫オーラル・ヒストリー

表4では辻村の入省以降の略歴を整理した。高校時代に腎臓病を患っていた辻村は、父親から民間企業で働くよりは公務員として働くこと、その中でも教師が良いのではないかというアドバイスを受けて、名古屋大学教育学部に進学する。途中治療のために休学もしながら最終的には公務員になることを志望し、文部省に入省する。大学紛争の余波から、学内で先生や同級生の中には「「よく行くよ」みたいな雰囲気があった」と回顧する（辻村一八頁）。

辻村は、学校給食課課長補佐として米飯給食の導入に従事した。米飯給食の実施に際して、米の消費量を増加させたい農林水産省は「一食よりも二食導入してくれたら値引き率をさらに高くする」と提案してきたが、「文部省は米飯の実施回数に応じて」ではなく、「米飯を入れたいという学校や自治体があったなら、そこには安価にお米を供給してあげてくださいと主張した」。その理由として「子どもたちを米の需要を増やす手段にしてしまう」ことを懸念したと回顧する（辻村四五―四六頁）。初等中等教育局財務課課長補佐として、四五人学級から四〇人学級へ移行するための義務標準法の改正に携わる。通常の予算折衝は、「文部・大蔵両大臣の閣僚折衝で決着する」のだが、この法案は多額の財源を必要とし、「大臣折衝で決着が着かなかった」ために「党の三役折衝で実施が決まった」と回顧する（辻村五一頁）。その後、辻村は森喜朗文部大臣に事務秘書官として仕える。高等教育局企画官として当時設置されたばかりの放送大学の対応に携わる。初任の課長として初等中等教育局特殊教育課長、同局中学校課長、高等学校課長を務める。中学校課長時代、校内暴力の問題が落ち着きをみせ、校則の見直しに取り組む。都道府県の指導主事を前に、「丸刈り校則はそろそろ見直す必要があるのではないかという立場で話を」すると、いくつかの都道府県の指導主事より「今日の課長さんの話は、県に持ち帰れません。こんなことを言ったら、親が反発します。「丸刈りでなくてもいい」なんて言えません」と言われたことを回顧する（辻村七六頁）。初等

表4　辻村哲夫氏略歴

年	職　名
1967年4月	文部省入省　大学学術局教職員養成課免許係
1969年10月	初等中等教育局財務課法規係
1971年10月	初等中等教育局財務課法規係長
1975年4月	香川県教育委員会義務教育課長
1977年4月	香川県教育委員会総務課長
1978年12月	体育局学校給食課課長補佐
1979年7月	初等中等教育局財務課課長補佐
1981年6月	高等教育局高等教育計画課課長補佐
1983年12月	大臣官房総務課大臣秘書官事務取扱
1984年11月	学術国際局学術課専門員（米国・NSF に出張）
1985年11月	大臣官房人事課専門員
1986年1月	高等教育局企画官
1986年9月	初等中等教育局特殊教育課長
1987年4月	初等中等教育局中学校課長
1990年7月	初等中等教育局高等学校課長
1992年7月	大臣官房総務課長
1993年7月	大臣官房審議官（初等中等教育局担当）
1995年7月	大臣官房総務審議官
1996年7月	初等中等教育局長

出典）『教育政策オーラル・ヒストリー　辻村哲夫』③頁から著者作成

表5　御手洗康氏略歴

年	職　　名
1969年7月	文部省入省　大臣官房人事課給与班
1969年8月	管理局教育施設部助成課法規係
1971年4月	初等中等教育局初等教育課指導係
1972年5月	初等中等教育局小学校教育課指導係
1973年7月	初等中等教育局小学校教育課指導係長
1974年10月	初等中等教育局地方課教育委員会係長
1975年8月	初等中等教育局地方課専門職員
1977年6月	初等中等教育局地方課課長補佐
1977年7月	鹿児島県教育委員会教職員課長
1980年7月	初等中等教育局高等学校教育課課長補佐
1981年6月	初等中等教育局地方課課長補佐
1983年9月	大臣官房総務課審議班主査
1985年7月	大臣官房総務課副長
1986年7月	初等中等教育局教科書検定課長
1988年7月	初等中等教育局教科書課長
1989年5月	福岡県教育委員会教育長
1992年4月	高等教育局主任視学官
1992年7月	教育助成局財務課長
1994年7月	大臣官房総務課長
1995年7月	大臣官房審議官(高等教育局担当)
1996年1月	高等教育局私学部長
1997年7月	教育助成局長
1999年7月	初等中等教育局長
2001年1月	文部科学審議官
2003年1月	文部科学事務次官
2005年1月	辞職

出典)『教育政策オーラル・ヒストリー　御手洗康』iii頁から著者作成

中等教育局長として、従軍慰安婦をめぐる教科書検定の問題、神戸連続児童殺傷事件、国旗・国歌法問題(在任中には法案不成立)、学校週五日制、学習指導要領改訂に伴う学力低下論争への対応、通学区域の弾力化等諸施策への対応に追われる。

(4) 御手洗康オーラル・ヒストリー

表5では御手洗の入省以降の略歴を整理した。大学受験の際に患った椎間板ヘルニアは職業選択に影響を与える。法学部での「判例演習などの技術的な、論理的な操作は自分向きではない」として「法学部に行った進路選択が大失敗だった」と回顧するが、体のことを慮り、公務員を選択し文部省に入省する。

御手洗は文部官僚としての多くの時間を「初等中等教育局」で過ごす。ここでいう「初等中等教育局」とは初等中等教育局と管理局、教育助成局を含む。まず管理局教育施設部で「補助金行政の国と地方の関係」を経験し、初等中等教育局に異動し「指導行政における国と地方の関係」を経験する(御手洗二二頁)。同局地方課教育委員会係では都道府県や指定都市の教育長の承認手続きに関する事務や、広報誌である『教育委員会月報』の発行を担当し、主任の制度化の問題にも取り組む。「局を離れて官房に入る」のは初めてという大臣官房総務課審議班時代には、法令審査や大臣の国会答弁資料準備や次官会議に臨む次官へのレクチャー等、「情報中枢」の仕事に携わる（御手洗六八頁）。初任の課長として初等中等教育局教科書検定課長、教科書課長（教科書管理課と検定課を統合）を務め、「審査終了後の申請図書の公開、検定周期の三年から四年への延長」等、教科書検定制度の改革に取り組む（御手洗八七頁）。福岡県への出向後、教育助成局財務課長として戻り、「一番張り切って取り組んだ大きな仕事だった」という第六次教職員定数改善計画の策定に携わる（御手洗一一五頁）。初任の局長として教育助成局長に就任し、教育委員会制度を定める地教行法の改正に携わる。「最初の局長の引継ぎのときに、教育長の任命承認制度を廃止するということが決まっていて、それを含めて、教育行政の地方分権をどうやって進めていくのか、その仕上げをしている最中に初中局長に異動ということで二年間が終わりました」と回顧する（御手洗一四四頁）。初等中等教育局長としては、国旗・国歌法の審議、一九九八年に改訂された学習指導要領、とりわけ週休二日制の実施、文部科学省発足に際し「特殊教育課を特別支援教育課に変える」ことに取り組んだと証言する（御手洗一五五―一五六頁）。文部科学事務次官就任後は、小泉純一郎政権下での義務教育費国庫負担制度の改革について、自民党文教族の協力を得て制度堅持の立場から奔走したことを証言する。

(5) 銭谷眞美オーラル・ヒストリー

表6では銭谷の入省以降の略歴を整理した。銭谷は中学入試の抽選で読売ジャイアンツの長嶋茂雄選手の背番号と同じ三番のくじを引き「これはいける」と考えるほどの野球少年だった（銭谷六頁）。「当時の流行は反権力」だという学生時代の職業選択において「大学に残るとか、役所へ行くのは、特に文部省へ行くなんていうのは変わり者」（銭谷二〇頁）であったが、教育学部で学んだことを活かすために文部省に入省する。

初等中等教育局小学校教育課学校管理係長となった一九七九年には新学習指導要領が実施され、その普及徹底に課

表6　銭谷眞美氏略歴

年	職　　名
1973年4月	文部省入省　大学学術局国際学術課国際学術第一係
1975年4月	管理局教育施設部助成課法規係
1976年7月	大臣官房総務課審議班
1977年4月	大臣官房総務課審議班専門職員
1977年4月	大臣官房総務課審議班審議第三係長
1978年4月	大臣官房総務課審議班審議第二係長
1979年4月	初等中等教育局小学校教育課学校管理係長
1981年8月	三重県教育委員会指導課長
1983年12月	大臣官房人事課課長補佐
1983年12月	初等中等教育局中学校課課長補佐
1985年11月	初等中等教育局高等学校課課長補佐
1988年6月	大臣官房総務課副長（(兼)能率専門官）
1989年7月	教育助成局地方課教育行政企画官
1991年6月	生涯学習局学習情報課長
1992年7月	初等中等教育局小学校課長
1994年7月	体育局学校健康教育課長
1995年7月	体育局体育課長
1997年7月	大臣官房総務課長
1998年7月	大臣官房審議官（初等中等教育局担当）
2000年3月	大臣官房付(兼)内閣官房審議官 （内閣官房内政審議室教育改革国民会議担当室長）
2001年1月	文化庁次長
2003年7月	生涯学習政策局長
2004年7月	初等中等教育局長
2007年7月	文部科学事務次官
2009年7月	退任

出典）『教育政策オーラル・ヒストリー　銭谷眞美』③頁から著者作成

を挙げて取り組む。授業時数を一割減らし、内容を二割ほど精選する指導要領は、「教えたい」先生たちを困惑させたと回顧する（銭谷六三頁）。大臣官房総務課副長時代には昭和天皇の崩御とリクルート事件へ対応した。教育助成局地方課教育行政企画官時代は教育長の事前承認の手続きに携わり、その実態について証言する。初任の課長として生涯学習局学習情報課長を経て初等中等教育局小学校課長、体育局学校健康教育課長、同局体育課長を務める。体育課長として取り組んだサッカーくじ（当時は衆議院のみ通過）について友人からは「見損なった」みたいなこと」も言われたと回顧する（銭谷一六九頁）。大臣官房総務課長時代には、省庁再編での省名変更の際、「教育科学技術省」に反対し、「文部」の名称を残すよう働きかけたと証言する（銭谷一七八－一七九頁）。また、科学技術庁と一緒になったことについて、「プロジェクト型研究が科学技術庁で、自発性に基づく学術研究が大学というニュアンスが強くありました。そこが、いい面で協調し合えればいいけれども、そうでないと、大学の自主的・自発的な研究がちょっと弱められるのではないかという危惧は若干ありました」と回顧する（銭谷一八〇頁）。小渕恵三・森喜朗政権下での教育改革国民会議では担当室長を務め、その内実を知る上では銭谷の証言は貴重である。そしてその意義について、「教育基本法について一つの考えるきっかけをつくって、新しい教育基本法に結実できた。これは大変大きな成果だったのではないか」と回顧する（銭谷二三五頁）。生涯学習政策局長、初等中等教育局長を歴任し、義務教育費国庫負担問題、認定こども園、特別支援教育、学習指導要領の未履修問題、教育基本法改正に携わる。教育基本法改正の与党協議会について、「与党も意見を整理するけれども、文部科学省として責任ある案をつくって、閣議決定をして法案を出す。（中略）自民党も公明党も了解できるように、あらかじめ与党間で十分議論しておこうということでした。異例なやり方でした」と回顧する（銭谷二五一頁）。文部科学事務次官として、教科書検定、学力調査の公表、二〇〇八年学習指導要領告示、教育振興基本計画に関する証言がある。

(6) 樋口修資オーラル・ヒストリー

表7では樋口の入省以降の略歴を整理した。「いわゆる大学紛争の余波が地方の高校にも及んでいく時代」に愛知県立旭丘高校に学んだ樋口は、「べ平連（ベトナムに平和を！市民連合）」活動や家永教科書裁判における杉本判決が「東大の教育を目ざす一つのきっかけになった」と回顧する（樋口七―八頁）。職業選択に際して本人に強い希望はなかったものの、母親の強い勧めから公務員を目指し文部省へ入省する。

得意な英語を活かしたいと考え学術国際局での「インターナショナル」な仕事を志向した樋口は、出向先も教育委員会ではなく富山県知事公室だった。富山県での私学担当経験が評価され、高等教育局私学助成課、私学行政課で課長補佐として私学関係業務に携わる。再び勤務した学術国際局国際企画課では外国人児童生徒実態調査を文部省として初めて実施する。福岡県への出向を経て高等教育局私学助成課長に登用される。政権交代が生じ自民党が初めて下野し、「大幅カットされた私学助成の予算」の問題に取り組む。「高校以下助成の削減問題は、極めて政治的でイデオ

表7　樋口修資氏略歴

年	職　　名
1976年4月	文部省入省　文化庁管理課係
1978年4月	学術国際局国際学術課係
1980年4月	学術国際局ユネスコ国際部企画連絡課専門職員 （外務省経済協力局政策課に出向）
1981年9月	初等中等教育局特殊教育課企画調査係長
1983年4月	富山県知事公室主幹
1985年4月	富山県総務部総務課長
1986年4月	大臣官房政策課専門員 （総理府臨時教育審議会事務局総務課課長補佐併任）
1988年4月	高等教育局私学助成課課長補佐
1989年8月	高等教育局私学行政課課長補佐
1990年7月	学術国際局国際企画課専門員
1991年10月	学術国際局国際企画課国際教育室長
1992年4月	福岡県教育庁指導第一部長
1993年4月	福岡県教育庁教育次長
1994年4月	高等教育局私学助成課長
1996年7月	放送大学学園総務部長
1999年4月	生涯学習局生涯学習振興課長
2001年1月	生涯学習政策局政策課長
2001年7月	大臣官房人事課長
2003年1月	大臣官房審議官（初等中等教育局担当）
2005年7月	大臣官房政策評価審議官
2006年7月	スポーツ・青少年局長
2008年7月	放送大学学園理事
2009年3月	退職

出典）『教育政策オーラル・ヒストリー　樋口修資』iii頁から著者作成

ロギッシュなものがあったのではないかと思わざるを得ない」と回顧し、自民党の政権復帰後、私学助成について「六〇〇億円に大幅削減されたものを一〇〇〇億円台に回復する」ための長期計画を自民党文教族と折衝して策定する様子を証言する（樋口一〇八―一一六頁）。また「私立大学ハイテク・リサーチ・センター整備事業」と銘打ち、「私立大学の施設費に穴を開けて、研究施設から手始めに整備費の国庫補助を開始しようとした」ことを回顧する（樋口一二五頁）。放送大学では学習センターの拡充に際して国立大学との「合築」により国立大学施設内に学習センターを設置する方法を考案・実行し、大臣官房人事課長としては国家公務員Ⅱ種の直接採用に踏み切った。大臣官房審議官（初等中等教育局担当）、同官房政策評価審議官として小泉政権下での規制改革会議への対応に迫られる。スポーツ・青少年局長時代には、赤字で低迷していたサッカーくじの再建に取り組み、一口二〇〇円が相場という省内の意見やマーケティング・リサーチの結果に反して三〇〇円に設定し、見事に黒字回復したことを証言する（樋口二二六―二二七頁）。

三　オーラル・ヒストリーの特徴と共通点

本節では、取り上げた六つのオーラル・ヒストリーの特徴と共通点を考察する。特徴として、調査実施者の文部官僚のキャリアパスへの関心がある。昇進年次についてどの対象者にも細かく聞き取りを行い、ポストからポストへの異動についての対象者の認識を聞き出すことを重視する。そのため人事に関する証言はより多く残されている。共通点として次の三点が挙げられる。第一に、教育改革への取り組みに関する証言である。ここでは臨教審を取り上げる。第二に、政策担当者の認識と世論のギャップである。ここでは「ゆとり教育」をめぐる両者の認識の違いを取り上げる。第三には、前述した人事に関する証言である。

(1) 教育改革に関する証言

教育改革について、六名のオーラル・ヒストリーでは臨教審や教育改革国民会議、規制改革会議に対してそれぞれ言及があるが、その中でも高石、菱村、御手洗、銭谷、樋口の五名が共通して証言を残すのは臨教審である。そのためここでは臨教審を取り上げる。高石、菱村、辻村、御手洗、銭谷は初等中等教育局、樋口は途中から臨教審事務局総務課課長補佐として、六名の対象者がそれぞれ臨教審との接点を持つ。このことから、この時代の一つの象徴的な出来事であったことが改めて確認できる。

臨教審について文部官僚が口をそろえて指摘するのは、臨時教育審議会設置法第一条の「教育基本法の精神にのっとり」という箇所である。例えば臨教審法案の法令審査に大臣官房総務課審議班主査として立ち会った御手洗は、「法制局審議の最終段階で臨教審法案の中に「教育基本法の精神にのっとり、その実現を期して」というフレーズが入った。このときの法案審議が私にとっては一番印象的でしたね」と述べている(御手洗六九頁)。この箇所を強調することは、当時の文部官僚に臨教審が教育基本法を議論の対象とすることへの懸念があり、その改正に慎重だったことを示唆する。また樋口は、この一文により「おおっぴらに新保守主義的な改革の理念や方策が入り込む余地がなかったことを強調している（樋口六二頁）。

そして御手洗は、「私は直接はタッチしていませんのでわかりません。ただ、審査をずっと陪席していて、どちらかというと法制局のほうで、法案のかたちをきちんと主導してくれたという印象が強いですね」と回顧する（御手洗七〇頁）。現在では官邸が教育改革の舞台設定を行うことが既定路線になったようにも見受けられる。そのため当時の官邸と文部省との教育改革の舞台をめぐる綱引きは興味深い。

樋口は臨教審の審議の記録を整理した経験から、「議事録を見ていただくと分かりますが、一人一人の委員の個人名が特定されるようなかたちの議事録は出していません。考えてみると、〔筆者注：戦後直後の〕教育刷新委員会などの場合は、誰がどういう発言をしたのか、きちんと残していますね。そういった意味で、私はそこは課題があるのかなという感じがしました。それは臨教審がスタートしたときの議事録の作成の仕方に課題があったのだろうと思います」と回顧する（樋口六四頁）。

以上のように、臨教審という戦後の一つの大きな教育改革が教育基本法を前提とすることに文部官僚が安堵を覚えたこと、その改革の舞台設定に関する綱引き、その記録の在り方について興味深い証言が残されている。

(2) 政策担当者の認識と世論のギャップ

政策をめぐる論争において政策担当者らの意図がその通り伝わることなく、世間一般には異なった解釈が流布することも多くある。政策担当者らの意図は何であったのか、当時どのように感じていたのかを紐解くのもオーラル・ヒストリーの一つの役割である。ここではその一つの例としていわゆる「ゆとり教育」を取り上げる。「ゆとり教育」は「学力低下論争」を招き、その後撤回された。しかし本章で取り上げた文部官僚は、そのことについて反対の立場から証言を残す。

辻村：今思いましても、学校週五日制の実施、「総合的な学習の時間」の創設、それに伴って必然的に行われた各教科の時間数の縮小、内容の厳選などの教育課程の改訂がどうしてイコール学力低下に結びつくのかが本当に分からないのです。（辻村一一〇頁）

辻村：「ゆとり教育」がイコール「のんびり教育」「怠け教育」と批判されたわけですが、これは、私にとっては非常に残念なことです。〔中略〕「ゆとり」というのは、答申を読んでもらうとよく分かるのですが、時間的・精神的な余裕ということですね。分からないことがあっても時間がないから次に進むということではなく、じっくりと教える、考えさせる。分かる子には、もっと色々なことを発展的に学習させていく。それは、先生にも子どもにも精神的・時間的なゆとりがなければできない。（辻村一一一―一一二頁）

御手洗：「三・一四、さようなら」というような、意図的な宣伝による間違った情報が広がって、「学力低下」という批判の声が高まっていきました。（御手洗一五〇頁）

御手洗：学習指導要領を確かめれば誰でもわかることをマスコミが意図的に取り上げて学力低下を煽っていったのは、「教科書問題」と同じ図式です。（御手洗一五一頁）

銭谷：総合的な学習の時間は各学校への時間の「プレゼント」だといって、各学校が本当にやりたいと思っていたことをぜひこの時間でやってください。〔中略〕とお話ししていました。（銭谷一八七頁）

銭谷：自己矛盾になりますが、学校の創意工夫ですよと言った瞬間、文部省はあまりものを言わなくなってしまったのですね。創意工夫だから、あまりあれこれと言ったらいけないだろうと。（銭谷一八九頁）

銭谷：いわゆる、ゆとり批判に対して、私たち自身はもうちょっと反論してもいいのではないかと内心では思っていました。（銭谷二四六頁）

銭谷：我々としては、レッテルを張られたことに対する「そうではない」ということの説明などが不十分だったのかなという反省がむしろありますね。（銭谷二四八頁）

辻村、御手洗、銭谷は、マスコミ等による報道では文部省の説明が十分に理解されず、世論の理解も得られなかったことや「レッテル」に対する反論が十分ではなかった点を強調しているのが印象的である。そして銭谷は、「生まれたときはみんなに喜ばれたと思うのですが、育つ間に、ずいぶん批判を浴びた指導要領だったと思います」と総括する（銭谷一八九頁）。

(3) 人事に関する証言

ここでは人事に関する証言の中で、昇進年次と省内各局のパワーバランスについての証言を取り上げる。

(a)　昇進年次

菱村は当時の文部省の昇進年次の目安について次のように証言する。

菱村：要するに昇任には年次が決まっていて、五年目に係長になるというルールで、（中略）〔筆者注：職務内容に〕関係なく、一斉に横並びでなります。入省四年が経過して五年目に、一斉に係長にするというルールです。それで七年目で一斉に県に出す。帰ってきたら、一斉に課長補佐にすると。そこまでは一律です。（菱村二六頁）

しかし、これは旧文部省時代の中でも特定の時代のキャリアパスである。この中でも入省年次が最も現在に近い樋口は、次のように述べている。

樋口：その〔筆者注：菱村が指摘するような〕キャリア・ラダーも時代とともに少しずつ長期化してくるんですね。〔中略〕もう少し本省で係長の仕事だけではなく、課長補佐の仕事にもついて、きちんと仕事をした上で、地方に出向するという形に変わっていきましたね。昔は七年や八年で、地方の課長でしたが、九～一〇年程度に延びましたね。（樋口二三八頁）

樋口：今、課長になるのは、入省してから、だいたい二〇年ぐらいになっているんじゃないでしょうか。〔中略〕今は一七年ではとても課長職につくのは難しいかもしれませんね。（樋口二三八頁）

(b) 省内各局のパワーバランスに関する認識

高石は自らのキャリアパスについてはきわめて率直な物言いで証言する。大臣官房総務課長から初等中等教育局審議官へ異動した際は、「初中局ということは、Aランクの審議官に就くことができた」と述べる（高石一〇六頁）。また、大臣官房で三課長と呼ばれる総務課長、会計課長、人事課長の経験と次官就任の関係についても次のように述べる。

高石：〔筆者注：諸澤正道初等中等教育局長が次官になるのではないかという観測について〕どちらかというと、二番手でずっと行ったような感じではないですかね。諸澤さんは、人事課長から来たんです。文部省の人事で、人事課長経験者が次官になったケースは非常に少ないです。〔中略〕総務課長か会計課長のどちらかを経験した人が次官になる率が高くて、人事課長で次官になったのは、諸澤さんがはじめてではないでしょうか。（高石一一〇頁）

また、初等中等教育局審議官から新設の管理局審議官へ異動になった際には、次のような「不満」を述べる。

高石：〔筆者注：秘書が付かないことを指摘し〕一人前の審議官としての飾り付けができていなかったんです。〔中略〕どうしてこんなところへやらされるのかなと、私としては不満に思いました。最右翼の審議官から、創設したばかりのほやほやの審議官へと。普通、人事異動は上を向いていくのに、それが下を向いたようで。（高石一二四頁）

以上から分かるように、文部省において初等中等教育局は本流である。これは樋口が初等中等教育局をほとんど経験していないため、自らを「傍流」と認識していたことからも裏付けられる。他にも高石は、生涯学習局を筆頭局とするがそれが人事等を通じて定着していないと指摘する（高石一九七―一九九頁）。

四　今後の課題

最後に今後、文部官僚オーラル・ヒストリー・プロジェクトが取り組むべき課題を三点指摘する。第一に、オーラル・ヒストリーを今後進めるうえでの課題である。まず、官僚制内部の政策決定と執行の分離について、どこまでオーラル・ヒストリーにより迫ることができるのかである。当該政策課題について前任者が決定し、オーラル・ヒストリーの対象者は執行の部分しか担当していない場合に、なぜそのような政策決定が行われたかについて十分な証言を得ることはできない。対象者は、前任者から引き継いだ時点でAという方針は決定しており、自分は関与していないため分からないと言う。そのため前任者までオーラル・ヒストリーの対象を広げないと「分からない」という状態は解消されない。どのように対象者を選定するのか、今後検討する必要がある。

次に局長と課長、課長補佐の役割分担についても考慮が必要である。今回取り上げたほぼすべての対象者が、中央省庁は局ごとに仕事をすること、局を細分化すると課単位で仕事をするため、課長が最も働き甲斐があることを指摘する。局長は課長に細部を委ねているために、より細かな部分については課長が詳しく、局長のみのオーラル・ヒストリーでは全容の解明が難しい場合があるかもしれない。また、課長と課長補佐の役割分担についても、双方の人間関係や当該職務の熟練度によりケース・バイ・ケースの対応がなされる。このことについてどのように考えるのかが第二の課題である。

第三に、今後取り組むべき政策領域を指摘したい。それは高等教育政策である。本章で取り上げたオーラル・ヒストリーでは、辻村が高等教育計画として「大学マップ」の存在を指摘するほか（辻村五五―五六頁）、大学・学部の設置認可や私学助成に関連した証言は残されているものの、初等中等教育政策に比べると高等教育政策に関わる証言の蓄積が少ない。少子化や将来の人口減少社会を見据えて、高等教育政策にはどのようなグランドデザインがあったのだろうか。また国立大学法人化以後、相次いで行われる大学改革の「前史」としてこれまでにどのようなことが考えられ、実行されてきたのだろうか。どのようなアクターが高等教育政策をリードしており、文部科学省誕生前後でアクターの構成に変化はあったのだろうか。以上のことについても文部官僚の証言をもとに整理する必要があるだろう。

〈謝辞〉
本章で取り上げたオーラル・ヒストリーの実施者である荒井英治郎・信州大学准教授に資料を提供していただいた。記して感謝したい。

参考文献

青木栄一（二〇一七）「二〇一六年度文部科学省幹部職員調査基礎集計」『東北大学大学院教育学研究科研究年報』六六巻一号、一七七―一九八頁
荒井英治郎（二〇一三）『教育政策オーラル・ヒストリー　高石邦男』
荒井英治郎（二〇一三）『教育政策オーラル・ヒストリー　樋口修資』
荒井英治郎（二〇一三）『教育政策オーラル・ヒストリー　御手洗康』
荒井英治郎（二〇一五）『教育政策オーラル・ヒストリー　辻村哲夫』

荒井英治郎（二〇一五）『教育政策オーラル・ヒストリー　菱村幸彦』
荒井英治郎（二〇一八）『教育政策オーラル・ヒストリー　銭谷眞美』
北村亘（二〇一七）「文部科学省幹部職員の理念と政策活動」『行政管理研究』一六〇号、四―二〇頁
御厨貴（二〇〇二）『オーラル・ヒストリー』中央公論新社

（1）　これ以外に当事者らの認識を探る調査手法として質問紙調査も考えられる。現代の文部官僚を対象とした質問紙調査は青木栄一らが実施しており、その結果は青木（二〇一七）や北村（二〇一七）が詳しい。
（2）　オーラル・ヒストリーからの引用は括弧内に対象者名字と引用頁を記す。

Ⅳ

位置的考察

聞き書きの系譜

国分航士

はじめに

昭和一二(一九三七)年に衆議院に置かれた憲政史編纂会は、その活動の一つとして「政治談話速記録」(以後、「談話速記録」)と呼ばれる資料を後世に遺した。この資料は、「当時の政界の古老の聞き書き」[1]であり、現在、国立国会図書館憲政資料室に所蔵(「憲政史編纂会収集文書」)され、書籍としても刊行されている[2]。一九三〇年代という時代において憲政史編纂会は、安達謙蔵や若槻礼次郎などの政党政治家たちを招いて、自身の幼い時分に始まり、政治家としての活躍を語らせることで、「これまでの議会の具体的なあり方」や「かつてありし良き時代の議会政治の思い出」を記していたのだった[3]。

本稿では、憲政史編纂会の「談話速記録」を取り上げ、この「聞き書き」がどのように作成されていたのかに注目する。具体的には、談話の人選、質問の内容、速記録の作成の模様などを検討したい。当然ながら、「談話速記録」と近年のオーラル・ヒストリーとでは[4]、その作り方や使い方は異なるということは言うまでもない。その点には十分に留意しつつも、明治から昭和戦前期における日本の「聞き書き」の系譜の一つを眺めることで、これからのオーラル・ヒストリーの触り方を考える上での一助としたい。

一　憲政史編纂会

まずは「談話速記録」を作成した憲政史編纂会（以後、編纂会）について、その概要を見ておきたい。(5)

編纂会は、憲法発布五〇年記念事業の一つとして、憲政史の編纂事業を行うため、昭和一二年五月、衆議院事務局内に設置された。編纂会には、理事長（一名）、理事（若干名）、委員長（一名）、委員（若干名）、書記（若干名）が置かれ、理事長は衆議院書記官長、理事は書記官（課長）が務めていた。委員長は尾佐竹猛（昭和一二年五月―）、委員は渡辺幾治郎（昭和一二年五月―）、藤井甚太郎（昭和一二年五月―同一三年一一月）、岡義武（昭和一三年一一月―）、伊東治正（昭和一四年四月―）、薄井福治（昭和一六年五月―）、さらに嘱託として、鈴木安蔵（昭和一二年六月―同一三年二月）、林茂（昭和一二年六月―同一六年七月）、岡山鉦太郎（昭和一三年一一月―同一四年一二月）などがいたようである（「憲政史編纂会設立以来職員表」国立国会図書館憲政資料室所蔵「憲政資料室収集文書」一四三二―八）。尾佐竹や鈴木など参加者として既によく知られている人物たちと共に、昭和戦後期に旧軍人などにインタヴューを行った「木戸日記研究会」の中心にあった岡義武、伊東巳代治の孫にあたり、巳代治の旧蔵資料を編纂会に提供していた伊東治正も委員に名を連ねていたことがわかる。

昭和一四年七月の「憲政史編纂事業状況ノ概要」（「憲政資料室収集文書」一四三二―八）によれば、「歴史編纂ノ事務」は「史料ノ蒐集、副本ノ作成ヲ以テ始マリ史料稿本ノ作成ヲ以テ大成シ史実ノ執筆ヲ以テ完了スルヲ一般ノ定則」とする。そこで編纂会でも、まずは史料の収集と副本の作成に着手した。具体的には、諸家に所蔵されている個人文書などを採訪し、史料を筆写して副本を作成していた（昭和一四年七月時点では、三四六部・四二二冊）。この他にも、「当初ヨリ各種ノ政治運動ニ参加シ又ハ其後議会ニ参与シタル者ノ経歴実話」が「政党史議会史ノ史料」として挙げられており、「談話速記録」が作成されたのだった。また、編纂会の方針は、「憲法制定史、政党史、議会史等ノ部門」に分けて、編纂を進める予定であった。昭和一四年の段階で、憲法制定史に関係する史料はほぼ収集し尽した一方、政党および議会などの部門は、これから史料の探求を行うものが多いとされていた。

その後、編纂会は、昭和一八年度までは予算を継続して確保できていたようだが、昭和一九年三月末に解散したようである。昭和一八年八月に会計課に提出されたと考えられる「憲政史編纂事務状況ノ概要」(「憲政資料室収集文書」一四三二―八)によれば、「憲法制定、議会、政党ノ三部門ニ亘ル綜合憲政史」の編纂をめざして作業を進め、副本は六七五部・七九二冊が完成した。そして、「史料綱本」の作成に努めていたが、いまだ「憲政史ノ本格的編纂ノ段階」には至らなかったという。

このように、編纂会は、昭和一二年の設置以来、専ら史料の収集や副本の作成に尽力したものの、本来の目的である憲政史の編纂と叙述を行うことはなかったようである。しかし、その活動した成果は「憲政史編纂会収集文書」として現在に遺されている。

二　「政治談話速記録」と「質問要項」

次に、「談話速記録」について確認したい。既に述べた通り、編纂会は、国会開設論や自由民権論が勃興した当初から各種の政治運動に参加した、または帝国議会で活躍した「諸氏ノ経歴実話」を「政党史若ハ議会史ノ有力ナル参考資料」だと捉えていた(「憲政史編纂事務概況」「憲政資料室収集文書」一四三二―八)。そこで、各家の文書を調査するとともに、政党関係者を中心に聞き取り作業を行った。編纂会の「史料採訪日誌」(「憲政資料室収集文書」一四三二―八)によれば、昭和一二年一〇月に小久保喜七から「政界経歴談」を聴取し、翌一三年四月から聞き取りの活動が本格化している。聞き取りが行われた回数や聞き取りの対象者は、まだまだ判然としないことが多い。昭和一四年一一月時点で尾崎行雄ほか一四名・四五回が行われ(前掲「憲政史編纂事務概況」)、さらに昭和一八年八月の段階で、一八部・二一冊の「談話速記」が作成済みとされていた(「憲政史編纂事務状況ノ概要」「憲政資料室収集文書」一四三二―八)。

現時点で「談話速記録」を確認できる人物は、安達謙蔵、市島謙吉、伊藤仁太郎（痴遊）、井上敬次郎、尾崎行雄、加藤政之助、木下謙次郎、河野広躰、小久保喜七、胎中楠右衛門、高田早苗、田川大吉郎、竹越与三郎、藤沢幾之輔、穂積重威、元田肇、横山又吉、若槻礼次郎である。ただし編纂会の「史料採訪日誌」によれば、彼ら以外にも、たとえば小泉又次郎の談話が昭和一四年六月五日、六月一三日に実施されていることがわかる。また、「談話速記録」に記録された日付と「史料採訪日誌」の日付とが異なる場合もある。

聞き取りの模様を考える上での手掛かりとなるのが、編纂会が作成した「質問要項」である（「憲政資料室収集文書」一四三二－二三。以後、「質問要項」については同資料から引用）。「談話速記録」が現存している人物だけでなく、小泉又次郎、町田忠治、武富時敏、望月圭介、大竹貫一、古島一雄、三土忠造といった「談話速記録」の存在が未確認の政治家についても、「質問要項」は作成されており、編纂会が聞き取りを希望した対象の全体像をうかがい知ることができるだろう。編纂会としては、特定の政党に偏ることなく、政党人・議会人としての履歴を持つ著名な政治家を中心に、聞き取りの候補を考えていたと言えよう。この「質問要項」は、大竹貫一の「質問要項」の記述から推測されるように、事前に聞き手に送付したり、聞き取りの際に提示していたと考えられ、「談話速記録」の内容からも、「質問要項」の存在を前提にした聞き取りが行われていたことが確認できる(6)。

それでは、「質問要項」の内容はどのようなものだろうか。たとえば、元田肇の「質問要項」は、次の通りである（引用に際しては一部表記を改めた）。元田（一八五八－一九三八年、大分県出身）は、東京大学を経て代言人として働き、第一回総選挙から当選を重ねた政治家であり、大成会や国民協会などに所属した後、立憲政友会の創立に参加した。政友会に所属して逓信大臣や鉄道大臣などを務めたものの、大正後期の第二次護憲運動に際しては政友本党へと移った。政友本党と憲政会が合同した立憲民政党には参加せずに政友会に復帰し、衆議院議長を務めた後、昭和七年には枢密顧問官に任じられている（元田の経歴は『国史大辞典』「元田肇」（伊藤之雄執筆）などを参照）。

一　青年期（大学卒業頃マデ）の思想を支配せし感化及び教育、読書等
二　自由民権及び国会開設運動に関する当時の御感想、御批判
三　政界に出でられたる理由、その目的、及び思想
四　初期議会の状況、大成会の組織、人物及び主義、政策、所謂吏党の内情
五　第一議会法典実施延期問題
六　第五議会政府政党の大衝突、河野の休会提議反対
七　国民協会組織の事情、主義、政策
八　西郷従道、品川弥二郎の人物、行動
九　国民協会と山県有朋の関係
一〇　日清戦役前に於ける対外硬の主張
一一　日清戦役後の外交問題と国民協会の主張
一二　国民協会解散の事情
一三　帝国党を脱し立憲政友会入会の理由
一四　政友会と国民協会、政友会と自由党
一五　政友会の憲政擁護運動
一六　政友会分離の事情、普選問題と護憲問題
一七　山県有朋、伊藤博文、桂太郎、原敬、星亨、佐々友房、等政友同志の人物批評（憲政史上より見たる）
一八　衆議院議員在任中最も奮闘せられたる問題に就て
一九　以上の外憲政史上必要と思召さるゝ事項に就て

「質問要項」では、元田の経歴を踏まえて、関係した事件、所属政党、身近な人物の批評などが質問内容として列記されている。また、政治家になる前の青年時代の教育や読書遍歴などにも留意していたことがわかる。その他の聞き取り候補者の「質問要項」も、各人物の経歴を踏まえた上で、元田の事例と同じような問いかけがなされている。さらに『咢堂自伝』（尾崎行雄）や『痴遊雑誌』（伊藤仁太郎）というように、語り手の著作や関係する文献を参考にしつつ、「質問要項」は作成されていた。

元田の「談話速記録」は、「御尋ねの青年期（大学卒業頃まで）」から始まり、その後も「質問要項」の二に該当する「自由民権及国会開設運動に関する当時の感想批判」が続き、政友会の創設と自身の参加までが語られている（昭和一三年七月二五日、七巻二七一－三四一頁）。一九項目のすべてに言及している訳ではないものの、語られた内容は、おおよそ「質問要項」に沿ったものである。その他の人物の談話も、「質問要項」を踏まえて、幼少期や青年期、学生時代の話から始まり、その人物の経験を広く語るという形になっていることが多い。

なお、元田の「談話速記録」には、元田以外の発言は見当たらないが、談話の多くで聞き手（聴取者）による質問など、語り手と聞き手とのやり取りを確認できる。聞き手は、「質問要項」に沿って質問を行う以外にも、刊行物や書簡などの資料を提示したり、他の談話者の語り口を紹介するなどのやり方で語り手に問いを発している。

当然ながら、「質問要項」を準備しながら、実際の談話ではそれを用いていないと推察できる事例も存在する。衆議院議員、貴族院議員、文部大臣を務め、早稲田大学に深く関与した高田早苗への「質問要項」では、「先生の思想に最も感化を及ぼした政治関係書」、「当時の大学生と政党運動」、「民間雑誌、時事新報、報知新聞について」、「改進党の地方に於ける勢力」、「第一議会についての御感想」、「第二次大隈内閣と先生」などが質問として挙げられていた。しかし、実際の談話（昭和一三年九月二三日、六巻五－二五頁）では、聞き手が談話の内容として、幼少時代の教育、改進党を組織した事情、「議会に出て御苦心なさいましたやうな事柄」を高田に依頼している。聞き手は「人に依つては質問箇条を書いて参りますのですけれども、それより随意にお話を願つた方が宜しくはないかと思ひまして」とも述べており、「質問要項」に依拠していないようである。

三 「政治談話速記録」の作り方

「談話速記録」には、聞き手(聴取者)の名前が書かれていることは少ない。しかし、初期の「談話速記録」には、聞き手の名前が明記されているものも存在する。名前を確認できる場合の聞き手は、一人(伊藤仁太郎、昭和一三年四月二三日、一巻。聞き手は鈴木安蔵)から最大四人(小久保喜七(第二回)、昭和一三年五月四日、四巻。聞き手は尾佐竹猛、渡辺幾治郎、鈴木安蔵、林茂)である。また、竹越与三郎の場合(第三回、昭和一四年二月三日、六巻)では、聴取者の名前は明記されていないが、談話内の質問者に「深谷」という名前(深谷博治と考えられる)が出ている。その他にも、談話の中で語り手が聞き手の名前を出している事例も散見できる。速記者は、氏名が「談話速記録」に明記されており、一名もしくは二名であることが多く、衆議院で速記に関係していた速記者だと考えられる(7)。談話がなされた場所についても記載されている。

「談話速記録」で語られる内容について編纂会は、「公表するとせざるとに関らず内外表裏の事情を詳かにせざるべからざるを以て可成隠れたる事情を拝承致し度」という立場であった(町田忠治の「質問要項」)。若槻礼次郎の談話でも「今日は主として軍縮会議の時のことを承りたいと思ひます、今日時勢の関係から見ましたならば、先生の立場は非常に不利なやうに思ひますが、当時の先生の気持、執られた方法などに付て忌憚なく御話を御願ひ申したい、是は別に発表はしませぬから」と聞き手が述べている(第八回、昭和一六年四月二日、八巻三一七頁)。速記については、語り手の求めに応じて適宜、中止されており(井上敬次郎(一巻一二六頁)など)、談話の内容すべてが「談話速記録」に記されている訳ではない。

速記録ができあがると、語り手の側が内容を確認し、手書きによる修正や資料の追加を行っている。ただし、談話時の速記などの資料が確認できていないため、現存する「談話速記録」が一体どの程度、談話時の模様を再現しているのかは不明である。そうした「談話速記録」の中で、語り手の側によって大きな修正が加えられていることがよくわかるのが、木下謙次郎の事例である。[8]木下の「談話速記録」には二種類のものが存在する。木下は編纂会側が提出した速記録を「意ニ満タズトシテ」自ら執筆し、部分的な加除に留まらない大幅な修正を行った（三巻七七頁）。その結果、言い間違いなども含めて聞き取りをそのまま文字にしたと思われるもの（最初に木下へと提出されたもの）と、それを踏まえて木下側が作成したものの二種類が現存することとなった。木下の話しぶりや質問者とのやり取りなど、談話時の雰囲気をより伝えるのは、当然ながら前者である。しかし、二つの速記録があることで、その修正から、木下側が談話において留意していたことの一端をうかがい知ることができる。

たとえば、昭和三年に張作霖の爆殺事件が起こった際、木下は関東長官を務めていた。そのため、木下に対しては事件についての質問もなされている。木下による修正がなされる前のものでは、そのやり取りを次のように伝える（第二回、昭和一五年六月二五日、三巻二五八頁）。

○問　張作霖の爆死事件ですね、あれは要するに真相ははつきり私共には分りませぬが、川村大佐とか何とか名前が出て居ましたが、あゝ云ふ方が事件をやつたのですか

○木下　結局関東軍のやつたことですよ、あの時は当が違つた、張作霖をやつつければ、奉天の張作霖軍が日本軍に直ぐに打つて掛ると思つたのだ、それを機会に彼処でやらうと思つて居つた、所が打つて掛るどころか、其の儘ポカンとして居る、それで話にならなかつた、あれは日本人の気分から言へば、当然打つて掛りさうな所だけれども、さう行かなかつたのですよ、それだから一寸芝居のきつかけがつかないで、どつちつかずになつてしまつた

これに対して、木下による修正がなされたものでは、「関東軍のやつたこと」との明言がなく、やや歯切れが悪くなる(三巻一四一頁)。

○　**問**　張作霖の爆死事件ですね、あれは真相ははつきり私共に分りませぬが、河本大佐とか何とか名前が出て居ましたが、あゝ云ふ人がやつたのですか。

○　**木下**　そのことは前にお話した通りであります。河本大佐は私もよく知つて居る人で、当時村岡司命《ママ》官の参謀としてよく働いた人です。河本大佐などの腹では奉天進駐の関東軍と張作霖軍との間に何にかいざこざの起るを機会に満洲の根本を解決しやうと思つたらしいが、奉天軍が其まゝポカンとしてゐるので、こちらもポカンとしたのだと云はれてゐますが、其真否は私にも分りません。

これ以外の箇所でも、修正前の談話では「例の爆破事件が起つた、それはもう今言へば何でもない、関東軍と連絡のある者が仕事をしたに相違はない」と記されている一方(三巻一二七頁)、修正後では「そこに問題の張作霖は多くの幕僚に擁せられて意気揚々として傍若無人に乗り込んで来た刹那に爆死事件が突発したのである。下手人の何人であるかは詮索するに及ばぬことであらう」と事件についての話しぶりが変えられている(三巻一二七頁)。

四　「政治談話速記録」と聞き手

既に紹介した元田肇の「質問要項」にもあるように、「談話速記録」[9]では人物評をめぐる記述が多く見られる。聞き手と語り手のやり取りで目を引く人物の一人として、星亨を挙げることができるだろう。

改進党系の政党に所属した藤沢幾之輔のように、「あれは酷い、星亨に似た人と云ふものは世の中にさうあるものでない」と星を批評する場合もある（第三回（一）、昭和一三年一一月二日、七巻一四一頁）ものの、主に自由党に所属した政治家など、星との接点が多かった語り手たちは、概して星について好意的に言及する。

たとえば、井上敬次郎は、星のことを「あの人に対しては最も敬服して、あの人に向つては頭が上がらない」とした上で、「破壊して建設するといふ人」だと評していた。これに対して、聞き手の側は「殊に悪党の親玉」と誤解されており、「吾々も伊藤仁太郎氏のお話を伺ふまでは、やはりさういふ力量はありましても壮士の親玉みたいな人位に思っていたが、「寧ろ学者であり、献身的な方であつたといふことを承つて恐縮して居る」と述べている。また、「伝へられて居る所では、随分子分も多く、野郎共と言ふやうな博奕打のやうな態度があつたといふことですが」と聞き手が尋ねると、井上は、「博奕打なんといふのは大間違」だと否定する（第四回、昭和一三年一二月一三日、一巻一〇三―一二六頁）。

聞き手たちは、語り手に対する配慮もあってか、星亭への見方の変化を度々述べている。井上の談話にもあるように、世上に伝わるものとは異なり、星は「毀誉褒貶はあつたが、人物としては立派だつた」などの評価を伊藤仁太郎（痴遊）から聞いたという言い回しは、河野広躰（河野広中の甥。第二回、昭和一三年一一月二六日、三巻三六四頁）や胎中楠右衛門の談話でも見られる。壮士だった胎中は、星は「非常に細かい人」であり、「星さんは変な親分風のことをする人」ではなく、「金なんかもさう無茶には使つて居ない」、「悪い金をバラ撒いたと云ふことは私共は考へられない」と述べている（第二回、昭和一四年七月一二日、五巻三一五―三一八、三二六頁）。なお、昭和一三年四月二一日の伊藤仁太郎の談話では、自由党に入った当初の星について、「附いてゐるのは僕一人切りなんだ」と伊藤は回想していた（一巻三三七頁）。

さらに、竹越与三郎に対して聞き手の深谷博治は、「質問要項」に記載されている通り、各人物の「憲政史上」からの解釈を質問している。人物評を述べる中で星に言及した竹越によれば、「金を取るとか、悪い事をするとか云ふ男ではなかつた」星は、東京市に「力を入れた結果、市と云ふ所はどうも色々な奴が居る所で、清濁併せ呑」む必要があり、「彼の手は綺麗であつたが、彼の使ふ奴が汚いので、到頭誤解されてしまつた」のだった。また、「あれが政党員だ。政党員と云ふものはあんなものだから、あれを使つて戦争をするから容易なものぢやない。君は忍耐が出来るか」という星の発言を紹介する。竹越の発言を受けて、深谷は「近頃古い自由党員の話を二三承つたのですが、大抵先生と同じやうに星を観察」しており、「私共は従来賭博打ちの親分と云ふやうな考をして居つたのですが、其の考が大分是正されて来た」と発言している(第三回、昭和一四年二月三日、六巻三七〇、三七八―三八一頁)。

また、非自由党系の政党を渡ってきた安達謙蔵の談話でも、安達が「星亨と云ふ人は中々偉かつた」と星に言及する場面があった。これを受けて、すかさず聞き手は、「金で買収するとか、そんな汚い男ではなかつた」という星直系の人々による指摘や「星が現はれた為に日本の憲政史は山県〔有朋〕と星に依つて潰された」という批評を紹介した上で、星は「相当黄白を散じたのですか」と尋ねている。

安達は、「大概悪く言はれる人は個人としては案外良い者」であり、星も「原敬さん」(「さんと云ふ尊敬の言葉を使つたけれども」)もそうだとして、「星の直系」の井上敬次郎が「星を褒めるのが一番公平だと思ふ」と答えた。安達によれば、ヨーロッパを視察した星は「国の品位を高めるにはお座敷を良くしなければならぬと云ふ意見」であった。そこで、「日本のお座敷」である「東京を良くすると云ふことが日本の地位を世界的に高める為には最も急務」だと「政治的に動き出した」という。「自分の腕を恃んで力づくでやらうとした」星に対して、島田三郎などの「固苦しい人から見ると星が横暴であると云ふ風に眼に映じ」、当時の新聞は「迚も極端な攻撃」をしたが、安達自身は「結局は星の同情者になりませう」と評している。さらに、聞き手は「政党政治を確立したと云ふ意味では良かれ悪かれ星と山県でせうが、潰したのもさうではないのでせうか」と考えを示しながら、質問した。安達は、山県有朋が「内閣を作つて議会を率いる」ために星と提携し、それから「星流の無理が出て居る、力があるから無理をした」、「勝たねばならぬから無理なことをすると云ふことになつて来る」と応じている(第二回、昭和一四年一一月七日、一巻五六―六一頁)。

「談話速記録」の中では最後の時期に当る田川大吉郎[10]は、「議場の整理具合は片岡健吉君の議長、星亨君の政友会の院内総務」の時が、これまでで「一番手際が良かつた」と評した。議会運営という観点で星を高く評価するとともに、田川は、「立憲政治」という観点で星を「憲政の罪人」だとする議論も可能だとしている。星は「目的の為には手段を選ばぬと云ふ人」であった。しかし、「立憲政治」は「手段を選ぶ政治」であり、「手段を選ばない、何でも彼でも目的さへ達すれば宜い」という思想ではない。本来、「立憲政治」は「自分の立てた主義の線を道理に従つてじわりじわり進んで行く」べきである。「星亭流」は「手取早く、それには金銭でも何でも凡ゆる手段」を用いたもので、日本では「実際政治家」として賞賛した。田川は、「実際政治家」や「実際政治」への傾注に「日本の憲政が本当に発達しなかつた理由」を求めていたのである(第四回、昭和一六年一二月二日、六巻一九一―一九六、二一三―二一五頁)。

おわりに

昭和戦前期に活動した憲政史編纂会は、自由民権運動や帝国議会で活躍した人物の経歴や実話を政党史と議会史の参考資料だと捉え、文字資料の収集とともに、聞き取り作業を行った。聞き取りでは、事前に質問を用意した上で、その内容に沿って政党政治家などの語り手の「聞き書き」を進めた。その結果、作成されたのが「政治談話速記録」である。本稿では、編纂会の作成した「談話速記録」を題材にして、この談話資料がどのように作成されていたのかに注目した。とりわけ、編纂会が準備していた「質問要項」を手掛かりに、「談話速記録」という「聞き書き」を触るための基礎的な作業として、「談話速記録」の内容を一つ一つ丁寧に読み込むというよりも、その外形について、不十分ながらも検討を加えた。

本稿でも紹介したように、「談話速記録」を読む上で「質問要項」は様々な手助けを与えるものだと考えられる。しかし、「談話速記録」をめぐっては、まだまだ考察すべき課題は多い。たとえば、本稿が紹介した元田肇の「質問要項」は、ある程度の「談話速記録」の経験を経た後に作られたものだが、尾崎行雄や小久保喜七など初期に行われた談話の「質問要項」については、紙幅の関係もあり、十分に言及できなかった。また、聞き手である編纂会が示した「質問要項」を受けて、語り手の側はどのような準備をして臨んだのか。「談話速記録」では、事前に読み上げ用の資料などを作成していると考えられるものが散見される。「談話速記録」における語り手の語り方については、その他の談話資料との比較なども必要となるだろう。

さらに、「談話速記録」の持つ同時代性については、本稿ではほとんど論じることができなかった。「談話速記録」を読み進めて行くと、過去の回顧とともに、やはり同時代の模様が顔を覗かせている。本来、編纂会は、憲法(立憲)・議会・政党の三つの歴史を総合した「憲政史」を志向していた。憲法(立憲)・議会・政党という三者の関係が変容していく中、[11]聞き手の編纂会と語り手としての政党政治家たちとの間には、いかなる語りや対話、そして叙述が有り得たのであろうか。

(1) 広瀬順晧「解題」(広瀬順晧監修・編集『憲政史編纂会旧蔵政治談話速記録』一〇、ゆまに書房、一九九九年)三六三頁。「談話速記録」に関する基礎的な事実関係は、広瀬の解題に依拠した。なお、引用に際しては、原則として漢字は常用漢字に改め、仮名遣いはそのままとした。

(2) 広瀬順晧監修・編集『憲政史編纂会旧蔵政治談話速記録』(一―一〇、ゆまに書房、一九九八―九九年)。以後、同書を引用する場合には、巻数もしくは巻数と頁数のみを記載する。

(3) 御厨貴『オーラル・ヒストリー』(再版、中央公論新社、二〇一一年、五〇―五三頁)。

(4) たとえば、「公人の、専門家による、万人のための口述記録」であるところのオーラル・ヒストリーが、デモクラシーとの関係で「情報公開をあくまでも前提としている」ということに留意すれば、「談話速記録」の作成に関与した人々が資料の公開を意識していたのかは自明ではない(前掲、御厨『オーラル・ヒストリー』五―六頁)。オーラル・ヒストリーの理解については、同書に加えて、御厨貴「オーラル・ヒストリーとは何か」(同編『オーラル・ヒストリー入門』岩波書店、二〇〇七年)、同「「オーラルヒストリー」への招待」(『中央公論』一一四―七、一九九九年)、牧原出「政治談話とオーラル・ヒストリー記録」(前掲、御厨『オーラル・ヒストリー入門』）などを参照。

（5）　憲政史編纂会の活動については、二宮三郎「憲政資料室前史」（『参考書誌研究』四三―四五、一九九三―九五年）、前掲、広瀬「解題」に依拠した。また、大久保利謙『日本近代史学事始め』（岩波書店、一九九六年）なども参照。

（6）　伊藤隆は、若槻礼次郎の「談話速記録」について、「質問要項を提出し、それに沿って聴き取りを行ったもの」だと指摘している（若槻禮次郎『明治・大正・昭和政界秘史』講談社、一九八三年、四一五頁）。

（7）　たとえば、昭和一三年五月から一一月にかけて実施された尾崎行雄の談話（一一巻、全六回）の速記者（岡原彰、松村鐘造、中井栄一、市丸一、岩島正継、山本賢三）は、速記課の速記技手の中に名前を見出すことができる（『衆議院事務局職員名簿』（昭和一二年七月二八日現在）、衆議院事務局、一九三七年、五一―一二頁）。

（8）　木下の「談話速記録」については、広瀬順晧「政治家と金　木下謙次郎の体験的政治家論」（『日本古書通信』五八―九、一九九三年）も参照。

（9）　星亨については、有泉貞夫『星亨』（朝日新聞社、一九八三年）なども参照。本書にも「談話速記録」が用いられている。

（10）　田川大吉郎については、前山亮吉「小会派政治家の選挙・政党観」（松田宏一郎・五百旗頭薫編『自由主義の政治家と政治思想』中央公論新社、二〇一四年）、遠藤興一『田川大吉郎とその時代』（新教出版社、二〇〇四年）、同「政党政治家　田川大吉郎」（『明治学院大学キリスト教研究所紀要』三七、二〇〇五年）、同「田川大吉郎の政治思想」（『明治学院大学社会学・社会福祉学研究』一三八、二〇一二年）なども参照。

（11）　立憲政治・議会政治・政党政治という三つの概念の関係については、米山忠寛『昭和立憲制の再建』（千倉書房、二〇一五年）を参照。

文化人のオーラル・ヒストリーをめぐって

苅部　直

一　二つのオーラル・ヒストリーと「文化人」

オーラル・ヒストリーとは何か。この場でいまさら論じるべき話題ではないが、試みに確認してみよう。ウェブ版の『オックスフォード英語辞典』第二版で挙がっているもっとも古い用例は、雑誌『ノース・アメリカン・リヴュー』の一八二七年四月号の記事であるが、これは明らかに、人類学の研究対象となるような、部族が語り伝えている歴史譚のことを指している。それに続いて挙げられているのは、『ニューヨーク・タイムズ』一九五〇年一月十三日の記事で、コロンビア大学のオーラル・ヒストリー・プロジェクトを紹介するものであった。

コロンビア大学のセンター・フォー・オーラル・ヒストリー（現在のウェブサイトに見える名称）は、一九四八年に発足している。ジャーナリストで歴史家でもあるアラン・ネヴィンズが設立したもので、この研究手法に組織の形でとりくんだ最初の例である。アカデミズムが用いる歴史記録の名前として「オーラル・ヒストリー」が使われたのも、おそらくこれが初めてであろう。

当初は政治学研究の一環として、著名人から伝記上の事実を聞き出すことを内容としていたが、やがてアメリカ全体でも、オーラル・ヒストリー・プロジェクトが一九六五年までに八十九件発足し、研究対象も非エリートの人々に広がっていった。御厨貴の語る「公人の、専門家による、万人のための口述記録」というオーラル・ヒストリーの定義は、このような発生期におけるあり方に忠実なものと言える。この場合「公人」とは、日本では主に官僚や政治家

を意味する。(1)

フランスの歴史家、フィリップ・ジュタールによれば、さらに一九六〇年代末の欧米諸国でオーラル・ヒストリーの第二世代が登場する。ジュタール自身も含むそうした研究者たちは、すでに名を知られた公人ではなく、「文字なき民」の語る記憶を書き留めることを使命とした。すなわち、文字記録に残らない民衆の声にこそ真実が伝わっているとし、文字史料の研究を中心とする従来の歴史学に挑戦した。したがってその対象は、敗者、マイノリティ、黒人、女性といった、「公人」とは対極にある無名の人々が中心となる。ジュタールの指摘を借りれば、いかにも「一九六八年の運動の刻印」を受けた研究潮流と言えるだろう。(2)

日本の場合、旧事諮問会編『旧事諮問録』(一八九一―九二年刊行)や、著名人の談話速記、民俗学による聞き書きなど、オーラル・ヒストリーと似た著述の試みは明治時代後半から存在している。いわゆる戦後歴史学の潮流のなかでも、石母田正の論文「村の歴史・工場の歴史」(一九四七年執筆、四八年発表)から、一九五〇年代前半の「国民的歴史学」の運動に至る動向のなかで、農民や労働者への聞き取りを通じて、彼ら自身のもつ伝承と記憶を書き記そうとする試みが行なわれていた。(3)だが、そうした研究手法を「オーラル・ヒストリー」と呼ぶことはなかった。アメリカで作られている公人のオーラル・ヒストリーに関する情報は日本に入らなかったと思われるし、もし入っていても、戦後歴史学の主流を占めたマルクス主義系の歴史家たちは、それが自分たちの研究と関連があるとは思わなかっただろう。

これに対し、同じく「オーラル・ヒストリー」の名称を用いてはいなかったが、公人を対象とするその記録を戦後に実質上進めていた試みとして、一九六〇年代初頭に始まる、「木戸日記研究会」および「内政史研究会」の活動を挙げることができる。前者では岡義武らが主に旧軍人に対して聞き取りを行なった。後者は辻清明が中心になって内務官僚を対象とし、両研究会とも多くの談話速記録をのこしている。(4)

また個人の研究活動としては、まだ東京大学の学生だった秦郁彦が一九五三(昭和二八)年から旧軍人たちにインタヴューを行ない、木戸日記研究会・内政史研究会の若いメンバーであった伊藤隆が、一九六一(昭和三六)年から昭和初期の官僚や軍人の談話を聞き取っている。その記録は、秦の『日中戦争史』(一九六一年)および『軍ファシズム運動史』(一九六二年)、伊藤の『昭和初期政治史研究』(一九六九年)といった、二人の初期の主著で史料として活用されている。[5]

アメリカにおけるオーラル・ヒストリーの記録活動に特に注目し、それをみずから実行した最初の日本の研究者は、おそらく原彬久《よしひさ》であろう。原は一九七七(昭和五二)年にプリンストン大学の図書館で、ジョン・フォスター・ダレスの関連資料のなかに「オーラル・ヒストリー・プロジェクト」による記録の冊子を発見し、そのときに初めて「オーラル・ヒストリー」という言葉を知ったという。原はそののち、一九八〇年代から岸信介をはじめとして、多くの政治家・官僚へのインタヴューを精力的に続けるようになる。[6]

さらに組織単位での試みとしては一九九七(平成九)年に、政策研究大学院大学の創立をにらんでシンポジウム「オーラルヒストリーと政策研究」が開催され、それ以後、同大学の「政策情報プロジェクト」で、多くの聞き取りが進められることとなる。さらに二〇〇〇(平成一二)年からは「C.O.E.オーラル・政策研究プロジェクト」(五年間)が始まり、公人のオーラル・ヒストリーの作成は、拡大と充実の時期を迎えることとなった。プロジェクトを主導した御厨貴もまた、この研究手法に注目するようになったきっかけとして、八〇年代後半からの官僚へのインタヴューの作業とともに、ハーヴァード大学での在外研究(一九八九—九一年)のさい、アーネスト・メイの授業"Uses of History for Decision Makers"と、オーラル・ヒストリーのプロジェクトにふれた経験を挙げている。[7] アメリカの第一世代に見られるような公人のオーラル・ヒストリーの試みは、このような経緯をへて、現代の日本で定着するに至った。

他方で、「オーラル・ヒストリー」という名称の使用に関して言えば、日本でその言葉を先に用いたのは、以上の動向とは別のグループである。マルクス主義系の研究者が多数を占めていた団体、歴史学研究会が一九八六(昭和六一)年十二月に「オーラル・ヒストリー——その意味と方法と現在」と題したシンポジウムを行ない、その記録を翌

年『歴史学研究』誌上に掲載している。(8)

そこで冒頭を占める報告は、経済史家、中村政則による「オーラル・ヒストリーと歴史学」である。中村は六〇年代後半以降に「民衆史、個人史、自分史」が歴史学において提唱されるようになってきたことと、オーラル・ヒストリーの意義とを結びつけている。すなわち、経済高度成長期の繁栄のもとで、人々はそれまでマルクス主義歴史学が提示してきた、抑圧され、抵抗にたちあがる「人民」のイメージに「何かよそよそしさを感じるように」なった。その結果、「階級概念の中に押し込めて扱うのではない生身の民衆像」に関心がむかってきたと指摘して、上野英信《えいしん》・山本茂美・森崎和江・山崎朋子といったノンフィクション作家による、庶民からの聞き書きに基づいた仕事の重要性に注意を促している。したがって中村によれば、オーラル・ヒストリーの第一の意義は「記録を残さない底辺民衆の歴史や生きざまを明らかにすることによって、搾取される側、侵略される側の感情や思考にふれることになり、歴史の複眼的な見方を可能にさせます」ということになる。(9)

さらに、このシンポジウムのもう一つの報告が、英国労働史を専門とする松村高夫による「イギリスにおけるオーラル・ヒストリー」であることが注意をひく。英国ではやはり左派の歴史学者が一九六〇年に労働史研究協会を創立し、指導者ではない一般の労働組合員や、未組織労働者・女性・子供に研究の重点を置いて、聞き書きを学会誌に載せるようになった。そうした動きのなかから、社会学者ポール・トムスンを中心にして、一九七三年にオーラル・ヒストリー・ソサエティが発足し、学会誌『オーラル・ヒストリー』の発行を始めたのである。(10)先にふれたジュタールの区分にあてはめるなら、オーラル・ヒストリーの第二世代に属する活動と位置づけることができるだろう。

したがってシンポジウムののち、歴史学研究会編『オーラル・ヒストリーと体験史――本多勝一の仕事をめぐって』『事実の検証とオーラル・ヒストリー――沢地久枝の仕事をめぐって』（ともに青木書店、一九八八年）の二冊に始まって、「オーラル・ヒストリー」を題に含んだ雑誌記事が、こちらの潮流から発表されるようになった。政策研究院のプロジェクトが「オーラル・ヒストリー」を名のることに対して、違和感を表明するむきがあったようであるが、それもこの学界事情に由来するのだろう。この流れは、歴史学のうちの労働史・社会運動史・戦争史・女性史や、ジェンダー研究、マイノリティ研究、歴史社会学といった分野に継承されていき、二〇〇三(平成一五)年には「日本オーラル・ヒストリー学会」の発足を見た。こちらには公人のオーラル・ヒストリーにとりくむ研究者はほとんど加わっていないようであり、日本におけるオーラル・ヒストリーの研究活動は、二つのグループに分かれたまま進められている。

公人の歴史を聞き取るのか、名もない民衆のつぶやきに耳を傾けるのか。研究対象の選択に関して、二つのオーラル・ヒストリーは異なっているが、その区分に照らすと文化人は微妙な位置にある。「文化人」はさしあたり学問・藝術を仕事にする人と定義できるだろうが、無名の民衆のなかにまぎれこんだ存在ではない。もし仮にその文化人が政治的な抑圧を受ける人であった場合でも、すでにみずからの業績を公衆にむけて発表しているから、社会の隅に生きる職人や労働者とは属性が異なる。しかし他面、政治家や官僚といった公人とは異なり、政治権力の運用に携わっているわけではない。助言者として権力に関わる場合もあるが、たいていはそれと無縁な生活を送りながら、みずからの仕事を公表している存在である。

そうした独特の人々である文化人のオーラル・ヒストリーは、公人や名もない民衆をめぐるそれに対して、どのような特徴をもっていて、いかなる使い方がふさわしいのか。その問題について考えてみたい。

二　自伝とオーラル・ヒストリー

福澤諭吉の『福翁自伝』(一八九九・明治三二年刊行)は、近代の日本における自伝作品の嚆矢と位置づけられている。もちろん日本ではすでに、新井白石『折たく柴の記』(一七一六・享保元年起筆)、杉田玄白『蘭学事始』(一八一五・文化一二年完成)といった知識人の自伝の試みがあり、特に後者は、徳川時代の末年に神田孝平《たかひら》が露店で見つけた写本を、福澤自身が一八六九（明治二）年に版本として刊行したことで世に知られるようになった作品である。だが、そうした日本の先例を参考にするという考えは、少なくとも福澤当人の意識にはなかった。

『福翁自伝』が刊行されたさいには、病中にあった福澤に代わり、その弟子で『時事新報』の記者として活躍していた石河幹明《みきあき》が序文を執筆している。それによれば、「慶應義塾の社中にては、西洋の学者に往々自から伝記を記すの例あるを以て兼てより福沢先生自伝の著述を希望して親しく之を勧めたるものありしかども」、福澤は多忙で執筆できなかった。それが二年前、一八九七（明治三〇）年に「或る外国人の需《もとめ》に応じて維新前後の実歴談を述べたる折」、自伝を口述し、それを筆記させてみずから校正を加え、発表することを思いついた。(11) そこで、『時事新報』の速記主任を務めていた矢野由次郎《よしじろう》に筆記させる形で同じ新聞に連載し、一八九九年の六月に書籍としてまとめて刊行した。

福澤が自伝の公表を考えたとき、そのモデルとして考えていたのは、「西洋の学者」の自伝の例であった。自分で書くのではなく口述筆記の形をとったのは、まず第一には多忙のせいだったと思われるが、あるいは福澤がふれたことのある西洋の自伝が、聞き書きによって成ったものだったのかもしれない。いずれにせよ、文章で書き下ろしたのではなく、福澤の談話を矢野が文章化して成った回想録という点で、オーラル・ヒストリーに近い性格をもっていたと言えるだろう。

その聞き取りのようすを、矢野は石河に対して次のように語っていたという。

　矢野由次郎の談に拠ると、〔中略〕先生は其口述のとき世間にありふれた年表を手にせらるゝ外、別に手控のやうなものも持たれず。速記の便利のため語調を緩《ゆるやか》にして、一席の口述は凡そ四時間ぐらゐを一齣《こま》とし、速記者がそれを翻訳浄書するを待つて丁寧に校正加筆せられた上更に第二齣に移り、月四回づゝ口述して約一年間で完結したということである。(12)

このエピソードは、福澤の記憶力がすぐれていたことを示すものとしてとりあげられている。一回四時間という長い時間から想像すると、質問者の問いに語り手が答える、のちの通常のオーラル・ヒストリーの形式ではなく、福澤が一方的に話し、その言葉のとおりに矢野が記録を作成するというやり方で書かれたのであろう。さらにその速記原稿に、福澤が「丁寧に校正加筆」したという手順であるから、最終的には福澤自身の意図を大きく反映する形で、本文が定められた。岩波文庫版の校訂を担当した富田正文は、一九七八年版の「後記」にこう記している。

速記原稿は、福沢自身の手で綿密周到に手入れをされ、速記者の原文は大半書き改められ、さらに福沢みずから書き下して追加した部分が、速記原文よりもやや多いくらいの分量を占めている。われわれはこの自伝を読んで、この自伝の面白さが福沢の談話の妙によるものか行文の巧みさによるものか、そのいずれに由来するのかを疑っていたが、この初稿の出現によって、福沢が口語文の執筆者としても非凡なる腕前を持っていることを知ったのである。(13)

『福翁自伝』は、オーラル・ヒストリーに似た製作過程をへてはいるが、完成したテクストとしては、聞き書きというよりも、福澤自身が話し言葉を用いて書いた文書と呼んだ方がいいような側面がある。したがって、先にふれた『旧事諮問録』や、勝海舟『海舟余波』(一八九九年)のように、談話の言い回しをそのまま記録したものに近い回想談話録とは、性格が異なる。佐伯彰一は自伝文学としての『福翁自伝』を評価するにさいして、その「乾いた眼と把握力」をとりあげ、外界だけでなく過去の自己の内面までをも「公平に客観化、滑稽化」する「抜群の描写力」に注目している。(14)それは即興の談話の技法というより、その表現を練り直し再構成する作業が、文体の上にもたらした効果なのだろう。

『福翁自伝』のテクストを構成するのに、福澤がここまで熱心に注意をめぐらせたのはなぜか。自伝を残す理由についてこの著書で語った箇所は、「此通りに自分の伝を記して子供の為めにし」と、自分の子供たちに伝えるためだと述べているのが、直接の言及としては唯一である。[15]　しかし松沢弘陽は、「独立の手本」を広く社会に対して示そうとする意識が、自伝の作成の全体を支えていたと推測している。[16]

『福翁自伝』は末尾で「老余の半生」を振り返るなかで、自分が周囲の学者とは異なり、明治政府に仕える「役人」にならなかった理由について、長い説明を展開する。その理由は四点にわたっているが、三番目に挙げられるのは、草稿に福澤自身が書き入れた見出しの表現によれば、「独立の手本を示さんとす」という意図である。

「維新政府」の成立ののち、士族はもちろん、百姓・町人の子弟もみな、「立身出世」をめざして「役人」になることばかりを求めるようになった。それを福澤は、前時代の「漢学教育の余弊」によって、政治体制の転換ののちにも政府に対する「奴隷根性」が強固に残っていると見て、きびしく批判した。これはもちろん、明治初年の「学者職分論争」以来福澤が唱えてきた主張であったが、福澤は自伝のなかで再び指摘して「文明独立の本義」を説き、自分がまず政府への出仕の誘いを断り、「独立の手本」を示したのだと回想する。[17]　『福翁自伝』の全体も、この議論を頂点とする形で、「独立の手本」としての福澤自身の人生を物語として示す構成になっていると言えるだろう。

この『福翁自伝』の例は、聞き書きを元にして作られた著作とは言っても、語り手の当人によって手が加えられ、再構成されている点で、通常のオーラル・ヒストリーとは性格が異なるテクストだと言える。反対に言えばオーラル・ヒストリーとは、聞き取り・インタヴュー・ヒヤリングでの会話のやりとりを、できるかぎり現場での発話のとおりに文字化し、その内容の解釈や再構成は、中立的な立場から記録をよむ読者の手に委ねるものなのである。

そして同時に、オーラル・ヒストリーの語り手としての文化人の独特の性質もまた、浮かびあがってくる。学問にせよ藝術にせよ、文化人は常にみずからの作品を世に送り出し、広い意味で自己表現を行なっている人物である。したがって、自分の経験について、また過去の世のありさまについて語るさいに、回想している時点での解釈や批評が入りこみ、記憶が脚色されてしまう度合いが、ほかの人々よりも高くなる。この特性は、歴史史料として取り扱うさいに特に慎重さを要することになると同時に、文化人のオーラル・ヒストリーの記録に、読み物としての独自の魅力をもたらすだろう。

三　記憶の変容――堤清二オーラル・ヒストリーを例として

語り手の自己表現と、オーラル・ヒストリーの聞き取り・聞き書き作業とが交錯しながら展開する。文化人に関するオーラル・ヒストリーが持っている、そうした特質を顕著に示している例は、堤清二（一九二七・昭和二年―二〇一三・平成二五年）の場合であろう。堤は、西武グループの創業者であり政治家として衆議院議長も務めた、父・康次郎《やすじろう》の内縁の妻のもとで長男として生まれた。そして東京大学経済学部在学中に日本共産党の活動にかかわり、党内の所感派・国際派の抗争にまきこまれ、結核で倒れて運動を離脱する。(18)一九六四（昭和三九）年に父が亡くなったのち、西武百貨店の経営を引き継ぎ、西友やパルコ、さらに金融事業やホテル経営も含むセゾングループに発展させ、文化事業にも熱心な異色の財界人として活動した。

また、経営者としての活躍と並行して、辻井喬の筆名で詩と小説も盛んに発表し、財界・政界と藝術の世界に幅ひろい人脈をもっていた。一九六〇年代から八〇年代に至る日本の歴史を代表する人物の一人として重要な存在である。堤のオーラル・ヒストリーの談話収録は、御厨貴・橋本寿朗・鷲田清一を聞き手として、二〇〇〇（平成一二）年から翌年にかけて行なわれ、話し手の没後に『わが記憶、わが記録――堤清二×辻井喬オーラルヒストリー』（中央公論新社、二〇一五年）として公刊されている。

堤＝辻井はオーラル・ヒストリーの収録の前に、幼年期から西武百貨店を継承するまでの人生に関して、回想録『本のある自伝』（一九九八年）を刊行していた。自伝風の小説『彷徨の季節の中で』（一九六九年）もあり、すでに三十歳代なかばでみずからの人生を語る物語を作りあげていた。したがってオーラル・ヒストリーの作業も、聞き手が『本のある自伝』の内容を前提として、それを確認し、書かれていない事柄を聞き出すという手順で始まっている。

しかし第五回のインタヴューあたりから、問答の調子が変わってくる。対象とする時期が一九七〇年代に入り、堤はそれ以降の時期に関するまとまった回想録をまだ書いていないため、質問に対する回答を手探りで考えているようすである。それに加え、聞き取りの回数を重ねた結果として、おたがいのあいだに自由闊達な空気が生じてきたのだろう。質問者が通常の質問の枠をこえた問いを投げかけ、それに堤が答えることで、思わぬ方向へと対話が展開することになる。

この回は、一九六八（昭和四三）年の西武百貨店の渋谷出店、そして四年後、同じ渋谷でのパルコの開店に関する質問から始まっている。収録の当時、すでに公刊されていたセゾングループの正史としての『セゾンの歴史』全四冊（一九九一年）では、パルコの出店は渋谷の「街づくり」と組み合わせて構想されたことが語られていた。

すなわち、堤の旧制中学の同級生で、パルコの初代社長に就任した増田通二は、渋谷店の最上階に劇場（西武劇場、のちパルコ劇場）を設け、人々の流れを大きく変えることを考えた。開店と同時に、建物が接する渋谷区役所通り（旧「練兵場通り」）は「公園通り」に改称され、さらに七七年には歩道が拡幅され、ベンチが置かれる。それまで鉄道ターミナル駅の場所ではあっても地味な盛り場だった渋谷は、一挙にファッションの街、若者の街へと変わり、公園通りはその中心となった(19)。

おそらく『セゾンの歴史』の記述を意識して、インタヴューにおいては鷲田清一が「僕が思うに、東京の特徴の一つは、大阪、京都、仙台などと違い、文化的な中心・風俗的な中心が漂流することだと思うのです」と、都市としての東京論へと話題を広げてゆく。堤はそれに呼応して、「そのころの私の意識は」東京を池袋・新宿・渋谷・銀座と、四つか五つの地域からなる「複合都市」だと考えていたと語り、会話はさらに進んで、「情報が無原則に集まって、グルグル回っているカオスみたいなところ」だから「「東京を都市と思うな」」という話はよくしました」、「そういう劇場空間としての都市にどうしてもなっていく」と堤が述懐したところで、橋本寿朗が「ちょっとそれは、堤さんは鷲田さんに引っ張られすぎていませんか」とたしなめている。[20]

ここには、文化人のオーラル・ヒストリーに特に伴う、醍醐味と危険性の双方がよく現われている。文化人は普段から表現活動に従事しているので、自分の記憶や現在の思いを語ることに長けている。また特に堤の場合、堤清二名義での『変革の透視図』(一九七九年)、『消費社会批判』(一九九六年)といった自著で、消費社会・情報化社会に関するみずからの見通しをすでに語っていた。したがって、質問が過去の経験に関する事柄を離れて都市論に展開しても、それに即座に答え、渋谷でのパルコ出店という事業の背景にあった考えを、より深く示すことができる。

しかしその反面、橋本が「引っ張られすぎ」と注意しているように、質問に刺戟されて、その場で記憶の変容が生じている可能性もある。『セゾンの歴史』の記述に従うかぎり、パルコの開店を渋谷の「街づくり」に連動させる構想は、堤ではなく増田通二に由来するものである。もちろん、増田が堤と相談しながら事業を進めていたのはたしかだろうが、堤はその構想をうけとめるのみだった可能性が高い。だが、鷲田の質問にふれたことで自己表現のセンスを働かせ、あたかも自分が早くから「複合都市」「劇場空間としての都市」を演出しようとする構想をもっていたかのように語ってしまう。それは、事実の記録としてのオーラル・ヒストリーにとっては危険な傾向を含むだろう。

同時にまた、オーラル・ヒストリーの作成に語り手として加わった経験が、堤その人の過去に関する語りを変えていったことも、ほかの史料との比較によって知ることができる。堤はやはり第五回のインタヴューで、「セゾン」グループという命名の由来について、クレジットカードの事業を始めたさい、西武百貨店以外でも使えるカードにするため、一九八三(昭和五八)年に「西武カード」から「セゾンカード」に名称を変えたと語っている。[21] これに続いて、二年後にはグループ名も「西武流通グループ」から「西武セゾングループ」に変え、一九九〇(平成二)年には「西武」を削った「セゾングループ」に改めた。

しかし、堤がのちにオーラル・ヒストリーの速記原稿もおそらく参照しながら著した回想録『叙情と闘争——辻井喬+堤清二回顧録』(二〇〇八年一月—二〇〇九年一月に『読売新聞』に連載、二〇〇九年五月に単行本化)では、このグループ名の選択が、弟・堤義明と訣別する意図と結びついていたと語る。義明は堤康次郎の正妻の子供であり、康次郎の没後には西武鉄道を継承し、さらにコクド・プリンスホテルなども経営する西武鉄道グループの総帥となった。

一方、僕の方はコクド、西武鉄道と同じ企業グループと見なされることに次第に我慢ができなくなってきていた。経営についての考え方があまりに違いすぎるし、幹部が事業地を視察する際は必ず二十人以上の社員が整列して出迎え、最敬礼をしなければ鉄拳制裁を見舞われるというようなカルチャーは、僕には差別意識にまみれているとしか見えなかった。〔中略〕世間の常識からズレてしまった企業集団は、何時どんな誤りを犯すかもしれないという不安感もあり、僕はコクド、西武鉄道グループと僕が関係している企業集団とは違うという形をどうしたら打ち出せるかと、機会を狙う気持ちになっていた。(22)

そこで、軽井沢高輪美術館（のちセゾン現代美術館）でのマルセル・デュシャン展（一九八一年）の開催など、文化事業の拡大にとりくみ、クレジット・カードに「セゾン」と命名したと説明し直したのである。この回想録の連載中に永江朗が行なったインタヴューでは、さらに露骨な説明を示している。

コクドや鉄道とはいっしょにやれねぇなというのがある。あまりにも違いすぎたから、かなり鉄道も怪しげなことをやっているというのが伝わってきてますしね。暴力団を使ったりなんかしたり。いつスキャンダルに巻き込まれるかわからないという不安もあった。(23)

辛辣な堤義明・西武鉄道グループ批判を口にするようになった背景には、二〇〇五（平成一七）年に義明が証券取引法違反で逮捕され、有罪判決を受けて経営権を失ない、西武鉄道グループが解体したこともあるだろう。だが、オーラル・ヒストリーの経験から受けた影響もまた、そこに働いているように思われる。インタヴューの第八回では、義明との関係を問われ、「タイプが違って好みも違う。しかし、趣味の領域はお互いに侵さない、という程度のことです」と曖昧に答えている[24]。回想録の執筆にあたって速記原稿を読み直したとき、堤清二の心理には、この答の底にわだかまる感情が強く甦ったことだろう。それが、「セゾン」の命名の理由に関する説明を、あるいは記憶そのものを大幅に変えさせることになったのではないか。

質問に対する応答を通じて、それまで記憶の表面に浮かんでいなかった経験が浮かびあがったり、新たな思考が展開されたり、あるいは記憶そのものが変容してゆく。こうした現象は文化人にかぎらず、オーラル・ヒストリー一般に起こりうるものであろう。しかし文化人の場合は思考と表現の能力が豊かであるがゆえに、その程度が特に大きくなる。そして、オーラル・ヒストリーの情報源としての意義と、それを取り扱うさいの注意点とを、明確に示してくるのである。

(1) 御厨貴『オーラル・ヒストリー――現代史のための口述記録』(中公新書、二〇〇二年)五、一七九―一八〇頁、フィリップ・ジュタール Philippe Joutard「オーラル・ヒストリー――過去二十五年間の方法論および研究の総括」(大黒俊二による要約、歴史学研究会『歴史学研究』六八三号、一九九六年四月)三一頁、ヴァレリー・R・ヤウ Valerie Raleigh Yow(吉田かよ子ほか訳)『オーラルヒストリーの理論と実践――人文・社会科学を学ぶすべての人のために』(インターブックス、二〇一一年)二一頁。

(2) ジュタール前掲論文、三一頁。

(3) 石母田正『歴史と民族の発見――歴史学の課題と方法』(平凡社ライブラリー、二〇〇三年)三五三―三七〇頁、および同書収録の藤間生大による「解説――五〇年の歳月を経て」を参照。

(4) 御厨前掲『オーラル・ヒストリー』五三―五五頁。

(5) 秦郁彦『実証史学への道――一歴史家の回想』(中央公論新社、二〇一八年)三九―五三頁、伊藤隆『歴史と私――史料と歩んだ歴史家の回想』(中公新書、二〇一五年)三三―三五頁。

(6) 原彬久『戦後政治の証言者たち――オーラル・ヒストリーを往く』(岩波書店、二〇一五年)一―一二頁。

（7）　御厨貴『平成風雲録――政治学者の時間旅行』（文藝春秋、二〇一八年）一一三頁。
（8）「特集　オーラル・ヒストリー――その意味と方法と現在」（歴史学研究会『歴史学研究』五六八号、一九八七年六月）。
（9）　中村政則「オーラル・ヒストリーと歴史学」（前掲『歴史学研究』五六八号）五頁。ノンフィクションなどの分野における動向については、大門正克『語る歴史、聞く歴史――オーラル・ヒストリーの現場から』（岩波新書、二〇一七年）第二章に詳しい。
（10）　松村高夫「イギリスにおけるオーラル・ヒストリー」（前掲『歴史学研究』五六八号）六―七頁。
（11）　松沢弘陽校注『新日本古典文学大系　明治編10　福澤諭吉集』（岩波書店、二〇一一年）三頁。
（12）　石河幹明『福澤諭吉伝』第一巻（岩波書店、一九三二年）三六七頁。ただし、事実関係に関する関係者への確認、速記原稿の整理のためのメモが十二点現存しており、口述から刊行までのあいだに「相応の準備と注意が払われていた」と考えられている。松崎欣一「『福翁自伝』の口述・刊行」（福澤諭吉事典編集委員会編『福澤諭吉事典』慶應義塾、二〇一〇年、三三二頁）を参照。
（13）　福澤諭吉（富田正文校訂）『福翁自伝』（岩波文庫、一九七八年）三二四―三二五頁。
（14）　佐伯彰一『日本人の自伝』（講談社、一九七四年）九八―九九頁。
（15）　前掲『福澤諭吉集』三四四頁。
（16）　松沢弘陽「自伝の「始造」――独立という物語」（前掲『福澤諭吉集』四九六―四九七頁）。
（17）　前掲『福澤諭吉集』三五五―三五六頁。
（18）　安東仁兵衛『戦後日本共産党私記』（文春文庫、一九九五年）一一六―一一七頁によれば、一九五〇（昭和二五）年一月のコミンフォルムによる日本共産党批判（いわゆる「所感」）をきっかけに、同年六月二十七日、堤は安東らとともに共産党の臨時中央指導部・執行委員会から除名処分を受けている。堤はその後、党指導部（所感派）と対立する国際派に属して活動を続けるが、翌年の十月末に肺結核で倒れ療養生活を送ることになる。しかし五二年八月にコミンフォルムが所感派を全面的に支持する声明を出したため、国際派は壊滅。堤が病から回復し、一九五三年四月、東京大学文学部国文学科に再入学したときは、すでに政治運動から離れていた。その経緯は辻井喬『本のある自伝』（講談社、一九九八年）一二一―一五八頁で語られているが、国際派の壊滅の過程については言及がない。自伝的小説『彷徨の季節の中で』（一九六九年）では、コミンフォルムの五二年声明の直後に結核に倒れたという順序になっており、この事件が実際には左翼運動から離れる大きなきっかけだったことを推測させる。この問題をめぐっては、近藤洋太『辻井喬と堤清二』（思潮社、二〇一六年）六九―八〇頁にも詳しい考察がある。辻井喬『彷徨の季節の中で』（中公文庫、二〇〇九年）二二三―二三五頁。
（19）　橋本寿朗「流通革新の推進と新規都市事業の展開」（由井常彦編『セゾンの歴史――変革のダイナミズム』下巻、リブロポート、一九九一年、一九六―二〇五頁）。当時の渋谷とパルコの「空間戦略」については、吉見俊哉『都市のドラマトゥルギー――東京・盛り場の社会史』（河出文庫、二〇〇八年）二九五―三一八頁に詳しい分析がある。

(20) 御厨貴・橋本寿朗・鷲田清一編『わが記憶、わが記録——堤清二×辻井喬オーラルヒストリー』(中央公論新社、二〇一五年)一二五—一二七頁。

(21) 前掲『わが記憶、わが記録』一二四頁。小山周三「市場の成熟とセゾングループ」(前掲『セゾンの歴史』下巻、三八六、六〇五—六〇六頁)も参照。

(22) 辻井喬『叙情と闘争——辻井喬+堤清二回顧録』(中公文庫、二〇一二年)二六〇—二六一頁。

(23) 永江朗『セゾン文化は何を夢みた』(朝日新聞出版、二〇一〇年)二二八—二二九頁。また、晩年の二〇一二(平成二四)年六月から十二月にかけて児玉博が行なったインタヴューで堤は「義明君が凡庸なことは分かってましたが」と語り、鉄道グループも「自分が引き継ぐべきだったのかなあ」と述懐するなど、批判の口調をさらに強めている。児玉博『堤清二 罪と業——最後の「告白」』(文藝春秋、二〇一六年)一四四—一四五頁。

(24) 前掲『わが記憶、わが記録』一九三頁。

植民地銀行のインスティテューショナル・メモリー――朝鮮銀行の戦前と戦後

前田亮介

「引き揚げということが大日本帝国の後悔だとすれば、
僕たちはみんな大日本帝国の後悔から生まれた子なんだ。」

――大島渚『儀式』（一九七一年）

はじめに

本稿は、植民地朝鮮（一九一〇―四五年）の中央銀行だった旧朝鮮銀行の関係者の回顧を軸に、戦前・戦後を貫く植民地銀行のインスティテューショナル・メモリーを析出しようとする試みである。明治以来、朝鮮半島が安全保障上の死活的重要性を持つという観念は、日本の政治家を少なからず拘束した。しかし、帝国の維持と膨張に朝鮮銀行が果たした役割の大きさは、政治外交史では今日まで十分注目されていない[1]。さらに、この朝鮮銀行は一九五七年には、中小企業に長期融資する「日本不動産銀行」として再出発（七七年から日本債券信用銀行、九八年に経営破綻、現あおぞら銀行）し、政府系金融機関として日本の高度成長の一翼を担うことになる。

こうした経緯もあって、戦後、旧朝鮮銀行関係者の間では回顧録や口述筆記が盛んに作成された。「鮮銀精神（魂、スピリット）」と自ら誇る強い凝集性と使命感を持っていた彼らは、帝国意識を育みつつ、現代に存在しない官僚機構を動かしていたのであり、その言動やアイデンティティの所在を跡づけることで、歴史研究において一次史料に加えてオーラル・ヒストリーを「使う」比較優位が浮かび上がるのではないだろうか。友邦協会にみられる旧植民地官僚の帝国意識や集合的記憶の創出については近年格段に分析が進んでおり[2]、また戦後の朝鮮銀行残余財産についても日

韓国交正常化交渉と関連づけて精緻に検討した外交史研究が登場している。(3)

ただ本稿のような、戦前の帝国経営と戦後の高度成長を架橋する観点から植民地銀行の生理を描こうとするものはあまり見当たらない。本稿ではさらに、この争点を一九五〇年代の政党政治と結びつけることで、保守合同と脱植民地化の関係についても若干の示唆を提供したいと考えている。経済エリート・オーラルは中村隆英・伊藤隆・原朗によるもの（参考文献⑤、以下、丸付き数字は同様）を嚆矢とするが、政府系銀行や大蔵省のOBの回顧録自体は相当量存在しており、実際には興味深い情報を多々含んでいる追悼録まで含めれば、官僚政治や政官関係について立体的な分析を加えることは不可能ではない。(4) 以下では、こうした先学の知見をふまえつつ、旧朝鮮銀行関係者の残したオーラル・ヒストリーを単に二元的な真偽の基準から判定するのではなく、むしろ彼らの自己正当化も含めたナラティヴに含まれる屈託やゆらぎ、陰影に着目することで、本書のテーマの深化に貢献したいと考えている。

一　「野人」と「国際人」――戦前における二つの系譜

ロンバード・ストリートの森賢吾

朝鮮銀行バンカーの回顧には、「鮮銀スピリット」「鮮銀魂」といった連帯の確認とともに、しばしば自分たちの泥臭さへの自負が見られる。そして、そこで対比されたのが、欧米資本の外資導入に支えられた日露戦争を契機に台頭していった、高橋是清、井上準之助、森賢吾、加納久朗、津島寿一といった「国際金融家」（三谷太一郎）(5)である。彼らは大蔵省（財務官）や日本銀行（ロンドン代理店監督役）、横浜正金銀行を拠点として、英米仏をはじめとする各国の著名な国際金融家とトランスナショナルな信頼関係を築いていた。その国境を越えた紐帯は、戦中・戦後まで持続したのである。しかし、日露戦争が単に日本の国際社会参入の画期であったのみならず、帝国主義的膨張の画期でもあったがゆえに、同じ特殊銀行（政府系金融機関）でも国際経済秩序を重視する系譜と、朝鮮銀行を軸とする帝国経済秩序を重視する系譜のあいだには、組織的・政策的な対立が折にふれて生じざるをえなかった。本稿では、前者を「国際派」（ないし「欧米派」）バンカー、後者を「帝国派」（ないし「アジア派」）バンカーと呼ぶことにしたい。そして両者が共働した二〇世紀中葉の「帝国」という問題圏にあらためて光をあてる。

こうした従来注目されてこなかった系譜の存在を照射するうえで、「帝国派」の残した回顧録は好個の史料となる。たとえば、日本銀行出身で最終的に朝鮮銀行副総裁（一九四〇―四五年）となった君島一郎（一八八七―一九七五年）は、大蔵省の初代海外駐箚財務官としてロンドンで辣腕を振るい、数々の国際経済会議で活躍した森賢吾（一八七五―一九三四年）について、きわめて冷ややかな観察を残している。[6] 君島によれば、ロンドンでの森は「グロヴナー・スクュアー（日本大使館所在地）に対してシティーで別王国を立てていた観があ」り、「才学卓抜、英語は堪能、会話はすこぶる流暢だった。およそイギリス紳士として寸分のすきもない教養を身につけているという自信のほども大変なものであったようで、マナー、エチケット、服装、言葉遣いなどに恐ろしくやかましく、そばにいるものはビシビシしかられた」。しかも、こうした森の峻厳なマナー指導は、下の地位の人間に対してのみならず、渡英の際に森を「表敬訪問」した官界財界の名士にも容赦なく向けられた。森の自宅で山高帽を脱がなかったために衆前で叱責されてしまった「三井物産の大物重役」について、君島は同情をもって書き留めている。

こうした自他ともに「イギリス紳士」たることを厳しく求める森の強烈なパーソナリティは、同じ大蔵省内や政府系銀行内の「アジア派」から反感を招く格好の種となった。第一次世界大戦中に、朝鮮銀行第二代総裁、さらには「鮮満一体化」政策をめざす寺内正毅内閣の蔵相として、大陸（一時は朝鮮銀行券がシベリアまで流通している）における朝鮮銀行の影響力拡大に努めた勝田主計《しょうだかずえ》は、貴族院（勅選）議員として後年ロンドン経由でベルリンに向かった際、現地で出迎えた君島に「「あいつは森閣下でなくって閣上だ」と嚙んで吐き出すように言」ったといわれる。おそらく一方的に叱責されるままだった三井物産の重役と異なり、勝田は通常の大蔵官僚の矩《のり》を超えて暗躍した政治的官僚であり、[7] ロンドンでの森との応酬も一筋縄ではいかなかったはずである。しかし一九二〇年代には、ワシントン諸条約と新四国借款団による東アジアの政治経済体制をシティ（ロンバード・ストリート）やウォール・ストリートと直結した「国際派」が支えており、そうした接点をもたない「帝国派」のプレゼンスは大きく低下していた。さらに井上準之助日銀総裁は、朝鮮・台湾銀行の通貨発行権を回収し、日本銀行券に統一する構想もうちだしていた(8)。

君島の森についての回顧は以下のように締めくくられている。

森さんの下に長く勤め、その長をとり短を棄て、藍より出でて藍より青しと、あっぱれ国際人に成長したのが津島寿一君である。この私の如き〔森に〕度し難い野人とも見られていたことだったろう。大きなお目玉を頂戴している。私の方から言うと、とかく気取って取り澄まし、お高く止まって、妙に勿体《もったい》振ってるお方は大の苦手である。

この「度し難い野人」という自己表象からは、（森に対するような悪感情はないにせよ）津島のような「国際人」に対する「アジア派」のやや屈折した感情と、他方で気取りのない豪放さを良しとする組織風土への矜持を、読みとることができるのではないだろうか。東京帝国大学法学部出身で、日本銀行の国内キャリアが長かった君島だが、回顧を残した戦後の段階では、朝鮮銀行ＯＢとしてのアイデンティティが確立していたといえよう。

君島一郎の戦争と戦後

こうしたアイデンティティを君島に選び取らせたのは、その期間の大半を副総裁として過ごした太平洋戦争だったと思われる。君島は、副総裁に就任した一九四〇年の日記の末尾に「今次欧州大戦の特徴は交戦国間の基本的闘争が武器戦場で行はれずして為替戦場、即ち経済戦線で行はれしかもそれが全世界に亘ったことなり」と力強く記している。東アジアにおける「経済戦線」とはいうまでもなく中国であった。実際、二〇年代には不良債権を抱えて数度の整理対象とされた朝鮮銀行は、帝国が新たなフロンティアを得た一九三一年の満洲事変後に完全に息を吹き返した。

さらに、三〇年代後半から日中対立の焦点となった華北への軍の進出を直接支えたことが、朝鮮銀行が繁栄する決定的な要因となった。とくに国民政府通貨の「法幣」と対抗すべく、日本が華北占領地の中央銀行として設置した「中国聯合準備銀行」と朝鮮銀行北京支店のあいだで締結した「預け合」契約によって、円と名目上パーとなった聯銀券を随時に引きだし、現地で軍事費を調達することが容易となった。この仕組みは単に財政基盤が脆弱な日本の長期戦を可能にするのみならず、日本円を全く使用しないことで、戦費増大による国内でのインフレ進行を抑止する役割をはたしていたといわれる。聯銀券をはじめとする各種占領地通貨の濫発によって、北京や上海では物価が暴騰するハイパーインフレが生じたように、この「預け合」システムは占領地経済をいわば捨石にして総力戦下の内地経済を存続させるためのものであった(多田井二〇〇二、NHK二〇一一)。

戦時下の繁栄の中心にいた君島は、公職追放された戦後は、野球史研究の領域で名を残す傍ら、南北両派の在日朝鮮人が発行した新聞を定期的にスクラップし、また朝鮮銀行の大株主でもあった李王家の韓国帰還運動に協力を惜しまなかった[9]。とくに注目すべきは、元朝鮮総督府官僚を中心に、朝鮮統治の資料収集と研究を目的とした「友邦協会」の設立に尽力したことだろう(のち第二代会長)。同協会は朝鮮の植民地統治を「侵略・奴隷化」と捉える批判によって過去の事実が歪曲されてきたという問題意識に立ち、設立の動機は修正主義的なものだった。また、寄附金獲得を支えた君島の動機の一つは、朝鮮銀行残余財産で「日韓合併特銀」を設立し、朝鮮戦争後の韓国の経済復興を旧宗主国が援助することにあった(李二〇一五)。しかし一方で、思想や国籍を問わず若手の歴史家に一次史料や聞きとりを提供し、「朝鮮近代史料研究会」を発足させ、友邦協会本部での研究会開催も十数年継続させるなど、朝鮮近代史研究にはたした貢献も多大だった。協会内には左派や在日朝鮮人への偏見が根強く残りつつも、設立者で参議院議員でもあった穂積真六郎の会長在任中は、事実に基づく批判は受け入れる風通しの良さが保たれていたという[10]。君島は思いもよらず、守るべき自身の歩みに批判的な歴史叙述の誕生を後押しする格好になったのである。

二　国際金融家の「前線」への召集――戦中の交錯

経済の論理による国際協調の限界――加納久朗

君島が第二次世界大戦の特質を「為替戦場」に見出したとき、彼が「国際人」と呼んで距離感を露にしていた人々の多くが、膨張する帝国の経済的前線に呼び戻されはじめていた。そうした象徴的な事例として、加納久朗（一八八六―一九六三年）と田中鉄三郎（一八八三―一九七四年）の二人をさしあたり挙げることができよう。

まず一九三〇年代に横浜正金銀行のロンドン支店長として、いわばシティにおける森の役割を継承した人物が加納である。加納は駐英大使の吉田茂とともに、完全に形骸化した新四国借款団になおも期待を託し、また有力財界人を華北・華中に配置した門戸開放・日中和平の可能性も模索するなど、親英派の代表格であった。しかし太平洋戦争の開戦後は、イギリスから退去を余儀なくされ、取締役として正金の北京駐在理事に就き、敗戦を迎えた。

吉田と比べたときの加納の特徴は、経済の秩序形成機能への信頼である。日本銀行監督役付書記として三〇年代半ばロンドンに滞在した山本米治（のち参議院議員（自民党））は、回顧録で「当時日本の駐英大使は吉田茂氏……であったが、この公式大使にたいし加納さんは一部の日英人から民間大使とか私設大使とかいわれ、その活動ぶりも加納さんの方がむしろ派手なくらいであった」と記した上で、「イギリス心酔」で「わが大英帝国論」を熱弁する加納の姿勢を、（その論争相手だった「ドイツ心酔」の大島浩駐独大使と対比させつつ）「経済万能主義」といささか突き放して形容している（③：二九一―二九三）。実際、加納には経済を道徳と結びつけ、その両者を平和の基礎に位置づける傾向がみられ、その戦争収拾の構想も、軍の論理や人間の感情への想像力を欠く楽観的なものになりがちだった[11]。そしてこうした加納の「経済万能主義」は、金・ドル本位制を採用した戦後にも保持された、国際金本位制への信仰に基づいていた。長年の友人であるヤコブソン（Per Jacobsson）がＩＭＦ専務理事に就任した際、加納は戦後の政治家や経済人が「金」

の重要性を忘却していることを嘆き、覇権国アメリカの輸出超過によって世界中でドルが不足している今日、金価格を現行の一オンス＝三五ドルから一オンス＝七〇ドルへ一挙に引き上げるべきと主張した。この新たな国際金本位制を支持することはＩＭＦの責務であり、そこではじめて戦後国際秩序は、常に「統制」を支持する官僚の餌食にも、また野心的な政治家のおもちゃにもされずに済むだろう――[12]。このように各国の官僚・政治家を排除した国際経済秩序の自律性と中立性を是とする加納の姿勢が、戦前の日銀の「鎮守の森」の精神に批判的だった山本のような人物にとって[13]、ごくナイーヴに捉えられただろうことは想像に難くない。

さらに、戦中に北京に着任した加納は、軍の要請への対応で朝鮮銀行幹部の憤慨を買った。北京の加納がどの程度関与したかはわからないが、「国際派」の筆頭だった正金銀行も一九四三年以降は朝鮮銀行方式にならうかたちで上海支店を通じて中央儲備銀行（汪兆銘政権の中央銀行）の儲備券を発行し、華中・華南における軍の戦費調達に動員されており、おそらく華北でも軍との連携が深まったと推測される。戦後編纂された「朝鮮銀行回顧録」で元北京総務部長の竹部利佐久（のち日本不動産銀行監査役）は戦時中の経験として、「正金の北京駐在理事であった加納久朗氏が、〔北支那方面軍〕経理部長に対し、正金は店の方は私共老人と女の子で支那人を使つ《ママ》てやるから、若い者は全部召集されても差支えないと放言したのには弱つた」と述べている[1]。真偽は不明ながら、長年の不信感が凝集された発言だろう。戦中の朝鮮銀行には、自分たちが軍とごく身近な存在であったがゆえに、かえって金融担当者として一定のブレーキをかけえているという逆説的な自負があったように思われる。加納の行動はいかにも、そうした現場における微妙な関係構築の努力（の自己認識）を踏みにじるものと映ったのではないだろうか。

田中鉄三郎における国際主義と帝国主義

これに対し、日本銀行出身で、国際決済銀行（ＢＩＳ）初代理事を務めるなど戦間期の国際金融に熟達した生粋の「国際派」でありながらも、満州中央銀行（一九三六－四〇年）、朝鮮銀行（一九四二－四五年）の総裁を戦中に歴任したためより難しい立ち位置を強いられたのが田中鉄三郎であった。もちろん日銀出身者には他にも、三〇年代にロンドン代理店監督役としてリース＝ロス（Frederick Leith-Ross）の中国幣制改革に助言する立場にありながら、日中戦争後は蒙疆銀行（日本の傀儡政権の中央銀行）総裁となる宗像久敬[14]、また大恐慌期のドイツに四年間駐在し、外国為替局次長を経てやはり占領地中央銀行の華興商業銀行に呼び戻された岡崎嘉平太らがいる。だが、田中ほど帝国秩序強化への役割変更がドラスティックだった例は見当たらない。実際、三〇年代前半までの田中は、バーゼルやジュネーヴの国際経済会議でイングランド銀行総裁のノーマン（Montague Norman）、ライヒスバンク総裁のシャハト（Hjalmar Schacht）、のちの西ドイツ連銀総裁ブレッシング（Karl Blessing）らとの間にきらめくばかりの人脈を築き上げた、まさに井上準之助没後を代表する国際金融家だった。また田中は自ら秘書役として井上日銀総裁に仕えた経験から、「秘書役という役柄」を長く尊重したといわれる（柴原正一・元朝鮮銀行秘書役、①）。たとえば満洲国で活躍した大蔵省出身の松田令輔が、高橋是清への敬愛と井上への不信を隠さなかったのと比べると（⑧）、田中はむしろ「帝国派」と対峙した井上の系譜に属したのである[15]。そして三三年のロンドン世界経済会議の開催にみられる国際経済協調の努力とその瓦解[16]を、目の当たりにすることになった。

それだけに、田中は国際金融の前線から離れた後も、帝国金融の前線において自らの人的資源を活用しようとした[17]。たとえば田中は満洲中銀総裁時代、元ＢＩＳ総裁で当時ファースト・ナショナルバンク・オヴ・ニューヨーク頭取だったフレイザー（Leon Fraser）宛の書簡で、満洲国への投資を働きかけている。田中はまず、中国で起きた不幸な事変に対する日本の立場や真の意図が、アメリカで十分理解されていないと憂慮を示した上で、しかし事変はいまや建設の段階に入っており、ルネサンスの精神が中国を席巻している、と主張した。そして事変の結果保障された、東アジアにおける永続的な安定が、この地域の人々に福音をもたらすばかりでなく、極東におけるアメリカの経済活動にはるかに強固な基盤を提供すると強調し、米資本で満洲国を発展させることは経済的に引き合う魅力的な投資だと訴えた。続いて田中は、リース＝ロス・ミッションに随行後、駐華大使の財政顧問を務めていたイギリス大蔵省出身のホール＝パッチ(Edmund Hall-Patch)に対しても、イギリスの金融サークルで広がっていた、自国の銀行が満洲国で差別待遇を受けているという懸念を払拭すべく努め、「平等な待遇は満州国の貿易政策の基本原理」だと保証した。そして外国銀行と満洲中央銀行の協力が今後強化されることを望んだ。しかし田中も、満洲国政府の為替統制こそがそうした懸念を生む原因であることは認めざるをえなかった。要するにいずれのケースでも、田中は一九三九年の時点でなお、東アジアへの英米の投資と満洲国の経済的発展を両立させようと苦闘し、そして失敗したのである。こうした行動からして、田中は生え抜きの「帝国派」や古典的帝国主義の論理には元来自足しえなかったと思われる。

田中がどのように、またどこまで日中戦争の収拾を考慮していたかは不明である。田中は講演では、国民政府の「永年に亘る抗日、侮日の結果」として日中戦争を正当化し、「今や東亜の天地には日満支の提携を枢軸とする新秩序建設の黎明が輝き始めて居りまする」と述べるなど(満洲中央銀行調査課編刊『躍進の満洲経済——講演集』一九四〇年)、明らかに東亜新秩序の旗振り役を演じており、本人のなかで矛盾はなかったのかもしれない。ただ、田中には英米資本導入構想の挫折とあわせて、帝国経済秩序の限界に気づく機会も少なくなかった。朝鮮銀行総裁に就任した四二年以降、田中はちょうど同じ年から問題化した満洲中央銀行券の朝鮮への大量流入に悩まされた。両銀行券がパーでリンクされているにもかかわらず、満洲国の激しいインフレによって大きな価格差が生じたため、満洲中銀券を持ち込んで朝鮮銀行券に換える動きが絶えなかったのである。これに強い警戒感を示した朝鮮銀行側は流入を強引に阻止する強硬措置をとり、満洲中央銀行との関係は悪化した。田中の起用には帝国金融の最重要拠点である両銀行を架橋する意図もあったと思われるが、結局、太平洋戦争末期には各地域間の通貨の連携は分断されざるをえなくなった。[18]

敗戦目前の四五年六月、京城にいた副総裁(君島の後任)の星野喜代治は、東京に出張中の田中にあてた書簡で、「非常時態〔ママ〕発生し関東州と朝鮮内地間の交通杜絶したる場合、関東州に於ける発行券を如何にするやの問題」への対応として、朝鮮銀行券に不足が生じた場合は満洲中銀券で補完するほかないこと、また大蔵省が満洲国と在満日本大使館の関東局にそれを交渉するよう働きかけるのが最善だと指摘している。[19] 星野はインフレ対策として新銀行券発行を求める在地（日本人）社会の声を斥けているが、すでに各地は猛烈なハイパーインフレに見舞われ、広範囲の大陸経営に朝鮮銀行が振り向ける余力は失われつつあった。そして、本来ならば友人ヤコブソンとＢＩＳ・正金銀行グループ（北村孝治郎・吉村侃《かん》）による終戦工作[20]に加わっていたかもしれない田中は、最後の職場だった朝鮮半島に戻ることなく本土で敗戦の日を迎えた。当然その戦中の経歴から公職追放となった。

三　独立後の「第二会社」設立運動の高揚[21]

閉鎖機関令と日韓交渉のはざまで

戦後まもなく、朝鮮銀行は戦時経済に関わった二九機関の一つとして閉鎖機関（closed institution）に指定され、ＧＨＱの監督のもと当初は日本銀行の閉鎖機関処理部が、四八年一一月からは大蔵省の閉鎖機関整理委員会が特殊清算業務を進めることになった。四七年三月公布の閉鎖機関令（勅令第七四号）の当初の規定では、日本政府による（国内）資産・負債の清算終了後も残余財産の処分は許されなかった。また「特殊清算」方式ということで、朝鮮銀行旧経営陣は清算過程から排除されていた。しかも、その後対日政策が非軍事化から経済復興に大きく転換したにもかかわらず、対日講和条約を前に、日韓交渉への波及を懸念したアメリカは、四九年から五〇年にかけて本店や在外店舗に関する債務を弁償するまで閉鎖機関残余財産を清算できない制限を加えた。そのため、朝鮮銀行在日財産も海外の債務に備えて凍結されるかたちとなった。のちに旧朝鮮銀行関係者が編纂した『朝鮮銀行略史』（一九六〇年）はこの五〇年一二月の閉鎖機関令改正で「罪なき株主、役職員は重ねて死屍に鞭うたれたような羽目となった」と激しく非難している。

もっとも、アメリカが当時警戒した日韓交渉への波及可能性は、事後の展開を知る後世の視点からすれば、限定的だったというべきだろう。よく知られるように、日韓会談の最大の争点の一つが在韓日本財産をめぐる「対韓請求権」（韓国側では「逆請求権」）問題であった。この議論は必ずしも、韓国側の対日請求権と相殺するためのバーターにとどまらない法的論理を備えていたものの、日韓双方の外務省では早い段階で、こうした法的次元での決着に限界があることは認識されていた。しかし、韓国への賠償支払いと朝鮮半島引揚者への国内補償に伴う財政悪化を懸念した大蔵省が対韓請求権に強く固執し、外務省（アジア局）の現実的な方策を財政の観点から牽制したため、日韓交渉はしばしば停滞した。もっとも、当の大蔵省が引揚者には冷淡だったように、多くの朝鮮縁故者団体が政府や国会への陳情を行ったにもかかわらず[22]、現実の在韓日本財産が日本政府の行動を規定することはなかった。やがて日韓双方が主張を棚上げし、経済協力方式で合意がなされることになる。

ところが朝鮮銀行の場合、事情が大きく異なっていた。李東俊（二〇一三）が指摘するように、四五年一二月の時点で八七億円流通していた朝鮮銀行券のうち京城本店が準備高として保有したのは七億円にすぎず、東京支店に六七億円相当の資産が留保されていた。それは八月一〇日の本店の緊急役員会で、本店名義の登録国債四五億円を中核とする有価証券四七億円を東京支店に振替する決定が下されたことが決定的に大きい。結果、京城本店保有の有価証券がわずか五一〇〇万円なのに対し、東京支店のそれは五六億円に急増する。そのため旧鮮銀関係者は他の朝鮮縁故者のように、日韓交渉での対韓請求権に固執する必要はなかった。韓国の対日請求権から、植民地時代の中央銀行の東京支店の残余財産を防衛するのは相対的に容易だったと思われる。もちろん、独立後に閉鎖機関令の制限が解除され、日本が残余財産を処分すると国会では批判が起こり、駐日韓国代表部も抗議しているが、日韓交渉の全体では、鮮銀残余財産は概して周辺的な争点だったのではないだろうか。

しかしそれだけに、在韓財産補償をめぐる陳情の切実さとほど遠かった、旧鮮銀関係者の日韓交渉への働きかけは、その帝国意識を保存した、非妥協的な心情や強迫的な不安の吐露になりがちだった。五五年四月に起草された「閉鎖機関たる朝鮮銀行の清算による残余財産の処理について」（「田中資料」七三三四〇）という書類では、朝鮮銀行券が三一年の金輸出再禁止によって日本銀行券とともに不換紙幣となったこと、また四一年に管理通貨に移行したため兌換・補償の義務もないことを指摘した上で、次のように述べている。

若《も》し鮮銀券の補償を韓国に対して供与せんとするが如きことあらばそれは不当のことであり、管理通貨制度の改変を意味する。然《しか》もその不合理を敢《あえ》てし、政治的譲歩により韓国に対して鮮銀券を補償することでもしようものなら、延《ひ》いて北鮮の鮮銀券、満洲の中央銀行券、北支聯銀〔中国聯合準備銀行〕券、中支儲備〔中央儲備銀行〕券、南方開発〔南方開発金庫〕券等の外、台銀〔台湾銀行〕券へも問題は波及して大へんなことになる。

実際には、五四年頃までに朝鮮銀行日本支店の特殊清算はほぼ終了しており、朝鮮銀行券補償問題が韓国にとどまらず、帝国日本の旧植民地・占領地全体へ広がりかねない、という悪夢は非現実的なものだろう。だが日本政府の「政治的譲歩」を牽制した彼らの真の狙いは、国内債務完済後も残存した約七〇億円を元に「第二会社」を設立することであった。そしてそれは、張店出張所長だったOBの多田恕平が「此会社〔第二会社〕も鮮銀の先輩同僚で固めるならば必らず新日本建設に役立つ立派なものになることを信じて疑わない」(①)と説いたように、少なくとも彼らの主観では旧朝鮮銀行の戦後日本における再興を意味したのである。

旧経営陣の復権とオーラル・ヒストリー

こうした朝鮮銀行再興運動のキーマンとなったのが、敗戦時の副総裁・星野喜代治である。五五年、星野は大蔵省に「占領政策の行過ぎの是正」を要請した意見書で、「終戦後朝鮮銀行の職員は何等の罪なくして一方的に離職を強制せられ、過去十年の間インフレの荒波にもまれつつ真に荊棘《けいきょく》の道を歩んで来た……鮮銀の伝統とその営業を守り抜いて来た職員にとっては、この十年間の辛酸は正に戦犯の刻印を押されて獄舎に呻吟する戦争犠牲者と何等異なる所がない」と記した(④)。こうした烈しい被害者感情は、下位の役職者にはより強く共有されており(「目下、鮮銀の第二会社創立問題や退職金問題に付いて色々尽力して貰って居る先輩や同僚各位に特に御願ひし度《た》いことは、言ふ迄もないことだが、我々は皆戦後格別の苦労をして来て居ることを御忘れなく」（安藤直明、①）、組織的記憶を共有した戦後の旧鮮銀関係者を「第二会社」設立運動に向かわせる巨大なエネルギーを提供したといってよい。

こうした連帯の起点として、早くも四七年初頭に元理事の桜沢秀次郎が在京有志を糾合して鮮銀行友会を組織し、未払退職金・給与の獲得運動を開始していた。そして四九年九月には旧鮮銀幹部と有志株主によって残余財産を通じた「第二会社」設立の陳情書が提出され、第一案に貿易銀行ないし不動産銀行が挙げられていた。続いて五一年四月にも藤山愛一郎ら実業界が中心となり、鮮銀ＯＢを総代にした日本商工銀行構想が浮上している。さらに、講和条約の発効直前の五二年四月二三日には星野が衆議院大蔵委員会に参考人として招致され、朝鮮には債務どころか「五億円ばかりの貸し」があり、「我々は朝鮮にあった各本店や支店の建物をただでとられて帰ってきたような格好」だと訴えつつ、閉鎖機関指定の解除、鮮銀関係者自身による清算、そして残余財産による新会社設立を要望した。

以上の運動を背景に、五三年七月には規制を全面的に緩和し、第二会社の設立に道を開く閉鎖機関令の改正案が国会を通過した。このとき星野・桜沢をはじめとする四名の元行員は、朝鮮銀行第二会社設立準備委員会の名称で「朝鮮銀行第二会社東亜振興株式会社案」を作成して国会や大蔵省に提出している。この案は「朝鮮、満洲、北中支其他鮮銀が四〇年に亘る業績と日本経済との緊密化を計り、東亜経済の振興に寄与」することを謳っていた。これはいかにも時代錯誤的な主張で実現性に乏しかったものの、朝鮮銀行再興運動に「東亜」への志向がなお伏在していたことを物語るものである。さらに一一月には星野が朝鮮銀行清算人（台湾銀行も元総裁の上山英三）に就任、補佐人には桜沢と勝田龍夫、顧問にも元理事が名を連ねるなど、従来排除されてきた旧経営陣の主導性が完全に復活するにいたった。

ちょうどこの翌年の五四年から、元行員の大々的な口述筆記である「朝鮮銀行回顧録」（①）の編纂が開始されたことはおそらく偶然ではない。この回顧録に現れた組織的記憶や歴史認識に立脚して六〇年に刊行されたのが、星野を長とする朝鮮銀行史編纂委員会による『朝鮮銀行略史』であった。同書が独立後は清算事業も「従前の如く単に清算のための清算ではなく、残余財産をもって国家に殉じた朝鮮銀行の第二会社を創立せんがための希望に満ちた積極的な作業と変った」と位置づけたように、旧経営陣の復権と残余財産の解禁という変化は「国家に殉じた第一会社」の来歴をたどる契機となり、戦前（一九一五、一九、三四年）以来の行史編纂プロジェクトを始動させたのである。しかるに、朝鮮／台湾銀行残余財産は五五年に入ると政府内外で一躍大きく取り上げられ、保守合同のダイナミズムのなかで新たな展開を見せていく。そこでは、（運動の先頭に立った星野に比べてははるかに消極的かつ限定的な参加にとどまったとはいえ）五三年一一月に新会社設立諮問委員となっていた田中元総裁も一定の政治的役割を担ったことが、その個人文書から明らかとなる。

四　朝鮮銀行残余財産をめぐる政治過程

保守合同前夜の路線対立――石橋構想の浮上

以上の旧経営陣と株主による運動の背後には、当時は鳩山一郎内閣下で野党だった自由党への接近があった。自由党は五五年五月末、秘密裏に不動産金融機関研究会（中心は水田三喜男政調会長〈自由党〉と藤枝泉介大蔵政務次官〈民主党〉）を立ち上げ、九月に中小企業への援助を目的にした不動産銀行設立案が発表された。保守合同を前に、残余財産の処分方法について二大保守党内で議論の一本化を図ったわけであり、この動きが一九五七年の新銀行の設立に結実した以上、鮮銀関係者の働きかけが奏功したともいえるだろう。実際『朝鮮銀行史』も、五五年半ば頃に議論が不動産銀行案に収斂していったと記述している。

しかし、軽武装で市場重視の自由党系と、「バター（福祉）も大砲も」追求する第二保守党系（改進党―民主党）の経済政策をめぐる路線対立は、元来軽視できるものではなかった。(23) 清算の急速な進展により朝鮮銀行残余財産七〇億円（および台湾銀行の一八億円）が突如出現したことで、省庁間対立と連動した政党間競合が活性化したからである。その中心にいたのが鳩山内閣で通産相を務めた石橋湛山である。石橋は「一兆円予算」の継続をめざす緊縮論の一万田尚《いちまだひさ》登《と》蔵相（前日銀総裁）と激しく対立しつつ、開銀債・輸銀債などを通じた積極財政を主唱しており、また第二保守党系は原子力開発にも積極的だった。[24] そのため石橋および通産省は、鮮銀残余財産をこうした科学技術政策の振興やそのための積極金融策の財源に充当しようとしたのである。

実際、田中の手元にも、五五年六月六日付の「株式会社技術開発金庫案設立要綱」（「田中資料」七三三四四）が残されており、この技術開発金庫の目的として、科学技術に関する優れた試験研究成果の企業化にむけた長期低利資金の融通が挙げられている。「科学技術庁設置法案要綱」も添付されていることから、五六年五月に総理府原子力局を一母体として設置された科学技術庁の構想と連動した動きだったのかもしれない。さらに旧朝鮮銀行の有志株主の間でも、六月一五日時点では、株式会社の「技術研究発明助成機関」設立に残余財産を活用するとの「意見骨子」が集約されていた（五五年七月一日付石橋宛田中書簡（草稿）、「田中資料」七三三四一所収、以下、石橋・鳩山宛書簡はすべて同資料からの引用）。田中はもちろん、星野を含む関係者の多くは当初、のちに実現した中小企業むけの不動産銀行よりも、こうした科学技術振興機関を創設する方向に傾いていた。

しかるに、日時は不明ながら、通産省―民主党主導の石橋構想を支持した鮮銀関係者にとって、まさに「全く寝耳に水」（「星野氏へ投ず」と記された田中覚書中の表現、「田中資料」七三三四三所収）の対案を提起したのが大蔵省であった。納付金ないし課税対象として残余財産を多く国庫に吸収する「大蔵省案」は、関係者が共有した「まとまりたる資金の活用によって旧鮮銀の如く国策的目的に寄与し得ること」という財産処分の方針を無にしかねないものだったのである。しかもこの大蔵省案は、関係者の焦慮をよそに次官会議を経て閣議に上がろうとしていた。

そこで田中はまず六月一日付の鳩山首相宛の書簡（草稿）で、大蔵省の納付金が「約七十五億円の財産より六十億円を徴収せんとするもの」と聞いているとしたうえで、せっかくのまとまった資金を国策より国債償還に充当するのは、「政策上の緩急、軽重の如何の観点から如何したものかと考へさせられ候」と大蔵省の短視眼的な姿勢を批判し、「科学技術の研究発明を援助することが日本の国策として如何に重大事なるかは申上げる迄も無之《これなく》」と訴えた。

続けて田中は六月九日の石橋通産相への書簡〔草稿〕でも、一昨夜電話で協議した趣旨に基づき、昨日首相に詳細な書類と手紙を送付したので、石橋からも鳩山を説得してくれるようにと依頼した。ここで田中は、国策としての科学技術研究の助成にあてるという石橋構想がいまや「鮮銀主要株主間に固まり行きつ、あるのみならず、民主党の中からも亦《また》これに大に共鳴し居り大蔵省案を排撃するの声加はり、通産省の御意向を支持」する下地が強化されている政治情勢を心強く思っているとしつつも、石橋になお次のように念を押している。

> 今回〔六月〕十日金曜の閣議に若し大蔵省案が推し出されても、之は篤《とく》と検討を要するものとして、決して即日可決などの議論が出されない様何卒御高配御願申上候。

そして書簡の後段では、民主党のみならず、大蔵省案を支持していた自由党内でも次第に通産省案の賛成者が増加しているようだ、という希望的な観測を述べている。

以上から窺えるのは、朝鮮銀行残余財産をめぐってはおそらく通産省―鮮銀株主―民主党と大蔵省―自由党という二つのラインが対抗関係にあり、前者が優勢ながら閣議の趨勢次第では大蔵省案が「即日可決」されるリスクも否めないこと、そして鳩山がいずれを支持しているかは不確定だったことだろう。とはいえ、このように一時有力だったはずの科学技術研究への助成機関構想が最終的に潰えた理由とタイミングは不明である。田中にとって、利益誘導の色彩が強い、中小企業むけの公的金融機関という結論は不本意だったかもしれない。

ただ先述の鮮銀株主による「意見骨子」では、科学技術機関への投入を支持しつつも残余財産への課税が免除されることを前提としていた。「わが国の今日最も欠点とするところの〔国家的要請とするところの〕発明研究の助長に資すべき民営機関を作る」構想は、免税でまとまった資金が確保されない限り、画餅に帰す恐れがあった。星野が一時「相当の熱意」をもって検討した「財団法人日本科学研究所」について、「六〇～七〇億円の残余財産が残っても、その大半を税金に持ってゆかれては計画どおりの研究所は成り立たない」(④)と回顧するのも、同様の事情からだろう。
星野は六月二九日、元役員、株主代表などで新会社設立諮問委員会を組織し、九月二七日に第三回委員会で不動産銀行の結論を報告しているので、五五年夏までに鮮銀関係者は不動産銀行案に一斉に旋回したと思われる。いみじくも田中は、翌五六年一月付の「日本不動産銀行設立要綱」に付された作成年月不明(その前年と思われる)のメモに、次のように記していた(「田中資料」七三三四三)。

一、何れにせよ大蔵省案以下にはならないから此の際は暫らく成行きを見ること。
一、税が全部免除されないと発明助長機関の如きことをやるには資金の規模が不充分となる。それで、
a. 若し納付金をとらぬこととなり、現行税法で課税せられることになれは、残余は約三十億円となる。
b. 大蔵省では約一五億円となる。
右a・b何れかになつた場合を想定してその措置を研究して置くことにするとして、唯軽率大急に結論を出さず篤とねってもらいたい。

ここで田中は「大蔵省案」が最低限の妥協点になると踏んだうえで、一定の課税や納付金を甘受し、全額の免税が前提だった「発明助長機関」案に見切りをつけはじめている。大蔵省案は総じて石橋構想の死命を制したのである。

大蔵省案をめぐる攻防の帰結――一万田尚登と池田勇人

では、大蔵省は鮮銀残余財産問題において自らの利益の最大化に成功し、勝利したのだろうか。通産省案が後景化した後に顕在化したのは、これまで不動産銀行設立構想を共有していた政党と大蔵省のすれ違いである。すなわち、五五年一一月に保守合同で自民党が誕生すると、党内では朝鮮・台湾銀行の残余財産を元手に、資本金一〇〇億円規

模の中小企業振興銀行の新設構想が求心力を確立し、五六年度予算編成をめぐる自民党政調会の会議でも、出席議員は全員この案に賛成した。ところが大蔵省は同じ予算編成における税収確保の観点から、両銀行の残余財産を国庫に収めることをめざしていた。一二月二六日、大蔵省は自民党の要望にもとづき不動産担保銀行（仮称）創設の検討に乗りだしたが、大蔵省はここでも新銀行の資本金を有力都市銀行の共同出資による三〇億円とし、その二〇倍まで債券発行ができる債権発行銀行とする構想を示した。自民党案のような朝鮮・台湾両銀行旧株主の共同出資による銀行の設立は、いわゆる「久保田発言」による日韓会談の無期限中断で日韓関係が微妙な折柄、できれば回避したいというのが、大蔵省の用意した論理であった（『朝鮮銀行史』）。

たしかに、当時の自民党には韓国問題で党内を強力にまとめられるような指導者はまだいなかった。岸信介が石橋内閣の外相となったのは一九五六年末であり、それ以前、再軍備と共産圏外交に日本「中立化」の脅威を感じていた李承晩政権はここに急速に軟化し、反共を結節点とした日韓国交正常化に前向きになったことが知られている。まもなく首相になった岸は、外務省の姿勢に沿うかたちで長年の懸案事項だった対韓請求権をとりさげ、日韓併合の謝罪にも積極的な「親韓派」が自民党内や民間（矢次一夫など）に形成されていった。[25]加えて、発足当初の自民党政調会は殺到する予算復活要求に対処できず、結果として大蔵省に予算編成の主導権を握られていた。[26]

しかし結論からいえば、朝鮮銀行の残余財産六七億円から納付金二八億円、清算所得税・営業税一九億円、地方税・付加税三億円を差し引いた一七億円を資本金として新銀行が設立されることになった。この背景として星野は、すでに納付金を補正予算収入財源に計上してしまっていた大蔵省との取引があったことを指摘している。すなわち、正示啓次郎管財局長（のち衆議院議員（自民党）、経済企画庁長官）から星野に、納付金案を受け入れればその見返りとして「大蔵省一丸となって新会社設立を援助」する、また「外部よりのクレーム、引揚者の問題などすべての苦情は国家の責任に移すつもり」と打診があったという④。この真偽は判断しがたいものの、大蔵省がおそらく納付金の確保に拙速に動き、そのことが当初の債券発行銀行案を実現するうえで躓きの石となったことは推測できよう。

実は、第二会社設立を阻害した敵役として、星野の回顧録で厳しく指弾されている大蔵省銀行局の東條猛猪《たけい》（五五年八月―五七年六月に銀行局長）の聞きとりの記録が残されており、クロスチェックが可能である。東條は詳細な日記を元にオーラル・ヒストリーに臨んでおり、それだけに人物描写が克明で、長い引用に値する（⑦：五四一―五四二）。

(i)当時自民党は、中小企業対策あるいは庶民対策という意味で不動産銀行設立支持論がかなり強かった。……大蔵省政務次官の山手満男さん（三重一区、衆）も積極論で、何べんも私を呼びつけられ、終わりには「きみは消極的でいかん」と叱られたものです。事務次官の平田（敬一郎）さんは必ずしもはっきりした態度を示されなかったのですが、後の頃には「やはり不動産銀行はつくったほうがいいんじゃないか」ということでした。銀行局のほうは先ほど申し上げたように消極的意見でした。

(ii)それから当時は一万田（尚登）大蔵大臣でしたが、非常にアイデアが多い方で……ある時期には「中小企業助成銀行を母体にして朝鮮銀行の残余財産をくっつけてそれでやってみたらどうだ」というようなことをいわれたり、それから党のほうで積極論が強いものですから銀行をつくることにはむしろ賛成ではありましたが、金融界の裏表に通じた方でしたから、運ぶ手順についてはわれわれ事務方が考えているようなスッキリしたものの言い方はならなかったのです。しかし、態度としては積極論ということで、銀行局の消極論はなかなか通しにくいということになってきました。

(iii)当時、全銀協は佐藤喜一郎さんが会長でしたが、消極的態度というか反対でした。理由はよくわかりませんが……一万田さんが「はじめのうちは市中銀行は助けてやれよ、低利の預金もしてやれよ」というようなことを漏らされたことがあったものですから、新しい銀行ができるのも気が進まないという気持じゃなかったかと思うんです。

このように、まず与党から不動産銀行設立への圧力が強まっており、省内（銀行局）の反対を尻目にこれに呼応する一万田蔵相―山手政務次官がおり、だが一万田が市中銀行に期待した新銀行の援助について全銀協（全国銀行協会）は反対だった。ここで東條が最も否定的なのは、いうまでもなく一万田である。また大蔵省の債券発行銀行案が、主に一万田の発案だったことも窺える。一万田は当時、閣内で石橋と対立を抱えており、また不慣れな省内と党内で存在感を示す必要があった。そして「法王」として市中銀行に絶大な影響力を誇った占領期の日銀総裁時代の経験から、全銀協の説得も容易だと考えたのではないだろうか。

しかし全銀協の抵抗は根強く、政府出資（七億五〇〇〇万円）を条件とした市中銀行の新銀行への長期融資（五〇億円を年五分で五カ年）がようやく決まったのは、翌五六年九月のことだった。功を焦った一万田は面目を失する格好になっただろう。しかも東條が続く部分で詳述するように、全銀協の説得に奔走し最終的な詰めを行ったのは銀行局だった。要するに、一万田の「アイデア」やスタンドプレーを苦々しく見守っていた「われわれ事務方」が結局その後始末をしたのだ、とこの回顧は示唆しているのである。東條は最後に「われわれの知らない舞台裏では、星野さんらがおそらく各方面を奔走されたと思いますが、それは私のほうは知らぬことなんです。表舞台はそんなことで」と発言しているが、「金融界の裏表に通じた」一万田への描写が、「われわれの知らない舞台裏」で暗躍する星野の姿と二重写しになっていることに気づかされよう。「表舞台」とは大蔵官僚の矜持の表現であった。

以上は、一万田が政治家に転じてから陥った少なくない過信の一例だったかもしれない。ただ東條オーラルが興味深いのは、鮮銀残余財産をめぐる政治圧力に直面するなかで、政調会長として「中小企業対策あるいは庶民対策」の推進核となった池田勇人（および黒金泰美や小山長規など党内「池田門下」）の存在感を鋭く指摘していることである。大蔵省主税局出身の池田は、銀行が中小企業長期融資のような公共的な役割をはたすのを持論としていた。

> これはまったくの推測になりますが、池田〔勇人〕さんは銀行が好きでないんです。よくいっていましたのは、「所得番付の上のほうに銀行がずっと並んでいるというのはおかしい」と。銀行というのはそんなに儲けるべきものじ

ゃないんだ、と。言葉は適当でないけれども、銀行のあり方への不満、大銀行は社会的配慮が欠けている、という池田さんの持論があったと思うのです。（⑦：五五八）

東條にとって、国民を意識した再分配政策的な観点から、与党による銀行政策の掌握をめざした池田こそ、今後大蔵省が対峙し、提携すべきカウンターパートだった。一万田が去り、池田の時代が訪れるのと並行して、日本不動産銀行も高度成長のエンジンとなっていくのである。

五　高度成長と国際金融家サークルへの復帰

残された帝国意識

かくして保守合同による与党の影響力の浸透の中で朝鮮銀行の清算は五六年までに完了し、翌五七年、星野を初代頭取として日本不動産銀行は産声を上げた。旧経営陣が第二会社設立運動の中心にいたことからすれば、彼らが新銀行の中枢を占めるのは当然にみえる。しかし、実は一万田蔵相による都市銀行への援助要請が奏功しなかった理由の一つは、「今度の銀行が朝鮮銀行の救済機関のごとく曲解」されており、優秀な人材ならばともかく「〔朝鮮銀行の〕古い連中は都市銀行に評判がよくないので重役に入れるのはやめて欲しい」という声が大きかったからだった（④）。そのため第二会社では五〇歳以上の旧朝鮮銀行役職員は原則として採用しない取り決めがなされ、中高年の鮮銀ＯＢを雇用するためわざわざ昭和興成という「第三会社」（資本金一億八〇〇〇万円）まで設立されていた。とはいえこの「原則」は結局、第二会社設立運動の中枢にはほぼ適用されなかったのである。

また、李東俊（二〇一三）も言及するように、以上の清算過程において朝鮮銀行の旧経営層および有志株主と、一般預貯金者とのあいだの利害の分岐は顕著となった。後者が五七年二月に衆参両院議長宛に提出した「旧朝鮮銀行預貯金に関する請願」（学習院大学東洋文化研究所所蔵「友邦文庫」ＮＹ215）では、旧経営陣が敗戦時の退職手当、後の離職手当を手にしたことに加えて新銀行の重役に復帰した一方で、預貯金については貨幣価値が大幅に下落したところの三分の二しか支払われず、補償獲得を続けざるをえない困窮者もいることについて、「信用を基礎とする金融機関の性質に鑑み不合理千万であり、吾々預貯金者として憤激措《お》く能《あた》わざるところである」と強い怒りが述べられている。さらに書類上には直接、「特に清算人は清算進行中多額の剰余金を生ずることを知りたる場合には、当然預金者保護の立場からも全額支払を至当とすることを政府に向つて進言すべきであつたに拘はらず、之を放置したことは、清算人の不誠意と断ぜざるを得ない」という書き込みがあり、星野精算人が名指しで批判されていた。要するに、戦後の朝鮮銀行の復活は、おそらく少なからぬ一般預貯金者の憤慨を封じこめるかたちで進められたのである。そのことは、日本不動産銀行が保守合同の政治的産物ではあっても、戦後の経済的民主化とはほど遠い、大日本帝国の遺産を少なからず継承したものだったことを象徴的に示している。

　このようにして日本不動産銀行が門出を迎える中で、旧鮮銀関係者たちは翌五八年から、旧交を温めるための機関誌『交友』の発行を開始した。内容の多くは牧歌的だったが、ときに以下のような辛辣な投稿もなされていた[27]。

『交友』も回を重ねること三度、編集者の苦労の程も察せられる。しかし、毎度ながら内容の殆んど全部が思い出話に終始しているのはいかがなものか。勿論飯泉幹太さんの回顧談の如きそれ自身歴史的資料として貴重なものもある。が総じて感傷に満ちた「思い出文集」の感あるは残念である。朝鮮銀行、あるいはそれの存在した時代は、ある人には独人いうところのアルテン・グーテン・ツァイテン（古き・よき時代）であったろうし、また他のある人には苦汁にみちたそれであったとも云える。全部がなつかしい思い出を持っている訳ではない。……また、殖民地官僚的意識とその組織にきずかれた帝国主義侵略の尖兵たる朝鮮銀行回顧を語るものはいないであろうか？とに角このままで行けば味も香りも失われ、魅力のない機関誌ができることは確かである。逆説的だが、おたがいに先がみじかいから今日的な問題が論じられてよい。
私自身いうならば、朝鮮銀行が王者であった様な時代の再来は真っ平である。

投稿者は交友会ではいささかひねくれ者だったのかもしれない。ただ、「朝鮮銀行が王者であった様な時代の再来は真っ平」だという感覚がおそらくさほど共有されておらず、また「殖民地官僚的意識」の批判的な回顧よりベル・エポックの追憶に浸る雰囲気が旧行員のあいだで一般的だったことを、この記事は強く示唆している。

ところで、田中は星野のように第二会社設立運動の先頭に決して立たなかったし、日本不動産銀行にも積極的に携わることはなかったようである。そこには満洲・朝鮮時代を自らの生涯における例外時代とし、アイデンティティの核をこの外部に見出す意識があったように思われる。田中にとって、BISに代表される戦間期の国際経済秩序と戦後のブレトンウッズ体制のあいだには強い連続性があったのであり、単に日本の帝国経済秩序の遺産を再建するだけでは田中の戦後は終わらなかった。そこで田中は、日本不動産銀行とは別立てで高度成長を促進する国際的な枠組みの再生に、晩年の情熱を振り向けることになる。

国際主義との再会

一九五九年一〇月―一一月、GATT東京総会に西ドイツ代表団の一員として参加したクライン(H. Klein)は、日独協会のイベントで田中と出会い、七七歳ながら健康に恵まれ日独交流にも意欲的なその姿に強い印象を受けた。そして言伝を預かった西ドイツ連銀総裁ブレッシング宛に田中の現在の連絡先を付記した。この予期せぬ再会の報は、BIS時代の田中をよく知るブレッシングを喜ばせた。彼はすぐ日本の古い友人に「田中がいまだ健在だ(old Mr. Tanaka is still going strong)」と聞いて嬉しい、と手紙を送っている。[28] 田中も「どの国の一般国民にも付きまとう不平不満にもかかわらず、中央銀行の立場を守る君のゆるぎない姿勢に非常に感銘を受けている」と返信に記したうえで、昨年（一九五八年）からここ東京の地でヤコブソン、フォッケ（Wilhelm Vocke、前西ドイツ連銀総裁）、シャハトをはじめとする旧友たちと次々再会できた喜びを語り、ブレッシングもぜひ訪日してほしいと訴えた(29)。敗戦後の日本が、戦間期の国際協調の精神を体現した国際金融家サークルの三〇年ぶりの再会の場を提供したことに、田中は興奮を隠せなかっただろう。シャハトも含まれていたように、それはまた「枢軸国」の経済政策に携わった自らの過去が希釈される場でもあったのである。田中が熱望したブレッシングの来日は六三年に実現し、そこで二人は共通の畏友だったヤコブソンの死を悼みつつ、高度成長による日本の急激な物価上昇への懸念を共有している(30)。

こうした先進国間の経済協調の枠組みに参入すべく、田中は当時ＯＥＣＤ（経済協力開発機構）への日本加盟にむけた非公式的な働きかけを試みている。すなわち六一年九月にパリでＯＥＣＤが発足する直前、田中は官邸で池田首相の了解を得て欧米を中心に二カ月間の外遊に旅立った。同年一二月一七日付で池田に送付したＯＥＣＤ加盟進言書（「田中資料」七三一九二）では、「国連の如きはその〔冷戦や諸地域での国際的懸案の〕争議場と化し、加うるに国連自体の運営問題もからんで益々紛糾を重ねているが、一方に於ては国際的協力体制の強化推進の動きが急発展を見つゝある」と近年の国際主義の停滞と伸張の両側面を指摘した上で、後者の「最も注目すべき動き」としてＥＥＣ（欧州経済共同体）とＯＥＣＤの二つを挙げている。さらに田中は外遊中、ＯＥＣＤを日本に拡大する意義をブレッシングやニューヨーク連銀総裁のヘイズ（Alfred Hayes）らとの会談で打診し、賛同を得た。田中はかかる西ドイツやアメリカでの説得を背景に、「日本の国際的立場がいつまでも低迷していては困る」と早期に加盟交渉に入るよう池田を促している(31)。

こうした日本の国際化を阻害する構造的・歴史的な要因を、田中は国民に根強い、世界と自国への広い視点を欠き、情動的で煽動されやすい気質に見出していた。田中は「敗戦後の日本人」と題した雑記（「田中資料」七三一九五）において、終戦直前の四五年八月一三日に阿南惟幾《あなみこれちか》陸相が副官に語ったとされる「無条件降伏をしたが最後、わが国は骨抜きにされて、国民は魂を奪われて奴隷根性になる。天皇制は残っても連合軍総司令官の風下におかれるにちがいない。しかも日本人としての魂を失った日本は、戦勝国の恩恵や風習を唯一無二のものと錯覚し誤認して、それにあやかる衆愚が多くなるのだ。しかも政治家や教授や文化人などの一部は、その衆愚に媚びて自己の地位の安定と人気を得ようとする巧利的な野卑な支持でさかんに占領政策を宣揚するにちがいない」との典拠が定かではない発言を長々と筆写したうえで、末尾に「惟《おも》うに——由来日本では海外で発展に努力するものを軽視し、自らは内地に居てうまいことをしてよい地位を獲得するの弊がある」と書き加えている。この一文はまさに、世界恐慌後の危機の時代に日本の代表として国際経済協調に尽力しつつも、国内では十分な評価や理解を得られず、ついに対英米戦争に加担せざるをえなかった田中自身の孤独感も投影したものではないだろうか。

実は阿南が危惧した日本人の「魂」の喪失について、田中は同様の保守的な考えを持っていた。六二年頃に記した一連のメモ(「田中資料」七三一九二)では、占領下の思想風俗の混乱を正し「健全なる社会生活」を回復する文教政策の強化を、福祉国家の建設とあわせて主張している。後者の手段は日常品価格の低位安定と住宅の低廉な提供であり、したがって物価上昇を招きかねない所得倍増に田中は批判的だった——「〔物価〕上昇が根強く高度化すると成長政策の一般民心を引きつける力は益々薄弱になる」。ここに窺えるように、田中には「国家社会共同生活の一分子でありながら、その責務観念よりも先ず各自の利己観念が強過ぎる」大衆への原初的な不信があり、福祉政策と文教政策はいわばアメとムチとして大衆を「公益」に導く両輪であった。つまり田中は、阿南の発言のうち「衆愚」批判の箇所に最も強く反応し、「国際派」の社会的孤立という文脈にひきつけてこれに共感したのである。

それだけに、国民をいわば外から善導する国際化の回路が重要だった。実際田中は「一般国際的感覚の指導強化」や「国際的貢献と国際的進出口の展開」という課題を掲げ、日本人移民の送出も推進しようとした。田中はとくに、移民政策には長期的視点に立った送出国側の周到な援助が不可欠であり、また現地の日系二世・三世との紐帯を強化することが肝要だと強調している。国内に根強い「〔海外〕移住は人べらしであるような考え方」は今日決してあってはならなかった。そして国際政治においては、アメリカの政治経済力に翳りが見えつつある近年、「国際的舞台」として注目すべきは何よりヨーロッパだとした。ヨーロッパは第二次大戦後の国際秩序のみならず、福祉国家のモデルでもあったのだろう。

ヨーロッパの重要性を語る一方で、田中はかつて三年赴任した韓国については「アメリカの支柱がなければその日が暮されない状態……に拘らず相変らずの対日高姿勢で空威張をつゞけていることは気の毒なことである。日本の善意を理解せねばせぬ程先方の不幸である」とその対日外交を裁断する酷薄さがあった。しかしそこには星野にある被害者感情も稀薄であり、またきたる国交正常化の暁には日華韓三カ国の経済共同体が誕生することを展望した。戦中の東亜共同体論のようなアジア主義や、岸信介のような冷戦下の反共同盟構想というより、おそらくＥＣのアジア版（東アジア共同体？）を期待したのであろう。田中は晩年にようやく、長らく遠ざかっていた「欧米本位の平和主義」に回帰することができたのである。

おわりに

本稿ではまず、戦前日本の政府系バンカーにおいて、「帝国派」と「国際派」の二潮流が存在したことを指摘した。とくに、大陸政策でしばしば対立した朝鮮銀行と横浜正金銀行の組織文化の違いは大きかった。しかし、日中戦争の開戦前後から、かつての国際派の多くが帝国の前線に呼び戻され、帝国派と交錯した。田中鉄三郎はその筆頭だった。そして戦後の田中は帝国派の復権に一定の協力をしつつも、最終的に国際派に復帰し、高度成長に即した国際主義を推進する道を選んだ。そこに植民地統治を正当化するパターナリズムはなかったものの、同時にそれは、人的レベルでもまた政策レベルでも、戦後日本の経済政策における帝国の影が薄れていく過程でもあった。

もっとも、占領期に日銀総裁として辣腕をふるった一万田は、元来「国内派」というべきキャリアパスだが、戦後の日銀の「街頭進出」に先立ち、経済のみならず、政治・法律にも総合的に通暁したバンカー像を理想としていた。たとえば国際派として名高い深井英五は「いわゆる中央銀行総裁プロパーとしては……理想的」（⑤：二二）であるにすぎず、井上準之助のような「天下人」ではなかったのである。そうした総合性を発揮するうえで一万田が重視したのは、日本銀行調査局にみられる「調査」であり、「秘書役」(32)であった。そして興味深いことに、彼自身には外地勤務の経験がないにもかかわらず、「調査」にあたって植民地開発のモデルが折に触れて意識された。たとえば東京帝国大学在学中に彼が最も感銘を受けたのは、矢内原忠雄の講義で紹介された「後藤新平式」の立案だった。また戦後、北海道東北開発公庫初代総裁となった松田令輔も、一万田と相談した際、「基礎になる調査とか資料」の供給源として日本興業銀行や北海道拓殖銀行のバンカーの登用を話したことを回顧している⑧。戦後の地域開発において帝国派がはたした役割はなお検討すべき余地があろう(33)。

しかし、一万田の側近だった吉野俊彦が、「一万田さんが日銀を去るに及んで調査局の地位は段々と落ち目になり……屈辱の思いにかられる日々が多くなった」⑥と苦々しく回顧するように、調査局の比重の低下が高度成長期には進んでいく。こうした「屈辱」の歴史を前に、吉野は元来掲げていた「大調査局」構想（日本銀行金融研究所アーカイブ所蔵「吉野俊彦日記」一九五五年一月六日）を断念し、大蔵省からの中央銀行の自立を最大の評価軸にすえた歴史叙述を通じて、過去の清算を図ることになる。そうしたいわば「歴史戦」(34)を挑んだ吉野の筆致は、各国比較の観点を持っていた反面、奇妙に「一国史」的であった。開発・貿易論争を経由した、このようなポスト帝国的な政治経済秩序の戦後日本への定着については、また稿を改めて論じたい。

参考文献（本稿で参照したオーラルヒストリー、回顧録）

① 朝鮮銀行回顧録編纂室編（一九五四－五九）「朝鮮銀行回顧録」東京大学経済学部資料室ほか所蔵。前篇が「一般思出の記」として「明治大正の巻」、「大正昭和の巻」、および特緝「日鮮関係の基本的問題」（渋谷礼治）を収録。後篇が「終戦当時思出の記」として「北鮮／南鮮／京城／満洲／北支／中支／内地の巻」、および特輯「鮮銀精神と終戦前後の憶い出」（田中鉄三郎）を収録。

② 日本銀行調査局編刊（一九六〇－七四）『通貨金融史資料　金融史談速記録』全八巻。一・五巻が田中鉄三郎（一九六〇・六八）、八巻が君島一郎（一九七四）の口述筆記（『私の銀行ライフ』）。

③　山本米治（一九六五）『人生手帖』国際図書

④　星野喜代治（一九六七）『回顧録』日本不動産銀行十年史編纂室

⑤　中村隆英・伊藤隆・原朗編（一九七一）『現代史を創る人びと』一、毎日新聞社

⑥　吉野俊彦（一九七五）『戦後金融史の思い出』日本経済新聞社

⑦　高木光雄編（一九八五）『実録戦後金融行政史』金融財政事情研究会。東條猛猪の口述を収録。東條には、日本経済新聞での同名の連載に基づく『私の履歴書』（一九八三年）と、『過ぎにし我が夢――華北通貨の昔話』（一九九一年）の二冊の自費出版がある。

⑧　松田令輔回想録刊行会編刊（一九八六）『回想・松田令輔』

（1）　日本の対外膨張における朝鮮銀行の役割については、北岡伸一『日本陸軍と大陸政策――一九〇六～一九一八年』（東京大学出版会、一九七八年）が先駆的であり、その後、朝鮮銀行史研究会編『朝鮮銀行史』（東洋経済新報社、一九八七年）、多田井喜生『朝鮮銀行――ある円通貨圏の興亡』（PHP新書、二〇〇二年）、小林道彦『政党内閣の崩壊と満州事変――一九一八～一九三二』（ミネルヴァ書房、二〇一〇年）、Howard Kahm, "Colonial Finance: Daiichi Bank and the Bank of Chosen in Late Nineteenth and Early Twentieth Century Korea, Japan, and Manchuria". Ph. D. thesis, UCLA, 2012, 石川亮太『近代アジア市場と朝鮮――開港・華商・帝国』（名古屋大学出版会、二〇一六年）といった成果が出た。さらに二〇一一年八月一四日放映の『NHKスペシャル　圓の戦争』には少なからぬ重要な知見が含まれ、大いに参考になる。ただ、政治史・外交史の観点からの研究は依然手薄にとどまっている。円系通貨については、浅井良夫「円の国際史とアジア」（上川孝夫・矢後和彦編『国際金融史』有斐閣、二〇〇七年）も参照。

（2）　李炯植「패전 후 귀환한 조선총독부관료들의식민지 지배 인식과 그 영향」（『韓國史研究』一五三、二〇一一年）、同「패전 후 조선통치관계자들의조선통치사편찬：우방협회를중 심으로」（『東洋史學研究』一三一、二〇一五年）。李氏からは、後者を元にした松田利彦編『植民地帝国日本における知と権力』（思文閣、二〇一九年）所収の論文草稿を送っていただいた。記して御礼申し上げます。また引き揚げ経験の含意について、Lori Watt, "Embracing Defeat in Seoul: Rethinking Decolonization in Korea, Autumn 1945". *Journal of Asian Studies*, Vol. 74, No. 1, 2015 も参照。

（3）　李東俊「旧朝鮮銀行在日資産の再編と韓国の対日請求権交渉」（浅野豊美編『戦後日本の賠償問題と東アジア地域再編――請求権と歴史認識問題の起源』慈学社出版、二〇一三年、原論文二〇一〇年）。日韓交渉における対韓請求権問題については、金恩貞『日韓国交正常化交渉の政治史』（千倉書房、二〇一八年）が今日の研究水準を示している。

（4）　その優れた例として牧原出『内閣政治と「大蔵省支配」――政治主導の条件』（中公叢書、二〇〇三年）。

（5）　三谷太一郎『ウォール・ストリートと極東――政治における国際金融資本』（東京大学出版会、二〇〇九年）。

(6) 君島一郎『私の銀行ライフ』(②所収)三四―三五頁。傍点はママ。以下断りのない限り、傍点は引用者による。また読みやすさを考慮して、適宜句読点や濁点を補った。森の活躍ぶりは、波多野澄雄「解説」(藤村欣市朗『高橋是清と国際金融』下、福武書店、一九九二年)三六八頁以下。

(7) 勝田については、北岡(一九七八)のほか、靍見誠良「円為替圏構想とその現実――第一次大戦期における帝国日本の対外政策」(『経済学雑誌』六七-三、一九七二年)、久保田裕次「第一次世界大戦期の勝田主計――正貨問題・「日支親善」・戦後構想」(『東アジア近代史』二一、二〇一八年)。

(8) 一九二三年四月一二日付「銀行券統一案」、日本銀行金融研究所アーカイブ所蔵「井上準之助関係資料」七〇六八八。

(9) 一九五八年九月一四日付君島一郎宛金乙漢書簡(東京大学法学部附属近代日本法政史料センター所蔵「君島一郎関係文書」Ⅶ-1-31-1)。金は李王家帰還運動に尽力した韓国在住のジャーナリスト。

(10) 宮田節子「私が朝鮮に向かいはじめたころ」(『東洋文化研究』一七、二〇一五年)三六六―三七〇頁。ただ、穂積会長のもとで日韓国交正常化後に刊行されはじめた「友邦シリーズ」には朝鮮統治を正当化する志向が顕著だったことは、李(二〇一五)。

(11) 科学が飛躍的に進歩した時代に国家の経済調整における道徳性が重要になるとした書簡の後段で、加納は、日本と汪兆銘政権の間に領土割譲や賠償のない(まさに「ヴェルサイユの教訓から学んだ」と誇る)「寛大な講和」が成立し、日中の友情に基づく「新秩序」が出現することを言祝いでいた。Kano to Jacobsson 15 November 1939, Per Jacobsson papers (University of Basel Library, Basel), B1677. 26. もっとも、加納(とヤコブソン)は一貫して蔣介石を重視しており、南京政権と重慶政権の和平の斡旋も繰り返し提言している(木戸日記研究会編『木戸幸一関係文書』(東京大学出版会、一九六六年)五四三、五五九、五七〇、五七八、五八一頁)。汪兆銘工作の構造的な困難については、戸部良一『ピース・フィーラー――支那事変和平工作の群像』(論創社、一九九一年)三二八―三三九頁。

(12) Kano to Jacobsson 7 September 1957, ibid, B1677. 54. 加納のこうした「金本位」的な通貨安定を重視する姿勢は、第二次大戦初期にはナチス・ドイツの「広域経済圏」と雇用政策を礼賛したものの、やがてスイスモデルの「小国論」に旋回したヤコブソンも強く共有していた(矢後和彦「国際決済銀行の過去と現在」『経済研究所年報』二六、二〇一三年)。一九七一年のスミソニアン合意でのドル引下げの結果が一オンス=三八ドルだった点からすれば、ほとんど実現性のない提言だったと思われる。もっとも戦中に広域秩序と統制経済をいったん吸収した両者の立場は、単なる古典的自由主義経済の再評価というより、市場の自律的メカニズムにもケインズ主義的な介入にも一定の懐疑をむける、世界恐慌後の「新自由主義」の系譜に属するものだろう。この経済思想については、権上康男編『新自由主義と戦後資本主義――欧米における歴史的経験』(日本経済評論社、二〇〇六年)を参照。

(13) ③:二八四。山本は「戦前の日銀には、最高首脳部以外は物を云ったり書いたりしてはいけないという可なり強いタブーがあ」り、これはまさにイングランド銀行を意識的に模倣したものだったと指摘している。しかし戦後には、日銀の市場介入や調査局の出版事業のような「街頭進出」の時代が劇的に訪れたと山本は捉える。やがて民主化のなかで戦前には考えられなかった総裁の定例記者会見も定着する。「行動はするが説明も釈明もいっさいしない、というような高踏的態度は、もはや到底通用しない」(③：二八七―二八八)。

(14)　戦中の宗像に注目した研究に、松浦正孝「日中戦争収拾構想と華中通貨工作」(『国際政治』九七、一九九一年)、同「宗像久敬ともう一つの終戦工作」(『UP』二六-一・二、一九九七年)がある。実際に採用された対中国経済政策については、中村隆英『戦時日本の華北経済支配』(山川出版社、一九八三年)、白木沢旭児『日中戦争と大陸経済建設』(吉川弘文館、二〇一六年)を参照。

(15)　ただ田中は日露戦後の日銀調査局時代、山本達雄蔵相と対立した高橋総裁の通貨政策を支える理論を提供し、英独語文献の翻訳も行うなど、高橋と関係は悪くなかった。『田中鉄三郎氏金融史談速記録』(②所収)五頁。

(16)　Patricia Clavin, *The Failure of Economic Diplomacy: Britain, Germany, France, and the United States, 1931-1936* (Palgrave Macmillan, 1995). 木村昌人「ロンドン国際経済会議(一九三三年)と日米協調」(『国際政治』九七、一九九一年)、加藤陽子『模索する一九三〇年代――日米関係と陸軍中堅層』(山川出版社、一九九三年)第一章。

(17)　Tanaka to Fraser 2 March 1939 and Tanaka to Hall-Patch 24 May 1939. いずれも、日本銀行金融研究所アーカイブ所蔵「田中鉄三郎氏関係資料」(以下「田中資料」)七三一一五所収。「田中資料」には独伊の銀行家との往復も見出せるが、友人のシャハトは当時実権を失っており、また元来「親中派」だった。田嶋信雄『ナチス・ドイツと中国国民政府――一九三三―一九三七』(東京大学出版会、二〇一三年)第三章。三〇年代末の満洲国への米資本導入構想の詳細は、井口治夫『鮎川義介と経済的国際主義――満洲問題から戦後日米関係へ』(名古屋大学出版会、二〇一二年)。

(18)　安富歩「満洲中央銀行と朝鮮銀行」(『人文學報』七九、一九九七年)五二頁以下。

(19)　一九四五年六月一八日付田中鉄三郎宛星野喜代治書簡、「田中資料」七三二一七。

(20)　波多野澄雄「「無条件降伏」と日本」(『法学研究』七三-一、二〇〇〇年)三一四―三一六頁、竹内修司『幻の終戦工作――ピース・フィーラーズ　1945夏』(文春新書、二〇〇五年)。

(21)　本節の記述は、前掲『朝鮮銀行史』第六章、李東俊(二〇一三)、金恩貞(二〇一八)に多く依拠している。

(22)　朴敬珉『朝鮮引き揚げと日韓国交正常化交渉への道』(慶應義塾大学出版会、二〇一八年)。第三章では、旧朝鮮殖産銀行関係者の動向に触れている。

(23)　河野康子『日本の歴史24　戦後と高度成長の終焉』(講談社学術文庫、二〇一〇年)。なお大嶽秀夫『戦後日本のイデオロギー対立』(三一書房、一九九六年)第二章第二節も参照。

(24)　村井哲也「戦後政治と保守合同の相克――吉田ワンマンから自民党政権へ」坂本一登・五百旗頭薫編『日本政治史の新地平』(吉田書店、二〇一三年)三七六―三七七頁。武田悠『日本の原子力外交――資源小国70年の苦闘』(中公叢書、二〇一八年)三八―五〇頁。

(25) 尹錫貞「李承晩政権の対日外交――「日本問題」の視点から」(慶應義塾大学博士論文、二〇一六年)。金(二〇一八)一四五―一四九頁。ただ民間の親韓派における岸色は、池田内閣期に払拭されたという。木村昌人「日本の対韓民間経済外交――国交正常化をめぐる関西財界の動き」(『国際政治』九二、一九八九年)一一八頁。また、池田慎太郎「自民党の「親韓派」と「親台派」――岸信介・石井光次郎・船田中を中心に」(李鍾元・木宮正史・浅野豊美編『歴史としての日韓国交正常化Ⅰ 東アジア冷戦編』法政大学出版局、二〇一一年)も参照。

(26) 奥健太郎「自民党政務調査会の誕生」(奥健太郎・河野康子編『自民党政治の源流――事前審査制の史的検証』吉田書店、二〇一五年)二三四―二三八頁。

(27) 芹五郎「偶感」(一九六〇年一月二二日)、鮮銀交友会編『交友』四(同年七月、「友邦文庫」Aコ20-4)五三―五四頁。

(28) Klein to Blessing 4 December 1959 and Blessing to Tanaka 7 December 1959, Karl Blessing papers (Deutsche Bundesbank Historical Archives, Frankfurt am Mein), B330/00301. なお、一九六〇年三月のアデナウアー訪日を機に、西ドイツの対日政策は経済協調路線に転換する。カティヤ・シュミットポット「冷戦下の通商と安全保障――アデナウアー政権期の独日経済関係 一九四九―一九六三年」(平野達志訳、工藤章・田嶋信雄編『戦後日独関係史』東京大学出版会、二〇一四年)。

(29) Tanaka to Blessing 15 December 1959, ibid.

(30) Tanaka to Blessing 20 May 1963 and Blessing to Tanaka 18 June 1963, ibid.

(31) もっとも田中の行動がどの程度池田内閣の外交に影響を与えたかは、別の問題である。日本のOECD加盟の全体像については、鈴木宏尚『池田政権と高度成長期の日本外交』(慶應義塾大学出版会、二〇一三年)を参照。

(32) 一万田が日銀から蔵相に転任した際、総裁時代の慣習から「秘書役」を重視し、これを蔵相の「秘書官」と混同する新大臣に対し、大蔵官僚の反応は一様に冷淡だった。岩瀬義郎と橋口収の回想、『一万田尚登伝記・追悼録』(徳間書店、一九八六年)。

(33) 一九五〇年に池田蔵相の肝いりで設立された北海道銀行では、朝鮮銀行と満洲中央銀行の出身者が重用されたが、第二代頭取となった藤野重夫(元朝鮮銀行名古屋支店長)を軸とする鮮銀系の結束は、他行出身者との軋轢を引き起こしたという。時田健治郎の回想、島本禮一・富田朝彦編『島本融 その追憶』(非売品、一九七七年)。

(34) 浅井良夫「一九五〇年代における経済自立と開発」(『年報日本現代史』一三、二〇〇八年)、小堀聡「一九五〇年代日本における国内資源開発主義の軌跡――安藝皎一と大来佐武郎に注目して」(『大阪大学経済学』六四-一、二〇一四年)。

〔付記〕 本研究はJSPS科研費16K16898および村田学術振興財団研究者海外派遣(平成二九年度)の助成に基づく成果である。

執筆者紹介（五十音順，所属は 2024 年 3 月現在）

飯 尾　潤
1962 年生　政策研究大学院大学教授　政治学・現代日本政治論

金 井 利 之
1967 年生　東京大学法学部・大学院法学政治学研究科・公共政策大学院教授　行政学・自治体行政学

苅 部　直
1965 年生　東京大学法学部教授　日本政治思想史

国 分 航 士
1985 年生　九州大学大学院人文科学研究院講師　日本近現代史

佐々木雄一
1987 年生　明治学院大学法学部准教授　日本政治外交史

佐 藤　信
1988 年生　東京都立大学法学部准教授　現代日本政治・日本政治外交史

清水唯一朗
1974 年生　慶應義塾大学総合政策学部教授　日本政治外交史

砂 原 庸 介
1978 年生　神戸大学法学部教授　行政学・地方政治

高 橋　洋
1969 年生　法政大学社会学部社会政策科学科教授　公共政策論・エネルギー政策

竹 中 治 堅
1971 年生　政策研究大学院大学教授　日本政治・比較政治学

手 塚 洋 輔
1977 年生　大阪公立大学法学部教授　行政学

本 田 哲 也
1989 年生　金沢大学人間社会研究域法学系准教授　行政学・政治学

前 田 亮 介
1985 年生　北海道大学法学部准教授　日本政治史

牧 原　出
1967 年生　東京大学先端科学技術研究センター教授　政治学・行政学

村 井 良 太
1972 年生　駒澤大学法学部教授　日本政治外交史

若 林　悠
1986 年生　大東文化大学法学部准教授　行政学

御厨 貴

1951年生. 東京大学・東京都立大学名誉教授. 公益財団法人サントリー文化財団理事, サントリーホールディングス株式会社取締役. 専門は, 近現代日本政治史, オーラル・ヒストリー. 『明治国家形成と地方経営——1881-1890年』(東京大学出版会), 『オーラル・ヒストリー——現代史のための口述記録』(中公新書), 『オーラル・ヒストリー入門』(編, 岩波書店), 『「戦後」が終わり、「災後」が始まる。』(千倉書房), 『平成風雲録——政治学者の時間旅行』(文藝春秋)など著作多数.

オーラル・ヒストリーに何ができるか
——作り方から使い方まで

2019年3月26日 第1刷発行
2024年5月15日 第2刷発行

編　者　御厨《みくりや》 貴《たかし》

発行者　坂本政謙

発行所　株式会社 岩波書店
〒101-8002 東京都千代田区一ツ橋2-5-5
電話案内 03-5210-4000
https://www.iwanami.co.jp/

印刷・製本　法令印刷

ISBN 978-4-00-061327-9　Printed in Japan